KIÈU CHINH
Une Artiste En Exil

KIÊU CHINH
Une Artiste En Exil
Mémoires

Édition & Mise en page
Trịnh Y Thư & Lê Hân

Traduction de l'œuvre originale en Vietnamien
Kiều Chinh Nghệ Sĩ Lưu Vong
par Phan Lương Quang

Nouvelle édition révisée en collaboration avec Vĩnh Khải

Présentation de la couverture: Nina Hoa Binh

Photos de la couverture: Thomas Dang Vu

Nhân Ảnh Publisher

ISBN: 978-1-0881-8359-5

À la mémoire de mon père, M. Nguyễn Cửu.
Exclusivement pour mes enfants.
Mỹ Vân, Hoàng Hùng, Tuấn Cường
et petits enfants bien aimés.

KIỀU CHINH
Une Artiste en Exil

Mémoires

Traduction de l'œuvre originale en Vietnamien par
PHAN LUONG QUANG

Nouvelle édition révisée en collaboration avec
VINH KHAI

NHÂN ẢNH PUBLISHER
California, 2025

TABLE DES MATIÈRES

PROLOGUE

Que soient réunifiées toutes les familles
séparées par les guerres de ce monde.
Kiều Chinh

(Extrait du discours prononcé lors du 50ème anniversaire
de l'Académie Américaine des Sciences et de la Télévision
[1946-1996] à l'occasion de la première du film documentaire
Kiều Chinh: A Journey Home - Retour au pays natal- réalisé par
Patrick Perez, lauréat du Prix Emmy)

Je m'appelle Kiều Chinh, du nom patronymique Nguyễn,
une Américaine d'origine vietnamienne de la première
génération.

Je suis née à Hanoï, capitale historique du Vietnam, et ai
grandi dans les deux parties nord et sud du pays. Lors de la chute
de Saigon en avril 1975 je me suis réfugiée aux Etats-Unis.

Au Vietnam, j'étais une actrice de cinéma de la
République du Vietnam et de l'Asie. Réfugiée aux États-Unis, j'ai
poursuivi ma carrière de cinéma à Hollywood, grâce à la
recommandation enthousiaste de bons amis tels que les acteurs
Tippi Hedren et William Holden et le réalisateur Robert Wise.

Mon enfance de contes de fées passée dans le nord du Vietnam a été des années idylliques de paix et de tranquillité.

Puis mon pays de merveilles, comme le destin du Vietnam, fut entièrement anéanti par la guerre.

Nombreux sont les livres et films américains qui dépeignent le Vietnam comme un endroit où s'est déroulée une guerre considérée comme la plus longue dans l'histoire des États-Unis.

Pour moi, le Vietnam n'a pas été un champ de bataille mais le lieu où je suis née, ma patrie, mon histoire, ma culture et mon peuple. Comme mes compatriotes qui sont restés là-bas, j'ai vécu non pas une mais trois guerres d'affilée.

En 1945, la guerre mondiale se termina, mais au Vietnam, c'est l'année où les guerres commencèrent. Au cours de celles-ci, de nombreuses maisons et villages dans le nord ont été incendiés, y compris la maison familiale dans le domaine de mon grand-père. Les désastres des hostilités ont déchiré ma famille.

En 1954, à la fin de la guerre de neuf ans entre le Vietnam et la France, le Vietnam fut divisé en deux et ma famille en trois. Mon père et mon frère aîné restèrent dans le nord, régime communiste, ma sœur aînée suivit son mari pour aller en France, et moi, à seize ans, je me retrouvai seule dans le sud, orpheline et réfugiée dans mon propre pays natal.

Dans le sud, je me suis mariée. Devenue épouse puis mère de famille, j'ai commencé ma carrière d'actrice à l'âge de 19 ans, tout en continuant à vivre au sein de ma belle-famille jusqu'à mon évacuation en 1975.

Avant 1975, le cinéma au Vietnam et en Asie m'ont donné l'opportunité de jouer le rôle principal féminin dans 22 films, dont beaucoup ont été réalisés en Asie par Hollywood. Parfois, j'animais également des émissions spéciales de télévision, surtout pour accueillir et présenter au public vietnamien des acteurs ou des cinéastes étrangers. J'avais aussi mon propre studio de cinéma, Giao Chỉ Films. En tant que présidente de l'Association du Cinéma Vietnamien, j'ai eu l'occasion de voyager dans de nombreux pays d'Europe, d'Asie et d'Amérique, et ai assisté à de nombreux festivals de films internationaux.

Puis, en avril 1975, tout s'était effondré. Et ma vie d'exilée commença.

Comme le destin commun de nombreux sud vietnamiens devenus réfugiés en Amérique, tout était à recommencer à zéro. En tant qu'artiste en exil, n'étant plus très jeune, j'ai souvent pensé qu'il m'était échu toutes sortes d'obstacles épineux. Mais après de nombreuses épreuves et tribulations, j'ai finalement trouvé une place dans le monde du cinéma à Hollywood.

En plus de ma carrière d'actrice, je me suis découvert au cours de ces vingt dernières années une nouvelle vocation ; celle de conférencière professionnelle (c'est-à-dire rémunérée). J'ai été envoyée à des centaines de conférences, dans des universités et à de nombreux événements culturels, partout aux États-Unis. En conséquence j'ai eu l'occasion de rencontrer un certain nombre d'anciens combattants américains qui avaient combattu pendant la guerre du Vietnam, et cela a conduit à la création du Fonds pour l'Enfance du Vietnam (VCF - Vietnam Children's Fund) aux fins de collecter des fonds pour aider à l'éducation des enfants au niveau de l'enseignement primaire dans les régions du Vietnam auparavant déchirées par la guerre.

Pour moi 1995 fut une année mémorable. Le VCF m'a demandé d'aller au Vietnam pour inaugurer la première école construite au 17ème parallèle, qui divisait le Vietnam pendant la guerre. Mon voyage a été remarqué par la presse américaine dont la Fox Television en particulier, qui a produit une chronique télévisée intitulée *Kiều Chinh , Retour au pays natal* (A Journey

Home). Cette chronique a été réalisée par Patrick Perez, qui a par la suite reçu deux prix de l'American Academy of Television Arts & Sciences. Et quand j'apparus sur la tribune des Emmy Awards 1996, ce fut pour moi l'occasion de laisser échapper ces paroles du fond de mon cœur:

"Prions pour la réunification de toutes les familles séparées par les guerres de ce monde".

C'est dans cet esprit et avec cette prière que j'ai écrit ces Mémoires.

La guerre est l'un des fléaux les plus terribles de l'humanité. Elle détruit tout. Priez pour que le monde travaille ensemble pour empêcher la guerre.

Je répète souvent ces mots vers la fin de toutes les conférences que je donne dans les universités pour m'adresser aux jeunes générations, et pendant les rencontres avec ceux dont la plupart n'ont jamais connu la guerre.

Au cours de ces rencontres, beaucoup de gens me demandent pourquoi je n'écris pas un livre sur ma vie. Je n'avais aucune intention de le faire car je suis une actrice de cinéma, pas une écrivaine. Mais si j'écris maintenant, c'est seulement pour vous faire part de mon long parcours, et des existences où le bonheur côtoie la souffrance que mes proches ont vécues et qui ont été écourtées trop tôt.

Ceci est comme des histoires que je raconte à mes enfants et petis enfants, à mes amis et à VOUS !

Maintenant que mes Mémoires sont à votre portée, je vous invite, cher lecteur, à entreprendre ce périple avec moi.

Kiều Chinh

PREMIÈRE PARTIE
Hanoï, 1937-1954

Mon enfance à Hanoï

En 1995, vingt ans après la fin de la guerre, les États-Unis et le Vietnam établirent officiellement des relations diplomatiques. Juste à ce moment-là, la construction de la première école dans le cadre du projet des 52 écoles primaires prévues par le Fonds Pour l'Enfance du Vietnam (Vietnam Children's Fund, VCF) venait d'être achevée.

En tant que coprésidente fondatrice du VCF, je partageai l'honneur avec l'autre coprésident, le journaliste Terry Anderson, et le parrain du Fonds, M. James V. Kimsey, président et fondateur de l'America On Line (AOL), de couper le ruban pour inaugurer l'école le 24 avril à Đông Hà (Quảng Trị). Cette ville se trouve juste au sud du 17ème parallèle, la ligne de démarcation qui jusqu'en 1975 divisait le Vietnam en deux, et à vicinité de Khe Sanh, le site de la bataille épique de 1968 que pendant de longs mois les Américains pouvaient voir quotidiennement à la télévision.

Le 17 avril, les membres de la délégation du VCF partirent de divers points des États Unis. Seule Américaine d'origine vietnamienne du groupe, je quittai Los Angeles avec M. James V. Kimsey, qui s'était envolé au préalable de Washington pour me rejoindre. Terry Anderson arriva directement de New York. On se donnait rendez-vous au Vietnam.

Dans le salon VIP de la Cathay Airlines, notre ami David Jackson, responsable des nouvelles à la Fox Television, avait commencé l'interview en soulignant, « Il semble que chaque tournant dans la vie de Kiều Chinh se déroule dans un aéroport.

Il y a plus de 40 ans c'est de l'aéroport de Hanoï qu'elle a émigré vers le Sud. Vingt ans plus tard, depuis Saïgon, elle a pris son vol pour l'exil en Amérique. Et maintenant pour la première fois, après une autre période de vingt ans, c'est du tarmac de l'aéroport de Los Angeles qu'elle va s'envoler pour retourner dans son ancien pays, dans sa vieille ville. »

« Il est temps d'essayer d'oublier l'amertume qui nous a rongés toutes ces années. » déclara M. James Kimsey dans une interview devant les caméras de télévision. En tant que vétéran américain qui avait combattu au Vietnam, il résumait parfaitement les émotions d'un retour sur l'ancien champ de bataille.

Quant à moi cependant, contrairement à mon compagnon de route, je ne pouvais pas voir les choses aussi simplement. Le Vietnam est l'endroit où mes parents, mon frère, ma sœur et mes enfants sont nés. Le feu et le sang des guerres qui ont ravagé ce pauvre pays ont laissé des marques profondes en mon âme. Pour James, « l'amertume qui nous a rongés au fil des ans » peut « s'oublier », mais pas pour moi.

« Réjouissez-vous ! Ce soir même au journal de la Fox Television, tout le monde verra Kiều Chinh en plein vol retournant à son pays natal. Bon voyage à vous ! » disait David en me remettant le numéro du Los Angeles Times du 17 avril, avec des photos et des articles sur moi en première page.

Le journal me suivit dans l'avion pendant le vol de nuit. Pendant que tous les autres passagers dormaient, après que tous les bruits s'étaient étouffés à part le vrombissement de l'avion, je regardais dehors, à travers le hublot, l'espace sombre et nébuleux qui enveloppait l'avion. J'avais l'impression de rebrousser chemin dans le temps jusqu'à ma vie antérieure. Le passé caché revenait sans cesse pour m'accabler l 'esprit.

Il me suffisait de fermer les yeux pour tout revoir.

Le domaine de Kim Mã Gia Trang (du Cheval d'or)

Je revoyais le chemin escarpé entre deux rangées de tamariniers verts, menant à Núi Bò (la montagne du Bovin) qui affectait la forme d'une vache géante paissant paisiblement sous le ciel bleu. Sur le flanc de la montagne, la silhouette d'un cheval au trot mesuré se dessinait derrière les arbres. Le cheval était blanc, blanche aussi était la chemise du cavalier.

Ce cavalier, c'était papa. Il tenait, blottie dans le creux de ses bras, une petite fille de cinq ans. Cette petite fille-là, c'était moi. J'étais extrêmement heureuse quand papa m'emmenait à cheval errer autour de la montagne du Bovin.

Comme moi, notre cheval Phi Mã (Pégase) semblait prendre plaisir à arpenter le chemin de terre qui contournait le flanc de montagne. Du haut on pouvait entrevoir de temps à autre des pâtés de maisons. Une fumée flottait doucement au dessus des toits. En descendant plus bas, on distinguait les rangées de toitures en tuiles rouges d'une école primaire et les enfants qui jouaient dans la cour. Lorsque des vergers luxuriants apparurent au bord de la route, le cheval ralentissait son galop car il savait qu'il allait rentrer à la maison. C'était la fin du chemin de terre qui contournait le flanc de montagne. Phi Mã tourna vers la cour derrière la maison. Papa passa les rênes au vieux majordome Ba Ký pour qu'il conduisît Pégase à l'écurie, où un autre cheval nommé Phi Phi l'attendait. Pendant que mon père s'arrêtait au garage pour regarder le chauffeur Chủ Tư Xe nettoyer la Citroën, je passai quelques minutes à bavarder avec M. Ba Ký, et à nourrir les chevaux avec de l'herbe. D'habitude chaque fois que papa et moi traversions la cour de briques jusqu'au porche derrière la maison, Tô Tô le petit chien courait vers nous pour nous accueillir. Je serrai Tô Tô dans mes bras, courus dans la maison pour retrouver ma mère, puis rejoignis Anh Lân et Chị Tính, mon frère et ma sœur aînés.

C'était un matin calme de printemps au pays des merveilles de notre enfance.

Kim Mã Gia Trang était une ancienne maison à cinq travées située au milieu d'un vaste jardin, faisant face à la montagne du Bovin. Devant il y avait un mur prolongé par des colonnes de briques couvertes de mousse. Là se trouvait le portail principal avec un toit de tuiles recourbées, qui s'ouvrait sur une cour en briques. Au fond se trouvait une voie d'accès vers l'arrière-cour pour les calèches et les chevaux.

Juste au coin de la cour près du portail, il y avait un pilier rond en pierre soutenant un temple en miniature. À l'intérieur, une urne aussi en pierre, était hérissée de souches de bâtons d'encens brûlés en prière aux dieux lors des fêtes de fin d'année et des anniversaires des morts.

Devant la maison une balustrade longeait une véranda. Cette longue véranda servait de toile de fond à maintes photos de mon enfance.

Sur une photo du coin gauche de la véranda, se tenait mon père à côté de Anh Lân encore enfant, assis sur la balustrade. Mon père lui tenait la main, ses yeux fixés sur lui, son premier fils. Lân, âgé de trois ans, vêtu d'une chemise de velours noir, portait un béret noir, des chaussettes blanches et des sandales. Papa était en costume gris. Sur une autre photo du côté droit de la véranda, ma mère en coiffe et robe de velours noir était debout avec ma soeur et moi, encore toutes petites. Tính, cinq ans, avait un visage joufflu, des cheveux en coupe bombée, la tête atteignant la hauteur de la main de sa mère. À côté d'elle, la petite Chinh, trois ans, et le chien Tô Tô qui se débattait dans sa main. Sur une photo de la véranda devant la porte d'entrée principale, grand-père, portant turban et áo dài (tunique) diaphane, exhibant une médaille sur sa poitrine, se tenait debout près d'un pot d'abricotier ornemental. Dans mes souvenirs d'enfance, mon grand-père était grand, mince, avec une belle barbiche de vieux sage.

Les Nguyễn du côté mâle, étaient pendant de nombreuses générations propriétaires terriens à Mọc Cự Lộc, situé dans la province historique de Hà Đông sur la rivière Tô Lịch près de l'entrée de Hanoï.

Héritier de l'ensemble du domaine et des biens de la famille, mon grand-père paternel, Nguyễn Phan, également connu sous le titre honorifique de "Phán" Phan, était un confucéen qui avait des vues progressistes.

Dans son village natal de Mọc, de nombreux ouvrages architecturaux typiques tels que le portique à trois arches et le temple hexagonal ont été construits par lui. C'était aussi lui qui avait fait construire Kim Mã Gia Trang, l'hôtel Đồng Xuân ainsi que les autres propriétés principales de la famille dans le centre de Hanoï.

La famille Nguyễn à Mọc Cự Lộc était connue pour sa fortune, mais aussi pour être peu prolifique en héritiers mâles, et ce remontant jusqu'à mes arrière-grands-parents. De leurs six enfants, mon grand-père était le seul fils. Mes grands-parents avaient trois enfants dont mon père était le fils unique, nés après mes deux tantes Nhung and Sâm.

Dans la société vietnamienne les hommes étaient mieux considérés que les femmes. Comme l'indique le maxime, « On compte une naissance quand un fils est né; on ne compte pas de naissance même quand dix filles sont nées. » Les filles étaient considérées comme des "étrangères". Seuls les garçons étaient respectés en tant qu'héritiers de la lignée familiale. Mon père Cửu, le plus jeune de la famille, était toujours traité en « grand frère aîné », même lorsqu'il était encore adolescent.

Papa Cửu naquit le 1er juillet 1910. À cette époque, le Vietnam avait été déjà colonisé par les Français depuis 36 ans. L'influence chinoise était repoussée, le Quốc Ngữ, nouvelle langue nationale, remplaçait le chinois, et la culture française remplaçait le confucianisme. Contrairement à son père, un lettré confucéen, papa étudiait le français, et était diplômé de l'école

Bưởi (École du Protectorat). Clairement, Il y avait 1 un fossé culturel entre l'Orient et l'Occident. Pourtant le lien familial entre papa et grand père était toujours demeuré intact.

Sur une photo de la famille paternelle Nguyễn prise en 1913, tout le monde était solennellement habillé en costume national, à l'exception du jeune Cửu, le seul en tenue européene, portant un manteau et des bottes en cuir. Âgé seulement de trois ans, ce fils aîné, debout au centre devant son père, deviendra mon papa.

Papa Cửu avait une silhouette svelte et délicate, une voix chaude, des cheveux flottants, de grands yeux tristes, en particulier les mains avec des doigts longs et fins. Pour moi, mon père était un homme élégant et beau. Papa portait généralement une ample chemise blanche et un pantalon noir. C'était simple, mais il avait toujours un air décent et soigné.

En 1932, la famille Nguyễn à Mọc Cự Lộc s'était alliée avec la famille Nguyễn à Gia Lâm. Ma mère, Nguyễn Thị An, était née en 1911, un an après mon père. Je me souviens seulement de "Mère An" comme douce et gentille. Elle avait de très longs cheveux qui lui tombaient jusqu'aux genoux.

Au contraire de mon grand-père paternel, qui menait une vie de propriétaire terrien attaché à son terroir, mon grand-père maternel, Nguyễn Văn Luận, était un cadre supérieur des chemins de fer de l'Indochine, supervisant pendant de nombreuses années la construction des chemins de fer du Yunnan jusqu'à Dalat. D'après le registre généalogique, les grands-parents du côté maternel ont eu six enfants, dont quatre garçons et deux filles, nés chacun en une localité différente, car la famille se déplaçait en fonction du travail du grand-père. Ma mère, la troisième fille et son frère suivant, tonton Nguyễn Văn Nghị, étaient nés dans le Yunnan, lorsque les travaux du chemin de fer avaient commencé en territoire chinois.

Frère et sœur proches en âges ont partagé la même enfance, mais après le mariage de sa sœur, tonton Nghị fut envoyé à l'étranger pour étudier, puis resta en France et devint un médecin de renommée mondiale, le Dr. Nguyễn Văn Nghị. Lui et ma mère ne se sont plus jamais revus.

Une jeunesse idyllique

Une des grandes propriétés de mon père était un domaine qui comprenait une ferme appelée Kim Mã Gia Trang (du Cheval d'or). C'était là le berceau de la plupart des mes doux souvenirs d'enfance.

Le paysage de Kim Mã Gia Trang à mes yeux et dans ma mémoire d'enfant, était un vaste espace verdoyant. Chaque endroit, chaque recoin du jardin m'offrait une sensation, un parfum unique, comme un lieu plein de charme et de mystère et pourtant familier.

Devant le portail de Kim Mã Gia Trang , il y avait deux flamboyants avec des branches qui se déployaient en largeur et se revêtaient de merveilleuses couleurs pendant la période de floraison. L'ancienne maison principale était cachée parmi les vieux arbres. Le jardin devant la maison était planté de ylang ylangs, de kakis de Mongolie aux fruits jaunes, de grenadiers, etc., qui embaumaient l'entrée de la maison.

Le jardin de derrière était rempli d'arbres fruitiers tels que des bananiers, des kakis et des pamplemoussiers. Il contenait une écurie, oui une écurie, une citerne d'eau de pluie et même un étang couvert de liseron d'eau, qui servait aussi de vivier. C'était là aussi que se trouvait le garage pour la Citroën noire de papa, et le pousse-pousse réservé à l'usage exclusif de maman.

La vaste maison était meublée d'un autel des ancêtres sculpté, d'un divan-salon en bois d'acajou sindora, d'un coffre à thé et d'un ensemble de canapés traditionnels. Le tout côtoyait des vases en porcelaine, dont certains dépassaient la hauteur de la tête, des défenses d' ivoire, des statues antiques précieuses, et les peintures de grand-père accrochées sur tous les pans de mur.

Jusqu'à ce jour, même avec l'âge, les souvenirs de Kim Mã Gia Trang et de mon enfance idyllique sont restés durablement gravés dans mon esprit. Chaque fois que je revois les vieilles photos de famille en noir et blanc de cette époque, mon cœur est envahi .d'émotions.

Kim Mã Gia Trang était aussi l'endroit où se rassemblaient les amis de mon père, des amis nombreux et qui lui étaient très chers. Il y avait les camarades de classe de son école, tels que M. Đỗ Trí Lễ, devenu enseignant, MM. Nguyễn Mạnh Hà et Hà Văn Vương. Il y avait des poètes et des écrivains comme MM. Vũ Hoàng Chương, Đinh Hùng, Ngọc Giao (tonton Ngọc Giao était aussi mon parrain), Lê Văn Trương, Hoàng Cầm. Tous étaient des poètes et écrivains célèbres de cette époque.

Dès lors, notre salon s'apparentait à un "salon littéraire" du Paris du 19ème siècle, début 20ème. De telles rencontres donnaient souvent l'occasion à papa de discuter avec ses amis de littérature, de poésie, de musique. Papa jouait du violon et composait de la poésie aussi.

Ma mère préparait des plats spéciaux pour délecter les visiteurs et ainsi leur témoigner de la considération et amitié qu'avait papa pour eux. Tout contribuait à créer chez nous une atmosphère de famille joviale et détendue, qui charmait les amis et les incitait à revenir souvent. Grand-père aussi se mettait de la partie, récitant des poèmes ou exhibant ses talents d'artiste.

Mon père avait la passion des antiquités. Tonton « Duong Antiquaire» était un ami proche, dont le magasin d'objets antiques rue des Tambours, face au Lac Hoan Kiêm, était célèbre. Papa m'y amenait souvent.

Dans notre garage, il y avait une voiture Citroën, et à côté, un pousse-pousse spécialement réservé pour ma mère. Papa était aussi passionné des automobiles et conduisait lui-même la sienne. Chu Tu Xe avait la charge du pousse-pousse pour transporter maman.

Pour partager avec lui les joies de l'auto, papa avait un autre ami, tonton Hùng, surnommé « Hùng Pilote » parce qu'il avait remporté le championnat du rallye Haïphong-Hanoï. Tonton Hùng avait adopté un style vestimentaire différent de celui des autres relations de papa : il portait toujours une veste en cuir, de grosses lunettes, un chapeau de feutre, et des bottes.

Papa me rappelait souvent un incident où j'avais failli être écrasée par la moto de tonton Hùng. Ce jour-là, tonton Hùng vint chez nous en motocyclette. Il se tenait dans la cour avec papa, fumant et bavardant. Non loin de là sa moto était garée. La vilaine fillette de trois ans que j'étais monta sur la moto pour jouer, et ce faisant la renversa. Heureusement, tonton Hùng et papa se précipitèrent à temps à mon secours.

Bien que la famille eût une voiture, papa aimait toujours faire de l'équitation. Les écuries de la maison hébergeaient Phi **Mã** (Pégase) et Phi Phi. Comme compagnon d'équitation, papa avait tonton Phúc, encore un excellent ami. Il était propriétaire de l'orangeraie Bố Hạ, célèbre dans tout le Nord. Plusieurs fois pendant ma jeunesse, j'y allais avec mon père pour jouer ou pour une promenade à cheval.

Hanoï au fil des quatre saisons

Les printemps à Hanoï se revêtaient de caractéristiques tout à fait remarquables, comme par exemple le crachin connu sous le nom de pluie de printemps. J'aimais vraiment les minuscules gouttes qui ressemblaient à une poussière fine effleurant le visage et les vêtements sans laisser de sensation de froid ou d'humidité. C'était comme des confettis incolores et transparents.

Mais nos printemps à Hanoï étaient aussi marqués par un surcroît de travail pour ma mère et ses assistants, c'est-à-dire mon frère, ma soeur et moi, qui survenait quelques jours avant le Tết, le premier jour du nouvel an lunaire.

Comme d'habitude, le jour de l'an ma mère faisait une offrande somptueuse pour accueillir les ancêtres au logis, afin que leurs descendants pussent leur témoigner gratitude et respect. Par conséquent, ma mère voulait s'assurer que l'autel des ancêtres de notre famille fût toujours bien entretenu, et nettoyé plusieurs jours à l'avance. Le vieux majordome Ba Ký s'était vu confier la noble tâche, très importante, de descendre de l'autel les accessoires de culte en bronze comme les brûleurs d'encens et les porte-chandelles pour les nettoyer et polir.

Les endroits particulièrement bruyants et animés étaient la cuisine et l'arrière-cour. Tout le monde s'affairait à saler, mariner, éplucher des oignons, tremper des tubercules, piler de la viande pour en faire des saucisses, essuyer des feuilles de sycomore ou de bananier, emballer du bánh chưng (sorte de gâteau de riz gluant cuit au bain-marie), moudre de la farine pour faire des gâteaux, etc... Il faut dire que tous les trois nous nous réjouissions beaucoup, même tout aussi occupés, lorsque notre mère nous permettait de "rejoindre la chaîne de production" des offrandes du Têt, qui n'avait lieu qu'une fois par an.

Avant l'arrivée du printemps, à part les tâches à effectuer pour le réveillon et le premier jour de l'an, ma mère devait également confectionner de nouveaux vêtements pour nous trois, à porter le matin du jour de l'an quand nous viendrions présenter nos voeux à grand-père et recevoir des cadeaux d'argent en guise de porte-bonheur.

La nuit du dernier jour du douzième mois, la veille du Têt, était une nuit de joie et d'enchantement pour nous. En attendant ma mère occupée à préparer les offrandes pour le Nouvel An, papa jouait au jeu de cartes Tam Cúc (Trois Marguerites) avec grand-père, le majordome Ba Ký et Lân, mon frère aîné. Ma soeur aînée Tính et moi avions suivi maman dans la cour pour brûler des bâtons d'encens et les piquer dans l'urne de pierre à l'intérieur du petit temple. Nous n'oublions pas de nous arrêter et de brûler de l'encens à chaque arbre dans la cour devant la maison, ainsi que dans la cour arrière, comme si ces arbres anciens avaient aussi une âme, et pouvaient apporter la bonne fortune et la paix à notre famille tout au long de l'année à venir.

Ensuite, la chose la plus importante était de brûler de l'encens sur l'autel pour vénérer les ancêtres, les grands-parents, tous les génies de l'univers, puis sortir dans la cour pour fêter le réveillon, en nous inclinant aux quatre points cardinaux du ciel et aux dix portes de Bouddha.

Enfin, toute la famille se réunissait dans la cour devant la maison pour faire exploser des pétards, qui laissaient des débris rouge vif censés porter bonheur. Selon l'explication de ma mère, au Giao Thừa, ou moment du passage de la vieille à la nouvelle année, le bruit des pétards avait pour effet de dissiper toutes malchance et frustrations de la vieille année, afin d'accueillir une nouvelle année pleine de bonne fortune, de gentillesse et de bonheur. Le lendemain au petit matin, quand j'ouvrais la porte du jardin, je pouvais voir encore des débris de pétards, ainsi que des pétales de pêcher, jonchant le sol un peu partout, disséminés par les vents de la nuit. Ce spectacle me remplissait d'une joie et de rêveries indéfinissables.

Je ne me souviens pas combien de temps les débris de pétards devaient être laissés devant notre porte, car sur ordre de ma mère il était strictement interdit de balayer la cour ou vider les poubelles le jour de l'an. Selon une coutume vietnamienne datant de plusieurs générations, vider les poubelles le premier jour de l'année signifiait priver la famille de la bonne fortune pendant toute l'année.

Si le printemps à Hanoï était marqué par la pluie d'infimes confettis d'eau et par l'effervescence du nouvel an, l'été se caractérisait par le chant des cigales dans les rangées de flamboyants, musique qui envahissait le ciel clair de la ville.

Cependant, si je devais choisir parmi les quatre saisons de Hanoï, après le printemps, ma saison préférée était l'automne. En cette saison, une douce brise caressait la ville comme un effleurement par les fins tissus de laine et velours que portaient les citadines. Les feuilles mortes recouvraient la cour de Kim Mã Gia Trang d'un tapis brodé d'or que j'avais plaisir à fouler pour entendre son bruissement sous mes pieds. La ville était plongée dans une atmosphère de fraîcheur et de bien-être contrastant avec les rigueurs climatiques de l'été.

Mais en plus de sa douce splendeur, l'automne à Hanoï présentait l'attrait d'être la saison des "Cốm" ou pépites, flocons de jeunes graines de riz gluant qui regorgent d'un suc laiteux. Maman disait que les préparatifs pour leur production devaient commencer tôt, bien avant l'arrivée officielle de l'automne. Dans les localités qui en produisaient, on effectuait à la hâte toutes les étapes requises pour que les pépites vertes, pleines de parfum, pussent arriver au plus tôt auprès des acheteurs, pas seulement dans la rue principale de Hanoï, mais aussi dans les ruelles et recoins de cette ville célèbre et élégante.

Papa disait qu'il y avait de nombreux villages producteurs de Cốm de riz célèbres dans la banlieue de Hanoï, comme Mễ Trì Hạ, Mễ Trì Thượng, etc. Mais le plus célèbre restait le village de Vòng. Son produit était une variété si bien connue qu'on avait fini par l'appeler le "Cốm Vòng".

Je me souviens avoir demandé une fois à mon père pourquoi le Cốm Vòng était le plus célèbre, et mon père répondit qu'il n'était pas très sûr. C'était peut-être parce que les pépites du village de Vòng avaient une plus longue histoire que celles de la plupart des autres, même si elles étaient toutes confectionnées par les mêmes méthodes.

Les connaisseurs pensent que l'automne est la saison idéale pour apprécier pleinement l'arôme des pépites, car c'est le temps où la rosée du matin apporte le froid de la mousson aux feuilles de lotus sur l'étang, qui approchant leur maturité, sont encore assez souples pour se prêter à l'emballage. Avant d'être livrées à la vente, les pépites étaient enveloppées dans des feuilles de lotus qui les recouvraient comme un tissu de soie parfumé.

À la saison des pépites, nous trois, mon frère, ma soeur et moi, guettions avec grand intérêt la sonnette à la grande porte d'entrée. Elle annonçait presque toujours l'arrivée de la marchande préférée de ma mère, qui ne manquait jamais de garder pour maman sa meilleure sélection des pépites.

J'aimais bien regarder ces marchandes qui marchaient en groupe d'un bon pas rapide et rythmé, portant des sandales en caoutchouc, des jupes noires, des corsages marron, et des coiffes en tissu noir pliées en bec de corbeau. Elles étaient souples et belles comme dans un tableau ancien. A chaque extrémité d'un fléau qu'elles portaient en travers de leur épaule, pendait une corbeille contenant des pépites, des feuilles de lotus et de la ficelle pour les emballer.

Pendant que Tính et moi étions accroupies à côté de maman, au coup de sonnette, Lân se précipitait vers la porte pour l'ouvrir. Je suivais maman jusqu'au portail pour acheter des paquets de pépites parfumées aux feuilles de lotus. Ensuite, maman et tata Cam partageaient le Côm Vòng et les kakis en différents lots, les mettaient sur des plateaux en bois comme cadeaux à offrir. Après cela, Lân allait mettre de beaux vêtements et monter en pousse-pousse avec maman pour apporter les cadeaux chez les tantes et oncles. Occasionnellement, maman faisait des pépites au sucre candi pour papa. Papa aimait manger des pépites jeunes et fraîches, et parfois il les mangeait avec des bananes. Je raffolais aussi des pépites, surtout quand ma mère les préparait avec du riz gluant vert.

Bien sûr, ma mère n'oubliait jamais d'acheter de nombreux paquets de pépites pour les offrir aux grands-parents à Gia Lâm. Tous les trois, nous accompagnions souvent maman chez grand-père ; en route elle donnait également à chacun de nous un petit paquet de pépites pour nous donner l'impression que le trajet n'était pas trop long.

Comment puis-je oublier tous les doux et heureux souvenirs de mon enfance ? Sur une des photos de ma mère, elle laissait ses cheveux tomber jusque sur ses talons. Elle se lavait les cheveux dans un bassinet en laiton avec de l'eau de caroube séchée au soleil. Après s'être lavée, ma mère s'allongeait sur le hamac pendant que les cheveux séchaient. Parfois, je lui demandais de me peigner les cheveux et de les aérer avec un éventail de bambou pour qu'ils séchassent plus rapidement ; je pouvais alors sentir le parfum de ses cheveux lavés à l'eau de caroube flotter jusqu'à mes narines. Comment puis-je oublier tout ça ?

Et puis soudain cette vie paisible et idyllique fut violemment perturbée par la guerre. L'année 1937 de ma naissance était aussi l'année où l'armée japonaise envahit la Chine, puis le Vietnam.

À cette époque, je vis un cadavre pour la première fois, celui d'un homme pendu par les soldats japonais. Le matin, mon père avait l'habitude de faire de l'équitation dans la région. Parce que j'étais son enfant préféré, il me laissait toujours m'asseoir entre ses genoux pour la plupart de ces randonnées. Je n'oublierai jamais cette fois-là : alors que Pégase galopait pour nous emmener sur une colline dans la région montagneuse de Bò, il hennit soudainement et s'arrêta net d'une manière inhabituelle. À peu près au même moment, papa et moi nous vîmes le corps d'un homme mort attaché à une branche d'arbre au bord de la route. Sachant que je m'émouvais aisément, mon père me serra fort d'une main, et de l'autre tira les rênes pour tourner la tête du cheval dans la direction de la maison.

Les cadavres des pendus étaient de mauvais présages. Au début de 1943, lorsque mon père était en train d'abattre des arbres dans le jardin derrière la maison pour construire un abri, je vis passer des bombardiers dans le ciel. Les sirènes retentirent. Tout le monde se précipita au sous-sol, sauf moi ! Ne me voyant nulle part, papa remonta dans la maison en courant et en appelant mon nom. Pendant ce temps, moi-même je courais frénétiquement partout à la recherche de mon chien Tô Tô, qui s'était caché dans un coin, certainement parce qu'il avait entendu les sirènes et avait trop pris peur.

La Seconde Guerre mondiale avait éclaté. Les troupes japonaises arrivèrent au Vietnam. Les avions alliés bombardaient sans cesse l'armée japonaise. Peu importait le jour ou la nuit, les sirènes ne cessaient de semer l'effroi dans les esprits de la population. Chaque fois que j'entendais les sirènes retentir dans la ville, je paniquais comme si la mort me cherchait.

Vers le milieu de 1943, alors que les avions alliés continuaient de bombarder Hanoï, ma mère était enceinte de mon jeune frère. Au dernier mois de sa grossesse elle se rendit à l'hôpital pour donner naissance au bébé. Cruellement, la section de l'hôpital où ma mère venait d'accoucher fut atteinte par une bombe ! Ma mère et mon jeune frère nouvellement né, Nguyễn Quỳnh, avant même qu'il eût pu obtenir un acte de naissance, périrent. Ce fut la première des atroces tragédies qui frappèrent notre famille.

Je revois encore mon père qui me tenait dans ses bras et marchait derrière les deux cercueils : celui de mon petit frère posé sur un corbillard blanc, et celui de ma mère, sur un corbillard noir. J'entendis papa appeler d'une voix déchirante, « O ma chère épouse, mon amour! O mon fils, mon fils!" quand les deux cercueils furent descendus dans la tombe.

Pour éviter les bombes, après les funérailles, mon père décida de ramener toute la famille dans son village ancestral. En cours de route, je vis de mes propres yeux des cadavres gisant sur les deux côtés de la route. C'était des victimes de la famine, celle de l'année du Coq.

Retour au village Mọc

Après le décès de ma mère et de mon frère, notre famille déménagea donc au village de Mọc. Ici, papa, nous les enfants et le vieux majordome Ba Ký, nous vivions des jours paisibles avec notre grand-père, dans une ancienne maison à trois travées. La cour de devant avait un étang semi-circulaire avec des fleurs de lotus, la cour arrière avait un étang à poissons, et il y avait encore une autre cour très large tout à côté. C'était là que mon frère, ma soeur et moi nous jouions et vaquions à nos activités quotidiennes, et que les métayers du village venaient chaque jour procéder au séchage et au pilage du riz, et à l'épandage du foin.

Nous jouions autour de chaque petite meule de foin. J'aimais escalader le moulin à riz pour essayer de donner un coup de pied au pilon à riz géant, même si mon corps était trop petit.

Nous prenions grand plaisir aux nombreux et sympathiques déjeuners pris avec les métayers et leurs enfants. Aux menus figuraient des boulettes de riz, du sésame au sel, des crevettes, du poisson séché, des légumes bouillis...

J'aimais flâner sur les routes de campagne de terre rouge, flanquées de hautes rangées de bambous, sous la brise qui sentait les rizières, écoutant les agitations du village que trahissaient les bruits du pilonnage et de la mouture du riz, les grognements des cochons, les chants du coq et les rires d'enfants.

Nous jouions tous les jours à la campagne, avec d'autres enfants du village. Mon père Cửu restait en ville pour travailler, mais le week-end il revenait au village pour rendre visite à son père (notre grand-père) et à ses enfants. C'était les jours que j'attendais, parce j'étais si heureuse quand mon père était là.

M. Ba Ký préparait souvent les plats préférés de mon père, tels que la soupe de crabe cuite, des épinards au taro servis avec des aubergines, la perche frite trempée dans une sauce de poisson au gingembre, du tofu frit avec de la sauce de soja...

Les jours où il n'était pas absent, la nuit venue, je m'asseyais à côté de mon père et l'écoutais lire les nouveaux poèmes qu'il venait de composer. Il les montra à grand-père, qui disait "oui, ces vers sont bons..." Ensuite, je pouvais dormir serrée dans ses bras.

Dans la maison de trois travées de mon grand-père, je n'aimais pas celle du milieu, où se trouvaient l'autel des ancêtres à trois étages, entouré de fanions et de tablettes à cinq couleurs, mais aussi une armoire à thé à trois portes, et un divan en acajou noir. Dans l'après-midi, un « préparateur » surnommé "Bồi Píp" ou Garçon de la Pipe venait procéder au rite de l'opium ; il était habituellement vêtu d'une chemise noire et portait des sandales noires brillantes. Le "Bồi Píp" ouvrait l'armoire à thé, sortait une lampe à opium et d'autres objets, les étalait au milieu du divan, puis s'étendait sur le matelas à droite du lit de grand-père. Sur un côté de la lampe il préparait l'opium pour grand-père, qui le fumait de l'autre côté. Je m'amusais à me coucher aux pieds de mon grand-père pour regarder le "pipe boy" allumer la lampe à huile, mettre de l'opium dans une pipe, puis le "griller", ce qui dégageait une odeur âcre. Grand-père prenait de longues bouffées successives de la fumée et buvait des gorgées de thé chinois condensé d'une petite théière calée dans un panier en rotin.

Autour de moi, je voyais de grands piliers de bois noir brillant, et en haut, le plafond que formait le dessous du toit de tuiles rouges. Parfois j'apercevais même des margouillats ; et quand je voyais ces bêtes, je me détournais rapidement, car je les avais en horreur. Une autre chose encore plus effrayante : il y avait un cercueil vide à droite de l'autel ! Grand-père avait dit que le cercueil était pour lui. Auparavant, sur le côté gauche, il y avait aussi un autre cercueil, mais il avait déjà servi pour ma grand-mère. Un jour, en jouant à cache-cache, Tính et moi cherchions Lân partout dans la maison mais ne pouvions pas le trouver . Quand nous sommes passés devant le cercueil de grand-père, notre frère qui s'y était caché, l'a brusquement ouvert pour se redresser tout droit, manquant de peu de nous faire mourir de frayeur. J'éclatai en sanglots et j'étais si en colère que je ne voulais plus jouer avec lui pendant plusieurs jours.

Au fil des jours, grand-père s'affaiblissait, puis un jour pendant la semaine, et pas pendant le week-end comme c'était son habitude, papa rentra à la maison. Il y resta tout le reste du temps et n'irait plus en ville. Il disait qu'il voulait être avec grand-père.

Je me souviens qu'au milieu d'une nuit de fortes pluies, d'éclairs et de coups de tonnerre, je me réveillai en sursaut. Grand-père venait de rendre son souffle dans les bras de papa. Ne voyant pas mon père, je me suis glissée dans la maison à la lueur des lampes à pétrole, et vis à travers les tentures baissées mon père allongé à côté de grand-père sur le divan acajou. Je fus prise d'une grande peur car je crus que mon père était mort lui aussi. Me voyant pleurer, il se leva et quitta la tenture pour m'étreindre et me porter dans la chambre voisine, où finalemnet nous nous endormîmes. Quand plus tard, toujours pleurant, je demandai à papa pourquoi il s'était étendu à côté de grand-père, il me prit dans ses bras, me consola et dit: « Quand il pleut et qu'il y a du tonnerre et des éclairs, et si un chat noir passe par-dessus le cadavre, le défunt peut se relever en sursaut ! » Papa devait donc rester à côté du corps pour veiller sur lui.

L'enterrement de grand-père était grandiose ; presque tout le village de Mọc vint y assister. Lorsque le cercueil arriva à la porte du village, il s'arrêta. Au milieu des chants religieux rythmés au tambourin de bois, il y eut beaucoup de pleurs. On se souvenait que le portique du village avait été construit par mon grand-père.

Après l'enterrement, mon père nettoya et remit en ordre la maison, et nous ramena, les enfants et le majordome Ba Ký, en ville.

A partir de ce moment-là, je sentis que mon enfance paisible allait prendre une nouvelle direction. Bien que j'eusse perdu ma mère très tôt, j'avais été compensée par la plénitude de l'amour de mon père, et le destin et les circonstances nous avaient rapprochés. Pourtant, je ne pouvais pas me défaire du vague sentiment que quelque chose de terrible nous guettait !

Après notre long séjour au village natal, lorsque notre famille revint à Kim Mã Gia Trang, nous trouvâmes, à notre plus grande douleur, que tout avait été incendié. Tout l'espace où enfant j'avais grandi n'était devenu qu'un tas de gravats. Les vieux arbres avaient été abattus par des bombes, bien que beaucoup n'eussent pas complètement brûlé. Les chers objets témoins de mon enfance avaient été décimés ; tristement, seulement le peu de cendres qui en restaient s'étaient encore accrochés au sol, comme une dernière tentative désespérée pour affirmer leur présence sur les lieux ! Depuis lors, j'allais être durablement hantée jusque dans mes cauchemars par les incendies, les bombes et les sirènes qui les annonçaient.

Évidemment, Kim Mã Gia Trang ne se souvient plus guère des beaux jours de ma tendre enfance, et ma mère et mon petit bébé de frère ne sont plus présents que dans mes douloureux souvenirs.

La petite maison à Ngọc Hà

Après avoir vendu son hôtel près du marché de Đồng Xuân , mon père s'arrangea pour acheter une modeste maison à Ngọc Hà près du jardin botanique. La maison était très petite, il n'y avait pas de jardin ni devant ni derrière la maison ; elle était située juste derrière le jardin de la maison du professeur Đỗ Trí Lễ, un ami de mon père. Dans ce jardin il y avait un grand abri de protection contre les bombes. Tonton Lễ fit pratiquer une petite ouverture dans la mur mitoyen pour que notre famille pût courir prendre refuge dans l'abri en cas d'attaque aérienne.

À cette époque les Việt Minh se battaient contre les Français. Notre famille vivait dans l'austérité, luttant contre la disette. Le matin, quand nous allions à l'école, notre cher majordome Ba Ký nous donnait à chacun une patate bouillie. Le déjeuner consistait généralement en un potage avec du sucre candi, et le dîner, du riz mélangé avec du maïs et d'autres légumes. Certains jours on pouvait avoir du riz avec du poisson séché. Un matin sur le chemin de l'école, j'avais encore une patate que j'allais manger, quand au bout de la rue un garçon d'à peu près mon âge se précipita sur moi pour me l'enlever. Je n'ai pu rien faire d'autre que lui jeter un regard plein de rancune alors qu'il s'enfuya en mangeant ma patate.

Un autre matin, je vis sur la route un homme tout émacié arracher un bánh chưng, une sorte de galette de riz gluant, à l'étal d'une vieille marchande. L'homme s'échappa en courant et la vieille femme cria après lui « C'est une belle brique! » En effet, elle révéla que la prétendue galette n'était qu'une brique enveloppée de feuilles de "dong" (sycomore) !

Chaque jour, en allant à l'école, nous ne manquions pas de voir des cadavres gisant sur le bord de la route, et des charrettes tirées par des bœufs qui venaient les ramasser. C'était la famine de l'année du Coq (1945). D'après les livres d'histoire, elle fit plus de deux millions de morts.

Un dimanche matin, M. Ba Ky était en train de préparer notre petit déjeuner quand nous entendîmes des coups de feu. Toute la famille courut précipitamment vers l'abri du côté de chez l'oncle Lễ. Le bruit des coups de fusil se rapprochait, puis le bruit de chaussures de soldats français se fit entendre dans la maison. Tout le monde retint son souffle et attendit. Voyant que j'étais effrayée, mon père me serra dans ses bras. J'entendis les Français crier à la porte du tunnel de l'abri. Papa me dit de monter sur son dos, leva les mains en l'air, et ordonna à mon frère Lân de prendre la main de ma soeur Tính et sortir derrière lui. Tonton Lễ et Ba Ký levèrent également leurs mains en sortant.

Les soldats français, voyant un homme portant un enfant, suivi d'autres enfants, ne tirèrent pas. Se rendant compte que papa et tonton Lễ parlaient couramment le français, ils nous apprirent que les Việt Minh étaient dans les parages, ligotèrent les trois hommes et les firent monter à l'arrière d'une jeep, qui se mit à rouler lentement vers le jardin botanique. Lân, tenant la main de Tính, et moi nous suivîmes à pied. En me retournant, je vis un autre terrible incendie : les soldats étaient en train de brûler notre maison de Ngọc Hà. Arrivés au jardin botanique, nous trouvâmes un parc rempli de soldats, de chars, et de camions.

Ils nous laissèrent nous asseoir sur un tronc d'arbre près du parking. Tonton Lễ et mon père s'entretinrent avec l'officier français, qui relâcha leur ligature. À midi, ayant très faim, je ne pouvais pas quitter des yeux un soldat français assis sur un tank, torse nu, en train de casser la croûte. Me voyant, le soldat se pencha et me lança un paquet de biscuits. Je me trainai pour le récupérer, quand soudain vis le soldat dégringoler juste à côté de moi. Il venait d'être abattu par un tireur embusqué Viet Minh du haut d'une colline. Papa se jeta immédiatement à terre pour me tirer en sécurité derrière un arbre.

Nous étions restés au park jusqu'à l'après-midi lorsque l'officier, qui s'était absenté, revint et et nous dit qu'ils allaient se retirer du jardin botanique et que nous aussi devions le quitter, parce que la zone n'était pas du tout sécurisée. Tonton Lễ alors dit qu'il connaissait le père Grass à l'église dominicaine près de là et proposa que nous nous y rendissions. L'officier nous y conduisit. Ici nous trouvâmes la famille de tonton Nguyễn Mạnh Hà , sa femme française et leurs deux enfants. Nous tous nous nous partageâmes une grande pièce. Les gens s'allongeaient pêle-mêle sur le plancher.

Au deuxième jour, l'église commença à manquer de vivres. Le père Grass avait constaté que des maisons du voisinage, la plupart de grandes villas, avaient été désertées par leurs propriétaires. D'après le père, il n'était pas prudent pour les adultes de sortir, mais pas pour les enfants. Il donna donc un sac à chacun de nous les enfants, nous dit d'aller de maison en maison pour essayer de trouver des provisions et les rapporter. Les deux enfants de tonton Nguyễn Mạnh Hà et nous trois, les sacs en bandoulière, nous partîmes visiter chaque maison. Une fois arrivés dans une grande villa vide, nous courûmes à la cuisine pour chercher des nourritures. Par curiosité je montai au premier étage, et Lân, après avoir raflé des vivres, se mit à ma recherche. Il me trouva à l'étage, debout devant le cadavre d'une femme toute nue allongée sur le sol, sans un fil pour se couvrir. Il m'entraîna en courant hors de la maison. Depuis ce jour, papa ne nous laissait plus jamais sortir en quête de provisions.

Une nuit, il pleuvait. Pendant que tout le monde dormait, une porte claqua. Le père Grass, rentré trempé d'eau, nous réveilla. Il poussa une longue table pour bloquer la porte, et d'une voix tremblante nous apprit que le Viet Minh venait de pénétrer par effraction dans la résidence des prêtres en face de l'église, et tua un jeune prêtre français. Il dit qu'on n'était plus en securité et qu'il nous fallait trouver un autre refuge.

Grandir au numéro 10 rue Lê Trực

Après des années funestes où mon père souffrit les tragédies des demeures incendiées, de la perte douloureuse de son épouse et de son enfant nouveau-né, des ravages à sa fortune, mon père se fit prêter la maison au numéro 10 rue Lê Trực par tonton Cát, un homme argenté qui possédait de nombreuses propriétés. Il s'agissait d'une villa à deux étages, un ancien immeuble à architecture européenne, clôturé par un mur de briques et un portail en fer forgé. Devant la maison il y avait un grand ylang-ylang et à l'entrée il y avait des vrilles de vigne de raisins verts. Derrière la maison au milieu de la cour se trouvait un vieux carambolier, attenant à un réservoir d'eau de pluie. Dans le jardin, il y avait des bosquets de bananiers et de goyaviers, et une multitude de fleurs de toutes sortes plantées contre le mur. On y trouvait aussi un étang d'élevage de poissons, couvert de lentilles d'eau. De l'autre côté de l'étang se dressait un petit temple. Le soir venu, les accents des prières ponctués par le son de tambourin s'élevaient dans la solitude sereine, comme un angélus berçant, invitant chacun de nous à méditer sur l'absurdité de l'éphémère existence humaine.

Au bout de la rue Lê Trực se trouvait le terrain de sports Septo. Chaque jour, de nombreux jeunes gens passaient à vélo devant la maison pour se rendre au terrain d'entraînement. Maintes fois je suivais Lân pour y aller m'exercer, courir sur la piste, sauter à la corde.

Non loin de cette maison se trouvait le lycée Albert Sarraut, où Lân faisait ses études. Près de là , si je me souviens bien, se trouvaient la Pagode au Pilier Unique et le jardin botanique Con Cóc (le Crapaud)

Quand on était à la rue Lê Trực, partout où il allait, mon père me laissait l'accompagner. Une fois, en visite chez tonton Phúc au domaine de Bố Hạ, papa et moi nous pûmes faire du cheval tout autour du domaine avec lui.   Tonton Phúc et papa m'entrainèrent à l'équitation. Je montais à cheval, ou plutôt sur le dos d'un petit âne, et mon père le tirait par une corde lentement derrière son cheval. Jusqu'à ce jour, je me souviens encore du bonheur que j'éprouvais à chevaucher dans les bras de mon père, un sentiment de bonheur que je n'ai plus jamais retrouvé.

Une autre fois j'ai rendu visite à l'écrivain Lê Văn Trương, qui vivait dans une mansarde très sommairement meublée. Il semblait que toute la "fortune familiale" de cet écrivain autrefois célèbre se réduisait à une table basse au milieu de la pièce. Il n'y avait même pas une chaise, et les visiteurs n'avaient autre choix que de s'asseoir sur le plancher. La chambre, le mobilier, les quatre murs et même les rideaux, tous d'une couleur noire, concouraient à souligner l'étroitesse de l'espace de vie de cet écrivain célèbre. Je me demandai comment, vivant dans un tel cadre insolite, il pouvait imaginer pour ses romans des sujets héroïques et exceptionnels faisant l'engouement de ses innombrables lecteurs. Ou peut-être, derrière ces rideaux obscurs, l'âme de l'écrivain s'était-elle déjà envolée vers quelque univers fantastique.

Au numéro 10 rue Lê Trực, parfois pendant les week-ends, mon père me permettait de le suivre chez tonton Hà Văn Vượng . Il me semble que la maison de tonton Vượng était située près de l'Opéra, dans une longue rue ombragée bordée d'arbres et de nombreuses villas cossues. Contrairement à la demeure de tonton Lê Văn Trương, la maison de l'oncle Vượng était très grande, avec un immense jardin. Dans ce jardin il y avait une grande cage en fer abritant des paons, créatures d'une large gamme de couleurs éclatantes, vert-bouteille, bronze rutilant, etc... J'avais bien peur qu'il serait difficile même pour un artiste de grand talent de recréer sur sa palette le miracle de toutes ces couleurs chatoyantes que le Créateur a généreusement dispensées.

Dans la maison de tonton Vượng, il y avait aussi une salle séparée avec un chevalet de peintre. Je ne savais pas si ce n'était pas seulement après le départ de sa femme britannique et de ses enfants pour Londres qu'il se fut réfugié dans la représentation des formes et couleurs de la nature, pour atténuer de quelque peu la nostalgie de l'absence de ses êtres chers.

Parlant de la famille de l'oncle Vượng, je ne puis m'empêcher de mentionner tata Vượng qui fut ma première professeuse d'anglais. Douce, patiente et dévouée, tata m'enseignait les difficultés du vocabulaire et la prononciation des mots (avec l'accent britannique, bien sûr) à l'aide d'un livre intitulé "L'Anglais sans Peine". J'étais touchée d'être accueillie par elle avec une gentillesse particulière ; orpheline de mère, je trouvais encore plus émouvant d'être l'objet de la sollicitude et la tendresse d'une femme si noble et si humaine. Dès lors, je ne fus pas trop surprise quand j'entendis un jour l'oncle Vượng s'ouvrir à mon père : « Garde Chinh pour mon fils Anh." Mon père ne répondit pas et se contenta de sourire. À cette époque, son fils Van Anh était étudiant à Londres.

En plus des tontons Lê Văn Trương et Hà Văn Vượng, il faut aussi mentioner tonton Lê Dương, également connu sous le sobriquet de Dương Đồ Cổ Hàng Trống (Dương Antiques des Tambours). Papa et tonton Dương partageaient un passe-temps commun, la photographie. Afin de "chasser" des photos spéciales, ils faisaient souvent de très longues excursions dans des endroits qui m'étaient complètement inconnus. Occasionnellement, lors de telles sorties, tonton Dương et papa permettaient à nous trois,

Lân, Tính et moi de les accompagner pour nous faire voir du pays.

Parmi les photos en noir et blanc que j'ai gardées encore de cette époque, il y a de belles photos de moi et de Tính au zoo, au jardin de fleurs de Nghi Tàm, ou celles du jardin de fleurs de Con Cóc, de la pagode du Thầy et de la pagode des Trăm Gian.

Mais de toutes ces excursions, la plus mémorable fut celle où mon père m'emmena à la plage de Đồ sơn. Au petit matin, la mer était encore déserte, la plage n'avait encore nulle trace de pas, et mon ombre changeante sur le sable humide de rosée s'apparentait à mon reflet dans un miroir. J'avais mis un maillot de bain pour faire de l'exercice, et mon père me prenait en photos ; dans l'après-midi, il me photographiait de nouveau, habillée en costume traditionnel, face à la mer. Ces photos sont restées les plus précieuses de ma vie.

Au dos d'une des photos de moi, vêtue d'une longue tunique, regardant la mer, mon père a écrit deux vers du poète Nguyễn Du:

Le triste crépuscule s'abat sur l'estuaire,
Sur la mer, quelle est cette barque à voile au contour incertain ?

Les souvenirs vécus avec mon père ne se limitaient pas à ceux des journées d'été. Avec l'arrivée de l'hiver, d'autres me reviennent en mémoire. Je me rappelle ces après-midi d'hiver glacials quand mon père m'emmenait au cinéma. Me cramponnant à son bras, me serrant contre lui, ou m'abritant sous son manteau, j'allais à pied avec lui au Majestic ou au Philharmonique ou au théâtre Cầu Gỗ pour voir les films. Le propriétaire français du Philharmonique, un ami de mon père, nous réservait toujours deux places dans une loge, de sorte que nous nous retrouvions assis toujours aux mêmes places.

En ce temps-là j'avais l'impression de vivre dans un « paradis », aux côtés d'un père merveilleux que j'avais la chance d'avoir. Grâce à lui, je me suis passionnée pour le cinéma dès mon plus jeune âge. Mes films préférés étaient *Le Cid* et *Limelight* (celui-ci de Charlie Chaplin). Je me souviens aussi de beaucoup d'autres excellents films, comme par exemple *Les Plus Belles Années de Notre Vie,* un film dont les drames de guerre et de familles détruites me firent fondre en larmes. Au sortir du cinéma, mon père s'assurait toujours que j'avais bien compris l'histoire du film que nous venions de voir ; dans le froid de l'hiver, pendant que nous marchions serrés l'une contre l'autre, il prenait la peine de m'expliquer les significations profondes du film. Quand j'y réfléchis maintenant, je crois bien que mon père se servait du cinéma pour m'éduquer et élargir mes connaissances de l'art et ma vision sur la vie.

Sur le chemin du retour, mon père ne manquait jamais de passer au Grand Magasin de la rue Tràng Tiền pour acheter des châtaignes pour moi, mon spécial régal. Outre des cigarettes Cotab pour lui, il lui arrivait de temps en temps de s'offrir une bouteille de vin rouge et du chocolat noir (mon type de chocolat préféré) pour rapporter à la maison. En plus de tout cela, étant un lecteur avide, il n'oubliait pas d'acheter quelques livres et revues comme Ciné Revue, Cinémonde soit pour lui soit pour moi aussi.

Après avoir accompli ces «obligations» envers sa fille et lui-même, il appelait un cyclo pour nous ramener à la maison. Il me laisssait m'asseoir sur ses genoux et me blottir dans ses bras pour me réchauffer. A ces moments là, tout ce que je voulais c'était juste pouvoir faire rallonger le chemin du retour.

Maintenant, quand je pense à mon père, j'éprouve beaucoup de peine et de tristesse pour lui. Devenu veuf quand encore jeune, il cherchait à se consoler seulement à l'aide de son violon et ses livres, avec lesquels il se retirait le soir dans sa chambre. Bien sûr, il n'y avait pas encore la télévision à l'époque. En essayant de remettre sa vie en ordre, il accepta de travailler comme assistant de tonton Hà Văn Vượng qui était alors ministre des finances.

Lân fréquentait le lycée Albert Sarraut et étudiait l'accordéon avec le musicien Nguyễn Hiền. Il pratiquait également des sports tels que l'haltérophilie, le saut à la corde, le canotage, était très bon au ping-pong, ayant une fois même remporté le championnat dans ce sport. La maison avait non pas une table de ping-pong, mais deux, car les amis de Lân venaient souvent s'entraîner ; ils étaient de bons joueurs de ping-pong de l'école. Les deux meilleurs joueurs étaient Hiệp « Cao » (le grand) et Trương « Đen » (le noir), en plus de Khuê « Gầy » (le maigrichon) et Năng Tế.

À part les études scolaires, Tinh était inscrite à l'école de Mme Trùng, où elle apprenait aussi les arts culinaires. Veuf, mon père voulait que ses deux filles étudiassent les arts ménagers. J'étudiais la broderie, et aussi à l'école catholique Saint Paul j'étudiais le piano avec Maitre Duyệt. En classe de piano, je connaissais une très belle jeune fille du nom de Bích Vân ; nous nous liâmes d'une vraie amitié, pensant que rien ne pourrait jamais nous séparer. Chez les Sœurs de Saint Paul, j'acquis une réputation de pieuse. Chaque jour je lisais la Bible, le soir je priais, chaque dimanche matin j'allais à l'église. Une fois, je demandai à mon père la permission de me faire baptiser. Il me répondit: « Je ne t'interdis pas d'avoir la foi en Dieu. Toutes les religions enseignent aux gens à faire du bien. Mais je te déconseille de te convertir, car notre famille est bouddhiste, et nous vénérons nos aïeux. Une jeune fille est destinée à être mariée éventuellement, et avec le mariage, elle doit suivre la religion de sa belle famille. Je ne sais pas si ton futur mari sera bouddhiste ou catholique. »

C'étaient les jours où tous les quatre, nous vivions ensemble dans la tranquillité et l'affection mutuelle. Pour moi, c'étaient des jours du "paradis de l'enfance", bénis de l'amour de mon père. Peut-être moi seul savais à quel point j'aimais mon père. Il était beau, poli et calme, et avait beaucoup de talent. Il n'avait qu'un peu plus de 30 ans quand ma mère décéda.

Depuis le jour où nous revînmes à la maison de la rue Lê Trực, cependant, les amis de mon père se faisaient plus rares. Les seuls fidèles qui nous fréquentaient encore étaient tonton Ngọc Giao, tonton Dương, tonton An Hàng Đào (de la rue des Pêches) et tonton Phúc Cam (de l'orangeraie) Bố Hạ. Mon père restait à la maison le soir et s'adonnait à la lecture. Parfois je passais mon temps à parcourir le dictionnaire pour me cultiver, et mes amis m'appelait un dictionnaire vivant.

Voyant la tristesse de mon père, je réalisais que jamais je ne l'avais tant aimé. Je n'étais pas sûre si ce n'était pas à cause de sa solitude qu'il commença à fumer plus que d'habitude. Chaque soir à l'heure du repas il prenait au moins un ou deux verres de vin rouge, et d'autres fois je le voyais assis devant un verre de vin, perdu dans ses rêveries. Il se mettait parfois à composer de la poésie ; ses poèmes étaient assemblés en un recueil sous le titre *Tàng Châu Thi Tập* (Poèmes des joyaux cachés).

Puis une certaine jolie femme commençait à rendre visite à mon père. Chaque fois qu'elle venait, elle nous apportait des cadeaux. Papa disait qu'elle était une poétesse célèbre dans le milieu littéraire et artistique. Je ne savais pas ce que Lân et Tính pensaient ; mon avis tout simplement était que ce serait bien pour mon père de se faire une relation de plus dans le cercle des arts, car tous ses copains appartenaient à ce monde-là.

Un après-midi, je vis mon père faire les cent pas dans le salon, une cigarette à la main, l'air soucieux, comme aux prises avec un problème insoluble. Je n'osais pas lui demander ce qui le tracassait, mais l'observait avec une certaine inquiétude et nervosité. Finalement, il me dit d'appeler Lân et Tính au salon parce qu'il voulait nous parler. Une fois nous trois réunis, il annonça lentement qu'il allait se marier avec une certaine personne du monde des arts et des lettres, quelqu'un que nous connaissions et semblions tous apprécier.

Pour moi, cette révélation eut l'effet d'un choc. Papa avait parlé lentement, séparant chaque   mot.   Il avait été un peu difficile pour lui de dire aux enfants qu'il voulait se remarier. L'idée m'assaillit comme une secousse électrique que j'allais sûrement devoir partager l'amour de mon père avec la femme qu'il allait épouser.

Peut-être parce que j'étais trop jeune pour comprendre la désolation d'un homme qui avait depuis longtemps perdu sa femme, je réagis violemment, et ce malgré ma sympathie pour la personne que mon père mentionnait. Je courus hors de la maison, me précipitai vers le temple sur l'autre côté de l'étang, derrière la maison. Je me cachai là, allongée sous un arbre, pleurant et sanglotant, m'absentant aux repas. Comme je ne rentrais pas le soir, mon père paniquait et allait me chercher partout. Finalement, il me trouva recroquevillée sous un arbre, mains et pieds gelés, dans la cour derrière le temple. Il me souleva, m'embrassa, me réconforta, et me promit de ne plus jamais épouser personne.

"Notre famille restera toujours la même, un père et trois enfants !" me dit-il. Et, restant à jamais veuf, il tint cette promesse le reste de sa vie !

Pour ce que j'ai fait, je suis rongée par d'horribles remords. De toute évidence, j'ai agi de manière impulsive et sans réfléchir, me comportant en enfant bassement égoïste. Depuis, mon vœu ardent a été que, loin de ses enfants, mon père puisse trouver pour le reste de sa vie une âme sœur pour lui tenir compagnie et partager ses joies et tristesses, et au dernier moment, lui tenir la main et lui fermer les yeux !

Papa! Je suis désolée, papa ! Pardonne-moi !

La paix et la sérénité ne règnent plus à Hanoï

Mon père avait l'air préoccupé et soucieux. Ses amis lui rendaient visite ou se réunissaient moins fréquemment . Seuls quelques-uns nous rencontraient encore, mais chaque fois que nous nous voyions, ils ne montraient plus la même jovialité qu'avant. On chuchotait, on conversait d'un ton prudent comme à propos de quelque chose de très grave. Les jeunes amis de Lân, eux, ne venaient plus pour jouer au ping-pong, mais seulement pour discuter de quelque important sujet.

Un soir Tế vint chez nous pendant que Lân n'était pas là. Il voulait me parler et me pria de venir sous le treillis de vigne pour un brin de causette. Il me dit qu'il avait décidé de s'engager dans l'armée. Il allait entrer à l'école des officiers de Thủ Đức pour formation, et serait absent pendant un certain temps. Alors que je le regardais en silence, il me prit la main et se pencha pour m'embrasser. C'était mon tout premier baiser de jeune fille.

Quelques jours plus tard, Lân et moi et quelques amis nous allâmes au camp de Ngọc Hà faire nos adieux aux jeunes hommes qui rejoignaient l'armée. Le camp était bondé. En partance pour Thủ Đức je vis Tế et aussi Nguyễn Trọng Bảo et Trần Đức Sơn. Peu après, Tế m'envoyait de l'école militaire de Thủ Đức de nombreuses lettres d'amour pleines de nostalgie. L'amour à mon âge d'étudiant s'était épanoui au milieu de la tourmente s'emparant de Hanoï, où ne régnait plus la paix.

La situation était devenue stressante, et changeait de jour en jour.

Immédiatement après son mariage, ma soeur aînée Tính s'apprêta à émigrer en France avec sa belle famille. J'étais très triste. Ainsi, après toutes ces nombreuses années partageant la même vie, dormant dans la même chambre et parfois dans le même lit, échangeant les mêmes secrets chuchotés, nous allions nous séparer sans que je pusse savoir quand nous nous reverrions.

Au dîner d'adieu entre notre père et nous les enfants, Tính se présenta avec les yeux bouffis à force d'avoir longuement pleuré. Papa buvait davantage que d'habitude ; je buvais aussi, et pour la première fois de ma vie, me soûlai !

La signature des Accords de Genève divisait le pays en deux parties au niveau du 17ème parallèle : le Nord sous régime communiste et le Sud restant non-communiste.

A l'âge que j'avais, je n'étais nullement versé en politique. Un jour, après une réunion avec tonton Hà Văn Vượng, mon père nous prit à part, Lân et moi, et déclara que nous devions émigrer vers le Sud, et que nous devions nous préparer à cet effet de toute urgence.

Le Départ

Ce jour-là au petit matin, mon père et Lân mon frère aîné déménagèrent les meubles de la maison dans la cour pour les mettre en vente. Cette cour, où les jeunes amis de Lân venaient s'entraîner tous les jours au ping-pong, était maintenant remplie de tables, de chaises, d'autres meubles, voire d'un autel. De précieuses antiquités étaient exposées sur la table de ping-pong. Tout y était à vendre, jusqu'au dernier article. La maison se débarrassait de son essentiel.

Dès que les deux battants du portail de fer forgé s'ouvrirent, une foule nombreuse se rua dans la cour pour trouver des affaires, tout comme à un petit marché aux puces. Stupéfiée, je regardais les gens tâter, examiner sous tous les angles, évaluer, critiquer, puis, après force commentaires et marchandages, régler et emporter des objets qui avaient fait partie de notre famille depuis de nombreuses années. Seul le vélo de anh Lân, dont il refusait obstinément de se séparer, n'était pas à vendre.

Tính ma soeur aînée était déjà partie, et les affaires d'importance particulière pour nous avaient été expédiées. Mon père et nous les enfants étaient devenus les occupants d'une maison vide, avec pour nous soutenir quelques provisions de première nécessité. Parant à toute éventualité, mon père avait prévu pour chacun de nous un sac à dos de tissu contenant quelques médicaments, des vivres secs et de l'argent. Cette nuit-là, mon père et moi dormîmes sur le plancher, sous une moustiquaire.

Au milieu de la nuit, anh Lân me réveilla. Il me commanda le silence et me conduisit jusqu'au portail de fer. Dehors, Hiệp "Le grand" (le meilleur ami de Lân au ping-pong) attendait sur un vélo, tenant d'une main un autre vélo, celui de Lân.

Anh Lân me prit dans ses bras et dit : "Chinh, Hiệp et moi nous devons maintenant partir pour le maquis. Non, je ne vais pas m'évacuer. Tu vas t'en aller avec papa et prendre bien soin de lui pour moi".

Prise de panique, je criai : « Non ! Tu ne peux pas t'en aller ! Tu dois demander la permission à papa ! »

« Papa ne me permettrait pas, nous devons partir ! »

Hiệp me regarda en balbutiant: « Chinh, je vais partir... prends bien soin de toi ! » Puis très vite, « Je t'aime, Chinh ! »

Il ne me sembla pas avoir entendu ce que Hiệp venait de me dire.

Lân me lâcha et monta en selle. Je m'agrippai fermement au guidon de son vélo : « Non, tu ne peux pas t'en aller ! »

Il m'enleva la main du guidon et la serra. « Chinh, je...... ! » Je me libérai et courus vers la maison en criant: « Papa ! Papa ! Anh Lân ... »

Quand papa sortit, la rue Lê Trực était déjà vide. Il se précipita dans la rue et cria :   « Oh Lân ! Oh Lân ! Mon fils...... »

Mais l'appel de mon père, ainsi que l'ombre des deux individus sur leurs vélos, se perdit dans les ténèbres de la nuit.

Dans l'obscurité de la maison déserte, mon père était assis adossé contre un mur. La lueur de sa cigarette vacilla ; il fumait cigarette sur cigarette. J'allai m'allonger sur le plancher près de lui. Subitement il me prit la main pour me remettre un bracelet en or qu'il sortit de sa poche, en me disant : « Tiens, garde-le, juste en cas de besoin. » Je fus terriblement émue, serrant bien fort sa main dans la mienne.

« Essaie de dormir un peu, on partira tôt demain. » Mais je ne pouvais pas dormir, et lui non plus.

Le lendemain matin, mon père et moi entrâmes dans l'aéroport de Bạch Mai (ou celui de Gia Lâm, je ne me rappelle plus) de Hanoï. Le chaos qui y régnait était indescriptible. Mon père me prit par la main et essaya de trouver un endroit vacant où nous pourrions nous tenir et attendre. Sous le soleil de midi, les avions DC3 de transport militaire avaient commencé à décoller et à atterrir. Chaque fois qu'un avion se posait, les gens s'y précipitèrent en une succession de vagues humaines. Dans l'après-midi l'ardeur du soleil devenait plus accablante, et mon père me couvrit la tête de sa main pour essayer de me protéger du soleil.

Dans la cohue, mon père soudain repéra l'un de ses amis, tonton Nguyễn Đại Độ, le père de Tế. Au contraire de notre famille, composée simplement de père et fille, celle de tonton Độ, en attente d'un avion, comptait plus de dix personnes, dont les enfants, petits-enfants, arrière-petits-enfants, en plus des employés de maison. Les deux familles se fondirent en un groupe. En attendant, mon père conversait avec Bác Độ.

Pas plus tôt qu'au coucher de soleil, le dernier vol de la journée se posa et la rampe arrière de l'avion s'ouvrit. La foule se bouscula pour grimper dans l'avion, criant et hurlant. Nous suivîmes tonton Độ de près ; toute sa famille avait déjà réussi à monter dans l'avion. Soudain, papa m'attrapa, me souleva du sol pour me balancer dans l'avion. Par-dessus le vacarme du moteur mêlé aux cris des gens qui s'interpellaient, j'entendis le hurlement de mon père:

« Chinh, tu pars avant moi, je reste ici pour chercher anh Lân. J'irai dans le Sud plus tard. »

« Non, non papa! Non ! »

Je m'insurgeai violemment, criant, tentant de bondir vers mon père, mais la multitude m'en empêcha. Je ne pouvais que le distinguer debout sur la piste, immobile comme un corps sans âme. Je levai la main très haut pour qu'il me vît et ne cessais de crier : « Papa, papa... ! »

La foule me poussa contre le plancher de l'avion, j'essayai tout de même de me relever et m'échapper, mais tous mes farouches efforts s'avérèrent vains. Juste au moment où je tournai mon regard vers l'arrière de l'avion, sa rampe d'accès se referma sur nous tous.

Ce jour-là, je vis mon père et entendis sa voix pour la dernière fois !

Accroupie sur le plancher de l'avion, la tête baissée, je ne cessai de pleurer pendant toute la durée du vol.

PHOTOS
PREMIÈRE PARTIE
Hà Nội, 1937-1954

Mon grand-père paternel, Phán Phan (Dynastie Nguyễn),
devant le domaine de Kim-Mã.

Une photo rare de la famille de mon père. Mon grand-père, Phan Phan,
se tient au milieu avec ses mains sur les épaules de mon père, qui porte
une tenue de style occidental avec des bottes en cuir.

Mon grand-père maternel, Nguyễn Văn Luận.

Une vieille photo, prise en 1918, de la famille de ma mère.
Ma mère est à l'extrême gauche.

Papa Cửu à un jeune âge.

Ma mère Nguyễn Thị An à un jeune âge.

Mon père (tout à droite) avec ses copains à Hà-Nội.

Mon père à cheval sur le chemin de la Montagne du Bovin.

*Ma mère (à gauche) et sa sœur, Cam,
sont dans le pousse-pousse familial.*

Mon père et mon frère Lân au domaine de Kim-Mã.

Ma mère, ma sœur Tình et moi tenant notre chien, Toto.
C'est la seule photo que j'ai de ma mère.

Mon père, mon grand-père, mon frère Lân et ma mère.

La dernière photo de ma mère; elle était enceinte de mon plus jeune frère à l'époque.

Kièu Chinh (à gauche), ma sœur Tĩnh et mon frère Lân dans la cour de la maison sur la rue Lê Trực, Hà-Nội.

Kièu Chinh (à gauche) et Tĩnh, faisant du vélo au Jardin des crapauds à Hà-Nội.

Ma sœur Tĩnh et moi au jardin de fleurs Nghi-Tàm, Hà-Nội.

Frère Lân et moi ramions sur le Lac de L'ouest (Hồ Tây), Hà-Nội.

Sur le Lac de l'Ouest (Hồ Tây), Hà-Nội.

Dans la botte de foin

Avec deux chiots au Jardin Botanique, Hà-Nội.

*Avec les élèves et religieuses de l'école Saint Paul, Hanoï (1948).
Au deuxième rang, Kiêu Chinh est la septième personne en
tunique noire à partir de la gauche, après soeur Suzanne.*

Sur la plage de Đồ-Sơn à l'aube. Photo prise par mon père.

Ma réflexion sur la plage de Đồ-Sơn. Photo prise par mon père.

En áo dài et chapeau conique sur la plage de Đồ-Sơn.
Photo prise par mon père.

Dernière photo avec mon père, notre dernier Tết (Nouvel An lunaire) ensemble.

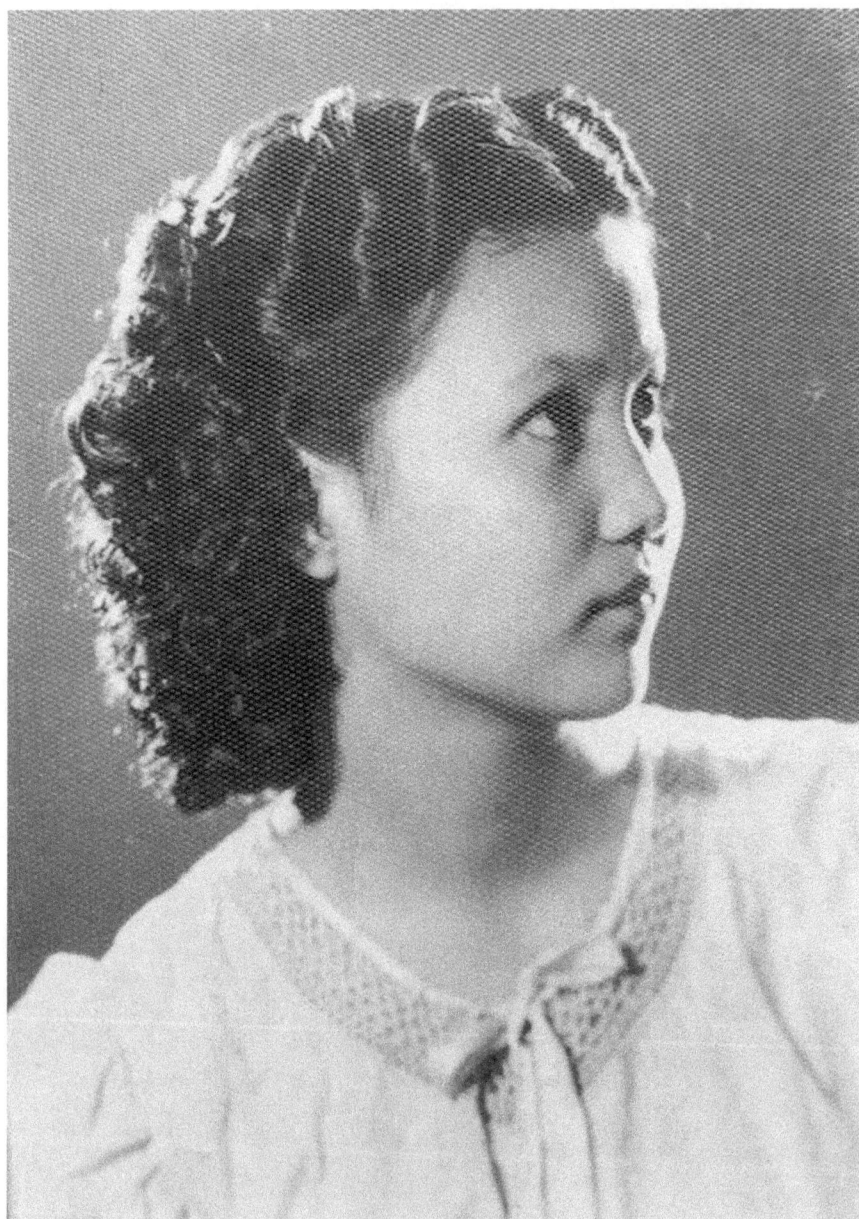

Kiều Chinh, dernière photo à Hà-Nội (vers 1949-1950).

DEUXIÈME PARTIE
Saïgon, 1954-1975

Soudain seule

Cette nuit du début d'août 1954, le DC-3 secoua violemment en atterrissant à l'aéroport de Tân Sơn Nhất. C'était aussi l'une des nuits de fortes pluies à Saïgon. La ville avait-elle choisi d'accueillir cette fille de 16 ans, soudainement devenue orpheline, avec une pluie aveuglante?

La pluie me suivit jusqu'à la portière de l'autocar qui m'emmena avec beaucoup d'autres refugiés à un camp d'hébergement temporaire dont j'ignorais le nom, que je nommerai donc « Camp Temporaire ». Le camp était situé boulevard Pétrus Ký, à Saigon, en face du lycée du même nom.

Complètement perdue dans une foule d'inconnus, j'entendis brusquement appeler mon nom, et c'était Bích Vân, ma meilleure amie d'enfance à Hanoi. Tomber sur Bích Vân dans ces circonstances inouïes était pour moi comme recevoir une bouée de sauvetage en pleine noyade !

Nous nous sommes embrassées, heureuses dans nos détresses respectives. Dans l'obscurité du camp, allongées côte à côte à même le sol, nous bavardions sans fin. Bích Vân parlait beaucoup de sa famille, posait beaucoup de questions sur Lân, mon frère aîné, et sur l'endroit où lui et moi nous nous fûmes quittés. Les propos de Bích Vân me rendirent heureuse mais pourtant je ne pouvais m'empêcher de m'apitoyer sur mon triste sort. La pitié que je ressentais pour moi-même semblait une ombre écrasante qui ne me quittait pas une seconde. Elle enveloppait mon corps et mon esprit, et n'avait cessé de m'accabler depuis le moment où j'avais dû me séparer de Lân et de mon père. Dans les ténèbres, à l'insu de ma compagne, les larmes qui m'étaient encore restées recommencèrent à couler en silence sur mes joues.

Vers le matin, complètement épuisée après une journée éprouvante, je m'endormis, assaillie de cauchemars. Dans mon sommeil troublé, je m'entendais crier à tue-tête, « Non Papa !... non ! » alors qu'il me poussait dans la cabine de l'avion, m'ordonnant sèchement, presque hurlant aussi, « Chinh ! Tu vas partir d'abord. Papa va rester ici pour trouver Lân. J'irai dans le Sud plus tard. »

Il faisait terriblement froid, mais quand je me réveillai mon front était trempé de sueur. Je me préparais à raconter mon cauchemar à mon amie, quand je fis une découverte stupéfiante: Bích Vân avait disparu pendant que je dormais. Là où elle s'était allongée, elle avait laissé un bout de papier avec quelques mots griffonnés à la hâte, « Chinh, reste ici, ne me cherche pas. J'ai décidé de retourner à Hanoï. Bon courage et bonne chance à toi !! »

Hagarde et affolée, je perdis toute conscience du monde autour de moi dans le camp et n'avais à l'esprit que l'image de Bích Vân et les questions qui me torturaient. Quelle était la raison pour laquelle Bích Vân, après m'avoir vue seule comme elle, s'était décidée à retourner immédiatement à Hanoï, alors que quelques jours auparavant, elle s'était imprudemment échappée à sa famille pour se rendre seule à Saïgon ?

Une autre brûlante question qui me troublait et me remplissait de tristesse était pourquoi Vân ne m'avait rien dit ? J'aurais pu la suivre pour retourner à Hanoï, moi aussi. (J'appris plus tard que Bích Vân était devenue une actrice de cinéma dans le Nord, tout comme je l'étais le Sud.)

Le soleil s'était levé, je rejoignis la file d'attente pour recevoir le petit déjeuner et inscrire mon nom sur la liste de famille. Tonton Độ était venu me voir, pour me dire qu'il avait inscrit mon nom au registre de sa famille. Pendant qu'on faisait la queue, il me dit que quand il avait vu mon père à l'aéroport de Hanoï, celui-ci lui avait demandé de prendre soin de mes moyens de subsistance jusqu'à ce que lui et Lân arrivent dans le Sud.

À Saïgon, tous les membres de la famille de tonton Độ, y compris moi-même, au total 17 personnes, furent recueillis au Camp Temporaire par un cousin de tonton Độ et conduits au boulevard Hồng Thập Tự.

Quelques jours plus tard, tout notre groupe s'installa dans une petite maison dans la Cité Nguyễn Tri Phương, offerte par son neveu.   La maison était très petite, ne comportant qu'une seule pièce toute en longueur, et une toute petite mansarde.

Avec ce grand nombre d'occupants, la maison semblait prête à craquer à tout moment. Notre groupe comprenait M. et Mme Độ, leurs filles Mùi et Dậu et leurs enfants, leur plus jeune fils Nguyễn Chí Hiếu, et les deux enfants de leur fils aîné Nguyễn Giáp Tý. Celui-ci était un officier de la Commission Internationale de Conttrôle servant à Đà-Lạt ; il avait laissé avec leurs grands-parents ses deux fils Nhật et Nam. Pour s'occuper de ces derniers, leur mère avait engagé une bonne, Sâm.

À cette époque, un autre fils de tonton et tata Độ, Nguyễn Năng Tế, (dont je me souvenais pour m'avoir donné mon premier baiser de jeune fille !), s'entraînait encore à l'Ecole des Officiers de Réserve de Thủ Đức ; il faisait partie de la 4ème promotion. Par conséquent Nguyễn Chí Hiếu était le seul fils resté avec ses parents. Il avait été mon camarade de classe pendant une courte période à l'école Nguyễn Huệ ; plus tard il entrerait à l'Académie Militaire Nationale de Đà-Lạt et ensuite deviendrait parachutiste dans l'ARVN, l'Armée de la République du Vietnam. (1)

Je partageais la mansarde avec Sâm, la bonne. On y montait à l'aide d'une petite échelle en bois, qui devait être repliée et raccrochée contre le mur après chaque usage pour dégager le passage.

---

(1) *L'écrivain Phan Nhật Nam dans un élogieux article intitulé « Hommage au colonel Beret Rouge Nguyễn Chí Hiếu » l'a salué comme un héros de l'ARVN. Il était présent dans la plupart des batailles les plus sanglantes des 20 années de guerre dans le Sud. La personnalité et les qualités de leadership du Colonel Nguyễn Chí Hiếu ont été reconnues et vantées par les Américains. Il est décédé le 5 décembre 2007 en Californie du sud.*

Cette mansarde était juste assez grande pour étendre deux petites nattes, l'une pour Sâm et l'autre pour moi. Elle avait une petite fenêtre surplombant la ruelle derrière la maison où je sortais la poubelle.

C'était à travers cette petite fenêtre que le soir venu je me tournais vers le ciel pour envoyer mes messages secrets, confiant mes sentiments aux étoiles, même par les temps où la voûte céleste s'agitait, des nuages noirs s'amoncelaient et l'obscurité envahissait ciel et terre, présageant de fortes pluies à venir.

Ainsi, grâce à cette petite fenêtre, la nuit j'avais l'impression de vivre mes moments les plus authentiques. Les étoiles qui scintillaient là-haut dans le firmament m'offraient un précieux réconfort et l'espoir, encore vague, de retrouver mon père un jour !

Ce petit cadre de fenêtre, qui pour toute autre personne était probablement un simple dispositif de ventilation, et ma natte de couchage, constituaient mon univers en miniature. Le moment le plus heureux de mes longues journées, une fois accompli toutes mes tâches domestiques, était de pouvoir m'allonger sur cette natte. Combien de fois a-t-elle entendu mes confidences, partagé mes tristes moments rêvant du jour où je reverrais Papa !

Toujours sur cette petite natte de la mansarde, je pouvais savourer mes moments d'intimité avec les cartes postales que mon père m'avait envoyées de Hanoï. C'étaient des cartes avec les formules pré-imprimées pour donner et demander les nouvelles habituelles, rien de personnel ; vous pouviez seulement encercler ce que vous vouliez dire et les mettre à la poste. Cependant, papa espérait m'encourager à travers ces cartes, et n'oubliait jamais avant de signer d'ajouter des mots comme « Ton papa qui t'aime» ou « Bon courage, ma fille » etc...

Cette même natte était la seule « invitée » à mon 17ème anniversaire, au début de septembre 1954. Elle me vit allumer une petite bougie unique pour le célébrer, en l'absence pour la pre-mière fois de mon papa, frère et soeur.

Mon ombre et moi nous regardâmes les larmes de la bougie dégouliner silencieusement dans la pénombre. Puis la nuit d'anniversaire, comme tant d'autres peines et chagrins, s'estompèrent.

Je comptais un à un les jours qui passaient, et qui réduisaient progressivement la période d'attente de 300 jours prévue pour le transfert de pouvoirs sur Hanoï et Haïphong. Je m'agrippais chaque instant à l'espoir que mon père trouverait finalement Lân et que tous les deux viendraient me rejoindre dans le Sud. Nous serions de nouveau réunis pour recommencer notre vie, et dès lors, même si nous devions vivre dans la pauvreté et ne pas manger à notre faim, nous serions tout de même parfaitement heureux parce que nous serions ensemble.

Chaque soir à six heures, je ne manquais pas l'écoute de la Radio France-Asie diffusant des reportages sur l'émigration de la population vers le Sud. Mais avec chaque jour qui passait, je perdais un peu plus confiance.

Puis les 300 jours pour le transfert de pouvoirs finalement prirent fin. Des poussées de douleur empoignèrent mon cœur. L'espoir était à l'agonie, telle la dernière feuille sèche et frêle laissée sur un arbre prête à quitter sa branche. Lorsqu'enfin la Radio France-Asie, sur l'air de la chanson « Hirondelle », annonça la fin définitive de ses programmes, je compris qu'elle sonna le glas de ce que j'attendais de la vie. Pour moi, c'était fini, tous les chemins ne menaient qu'aux impasses.

Depuis le jour où le rideau de bambou se fut abattu entre les deux Vietnam, ayant perdu tout espoir de revoir mon père, je tombais dans la peur et la dépression. Je devenais une personne sans âme, occupée tous les jours comme une automate à nettoyer la maison, faire la cuisine pour tonton et tata Độ, accomplir d'autres tâches ménagères.

Dans la maison, Nguyễn Chí Hiếu, le plus jeune des fils qui avait à peu près le même âge que moi, manifestait pour moi une certaine sympathie discrète. De temps en temps, Tế m'écrivait de l'école militaire de Thủ Đức. Il y avait aussi Lịch, la sœur de Nguyễn Trọng Bảo, qui était restée en rapport étroit avec la famille, et qui venait souvent me visiter pour me réconforter et me soutenir les moments où mon moral était au plus bas.

Le mariage

Un après-midi au début de l'année 1955 à Saïgon, pendant que je balayais la cour, une jeep découverte s'arrêta devant la maison. Un militaire en tenue de camouflage, un sac à dos en main, sauta de la jeep et vint vers moi:

« Chinh ! »

« Oh! Anh Tế ! »

Tous les deux nous fûmes ravis de nous revoir. Tế était l'ami de Lân, mon frère aîné. Il avait beaucoup changé. De jeune étudiant qu'il était, il était maintenant devenu un beau jeune homme, un soldat du pays en guerre, une figure de héros en uniforme de parachutiste coiffé d'un béret rouge couché sur le côté. Il avait complété sa formation et était sorti diplômé de l' École des Officiers de Réserve de Thủ Đức

D'une voix chaleureuse, il me demanda : « Comment vas-tu Chinh ? » Puis il posa la main sur mon épaule et m'accompagna dans la maison.

Avec son tempérament jovial et dynamique, son retour égaya de beaucoup l'atmosphère dans la maison, et j'étais moi-même très heureuse de l'attention qu'il avait pour moi.

Quelques mois plus tard, Tế nous informa qu'il avait été sélectionné pour suivre une formation à Fort Benning, dans l'état de Géorgie aux États-Unis, pour une durée d'un an. Les formalités administratives avaient été remplies, il ne lui restait qu' à attendre la date du départ.

Cette nouvelle ne manqua pas de causer une certaine appréhension à tonton et tata Độ, qui s'inquiétaient de la perspective de sa longue absence dans un pays étranger si lointain.

Un après-midi, pendant que j'étais dans la cuisine occupée à faire la lessive, Sâm, la bonne, y fit irruption pour annoncer ce qu'elle pensait être une bonne nouvelle, "Mlle Chinh, j'ai entendu dire que la vieille dame craint que M. Tế pourrait épouser une Américaine pendant son séjour aux Etats-Unis..."

La nouvelle me laissa indifférente, et je ne dis rien. Sâm cependant revint à la charge : « C'est vrai, Mlle Chinh. J'ai entendu dire que dans quelques semaines, M. Tế ira en Amérique. Il va y rester un an, il va rester là toute une année avant de rentrer. C'est pourquoi M. et Mme Độ ont pensé marier vite M. Tế avant qu'il ne soit trop tard. »

Elle s'arrêta pour me regarder et guetter ma réaction, avant de lâcher une autre phrase assez révélatrice pour que je comprisse: « J'ai aussi entendu les maîtres parler très bien de vous, Mlle Chinh. »

Quelques jours plus tard, Sâm vint me chercher de nouveau dans la cuisine et me chuchota à l'oreille : « Mlle Chinh, les maîtres m'ont dit de vous inviter là-haut... »

A ce moment, il n'y avait personne dans la maison à part M. et Mme Nguyễn Đại Độ. Ils étaient assis sur le lit, devant une théière. Mme Độ me parla d'une voix grave, contrairement à son habitude les autres fois où elle s'entretenait de choses peu importantes. De plus, elle m'enjoignit de venir m'asseoir sur le bord du lit à côté d'elle, alors que d'ordinaire elle me laissait rester assis sur le plancher. M. Độ regarda sa femme puis se tourna vers moi, parla en prononçant lentement chaque mot: « Nous avons quelque chose d'important à te dire. La raison pour laquelle nous avons pris du temps pour le faire, c'est parce que nous voulions attendre d'avoir l'avis de notre ami M. Nguyễn Cứu, ton père. J'ai essayé par tous les moyens de le contacter, mais ce n'est qu'aujourd'hui que j'ai reçu une réponse de sa part. C'est une lettre expressément écrite pour toi. Tu vas la lire ici, et ensuite tu nous diras ce que tu en penses. »

Mes mains tremblaient. Oh mon Dieu! Il y a des nouvelles de papa ! Je priai Dieu que ce fût à propos du jour où nous nous retrouverions. Nerveusement, le cœur battant, je lis la lettre de papa :

Chinh, ma fille,

M. et Mme Độ ont la gentillesse de te demander en marriage pour leur fils Tế. Papa leur a donné son consenement. Je sais que tu es encore jeune, que tu n'as pas pu mener tes études jusqu'au bout et que tu n'es même pas normalement en âge de te marier. Mais la situation qui est la nôtre est tout à fait spéciale. Je ne peux pas te voir, je ne peux pas m'occuper de toi, toi et moi nous nous trouvons retenus de part et d'autre d'une frontière infranchissable! Aussi dois-je compter sur Tonton Độ pour s'occuper de tout pour moi. M. et Mme Độ seront tes beaux-parents et aussi tes nouveaux parents. Tu devras leur obéir, remplir ton devoir d'épouse et de belle-fille, servir et respecter leur famille, tout comme si c'était la nôtre.

Je sais combien tu m'aimes et t'inquiètes pour moi. Souviens-toi de ces paroles de ton père, Chinh. Je ne peux pas écrire plus longuement. Papa t'aime beaucoup.

Ton Père, Cửu.

Ces brèves lignes de mon père finirent de complètement éteindre tout vague espoir en moi de le revoir un jour ; ce fut comme une décision finale de mon père, me jetant à la croisée de nouveaux chemins, dans une nouvelle épisode de ma vie, alors que je n'avais que 17 ans.

Je savais avec certitude que pendant ma lecture nerveuse et tremblante de la lettre, M. et Mme Độ n'avaient cessé d'observer chaque changement d'expression sur mon visage. J'essayait de ne pas montrer trop d'émotions. Parce qu'ils voulaient tous les deux que j'eusse tout de suite une opinion, je repliai la petite lettre en une demi-page de papier d'écolier et murmurai: « Oui, mon obéissance vous est acquise ! »

Ce fut ainsi que je mis fin à ma vie de jeune fille pour devenir épouse et mère. C'était aussi inattendu, inquiétant et déconcertant que le soir où j'avais dit adieu à mon père sur la piste de l'aéroport à Hanoï.

Ce soir-là, après avoir rempli mes tâches quotidiennes, je me retrouvai sur ma natte dans la mansarde. Je lisais et relisais la lettre de mon père. J'essayais de deviner en quel endroit, et dans quel état d'esprit mon père m'écrivit cette lettre importante. Mais la seule chose que je pouvais discerner était que l'écriture semblait plus inclinée que d'habitude, comme si elle avait été écrite en toute hâte, utilisant un papier médiocre et jauni.

(Ce n'est que 30 ans plus tard que je me suis rendu compte que cette brève lettre, la toute dernière reçue de mon père, avait été écrite, non pas à la maison au 10 rue Lê Trực, mais dans un camp de prisonniers.)

Je n'oublierai jamais que cette nuit-là, à maintes reprises, j'étreignais la lettre de papa contre ma poitrine, en murmurant « Papa ! » Comme toutes les fois auparavant, seules les étoiles lointaines clignaient silencieusement en me regardant, et mes larmes coulaient en silence sur mes joues. Tout doucement je répétais "Papa!"

Épouse et mère

Après que M. et Mme Độ, que je commençais à appeler Ba, Mẹ (Papa, Maman), eurent consulté le calendrier pour choisir une date propice, nous procédâmes au mariage. Celui-ci n'aurait pu être plus simple, car la mariée était déjà accueillie dans la maison du marié. Il n'y eut donc pas de procession traditionnelle pour l'accueillir, seulement une simple cérémonie Tơ Hồng (« Fil de soie rose ») pour unir oficiellement le nouveau couple et le présenter aux ancêtres devant l'autel temporaire des ancêtres. Désormais tous les soirs, Sâm devait déplier son lit de camp en toile dans la cuisine pour y dormir, cédant la mansarde au nouveau couple. Les deux petites nattes de couchage qui appartenaient à Sâm et à moi furent remplacées par une seule natte plus grande, sur laquelle deux personnes pouvaient s'allonger côte à côte.

Le mariage eut lieu le 3 juillet, tandis que le départ de Tế pour les États-Unis était prévu pour septembre. En un sens, la célébration de mon mariage était aussi un banquet d'adieu pour mon mari partant pour un pays qui pour moi n'existait que dans mon imagination !

Pour les membres de la famille et les invités au mariage, mon beau-père et moi réservâmes exactement deux carrés, soit deux tables, dans un restaurant du quartier de Chợ Lớn. Les invités étaient limités à quelques personnes proches que nous connaissions depuis les jours de Hanoï, comme Kỳ Quang Liêm, un officier parachutiste, ami de Tý, le frère aîné de Tế. Liêm était également un officier instructeur à l'école d'officiers de Thủ Đức. Il y avait aussi M. Nguyễn Trọng Bảo et sa soeur Mme Lịch. Lịch était devenue mon soutien moral pendant mes périodes d'extrême solitude. M. Bảo, plus tard devenu général de brigade, trouva la mort dans une bataille sanglante sur les hauts plateaux en 1972.

Pour moi, le mariage avait été une chose effrayante, pourtant à la fin tout se passa sans encombre. Comme mon p̌re m'avait dit dans une de ses lettres, « La situation autour de nous ne peut pas être changée.» Il y avait longtemps, il m'avait dit aussi: « De tous mes enfants, tu es la plus rêveuse, la plus intelligente, mais aussi la plus idéaliste. Tu seras donc aussi celle qui sera la plus facilement déçue. Je te conseille de toujours regarder la vie d'un œil réaliste. Dans la vie, les gens ne sont peut-être jamais comme nous. Si tu comprends cela, ta déception sera moins douloureuse.»

Pendant les weekends où il était encore à Saïgon, Tế m'amenait souvent au cinéma. C'était un grand plaisir pour moi. Un film dont je me souviens toujours c'est *From Here to Eternity* (Tant qu'il y aura des hommes) projeté au Cinéma Eden. Ce film était interprété par des acteurs chevronnés tels que Montgomrery Clift, Burt Lancaster et Frank Sinatra.

Après le cinéma Tế me prenait par la main et on se promenait dans le centre commercial de la ville. Tous ceux qui nous voyaient disaient que nous formions un beau couple, un officier parachutiste grand et beau marié à une jeune « Tonkinoise ». Ces sorties-là me rappelaient beaucoup les fois où mon père m'amenait au cinéma à Hanoï.

Et puis un changement important et inattendu se produisit en moi. Trois mois après le départ de Tế pour l' Amérique, je découvris que j'étais enceinte. La grossesse grandissait a vue d'oeil, mais je n'avait pas d'argent pour acheter des vêtements convenables ! Prise de pitié, Sâm, la bonne, m'a donné son vieux pantalon, le rapiéça avec un bout de tissu d'un autre vêtement afin de l'adapter à mon abdomen de femme enceinte. Je réalisai soudainement que je n'avais pas de ressources, non seulement pour couvrir mes dépenses personnelles, mais non plus pour me préparer à avoir des enfants. À cette époque, je ne voulais pas compter sur le salaire de sous-lieutenant de Tế, pensant qu'il devait faire des économies pour aider ses parents et le reste de la grande famille. Je me sentais désolée pour lui, qui à peine marié, avait dû quitter sa famille pour se rendre dans un lieu lointain.

Bien que je ne me fusse jamais confiée à Mme Lịch, elle suspectait grâce à son sens aigu d'observation que j'avais des difficultés financières. Comme une sœur aînée de la famille, elle me fit remarquer : « Tu ne peux pas vivre comme ça pour toujours. Il faut être forte, il faut se lever, aller travailler pour prendre soin de ton enfant. Et prendre soin de toi ! »

Après une pause, elle ajouta : « Chinh, je connais le MAC-V, une agence américaine, qui recrute. Je sais que tu parles anglais, je suis sûre qu'ils vont t'embaucher tout de suite. Tu dois aller travailler immédiatement, avant que ta grossesse ne devienne trop développée. N'aie pas peur ! »   MACV était l'acronyme de Military Assistance Command, Vietnam, une mission de conseil militaire américain sise au boulevard Trần Hưng Đạo à Saïgon.

Mme Lịch avait raison. Je m'y rendis pour faire une demande et on m'embaucha sur le champ. Mais la difficulté restait d'en informer les parents de mon mari et obtenir leur accord. Dès que je commençai à aborder le sujet avec ma belle-mère, elle prit un air grave et dit : « Réfléchis un peu, cette famille n'est pas si dépourvue pour que la belle-fille doive aller travailler ! » Après quelques seconds de pause, elle poursuivit: « D'ailleurs, qui s'occupera de la cuisine et de la maison, si tu travailles à plein temps ? »

Je lui répondis timidement: « Chère mère, si je travaille, j'aurai de l'argent pour payer une aide même plus accomplie que moi, qui pourra faire toutes les tâches quotidiennes pour nous, parfois mieux que moi. » Je ne sus pas ce qu'elle pensait, mais elle ne dit rien.

Sachant que Lịch et son frère Bảo étaient des membres de famille sérieux qui avaient la grande affection et l'écoute de leurs parents, je décidai d'avoir recours à eux. Quand je demandai à Lịch de m'aider, elle accepta immédiatement. Elle alla voir ma belle-mère et lui présenta son avis d'un point de vue pratique. Dans les conditions sociales actuelles, disait elle, une famille qui veut s'occuper pleinement de ses enfants et de son avenir a besoin de deux salaires ; un seul travailleur ne suffit plus.

Heureusement, mon beau-père se rangea à l'opinion de Lịch et dit: « Alors laissez Chinh travailler pendant quelques mois d'essai. Si ça ne marche pas elle peut toujours démissionner. Personne ne la forcera à rester au travail. De quoi avez-vous peur? »

Donc sur les conseils de Lịch je pris mon courage à deux mains et me rendis au travail. Je comprenais bien que mes besoins dans les jours à venir n'étaient pas seulement limités à un pantalon suffisamment large pour s'accommoder à une grossesse grandissante ; j'allais devoir faire face à de nombreuses exigences.

Avec le premier mois de salaire, je pus comme prévu contribuer aux charges du ménage et payer le salaire de Mme Chẩm, qui me remplaçait aux travaux de ménage et de cuisine. De plus, sans la suggestion de personne, je décidai d'acheter une boîte de thé de Chine, deux porte-bougies de cérémonie et une statue de Bouddha en bronze pour les offrir à ma belle-mère. La statue de Bouddha en particulier me valut un regard plein d'affection de ma belle-mère, comme si j'étais le seul enfant qui la comprenait le mieux ; en effet il lui manquait une statue de Bouddha au petit autel où elle offrait l'encens et accomplissait les rituels du culte.

Bien que mon mari et moi nous vivions loin l'une de l'autre, je lui écrivais pour le mettre au courant de tout ce qui se passait dans notre famille, quelle que fût son importance. Au début, Tế m'écrivait également et m'envoyait des cadeaux attentionnés, tels que des chemises de nuit, des pyjamas.... Ses lettres étaient pleines de tendresse et de nostalgie. Quand je l'informai que j'étais enceinte et que j'avais du travail, Tế fut également très heureux. Mais ensuite, à mon courrier que je lui envoyais régulièrement, les réponses se faisaient de moins en moins fréquentes. Je n'osais pas penser au pire, espérant qu'il n'était pas malade ou aux prises avec des difficultés.

Aux environs du septième mois de ma grossesse, période à laquelle mon bébé devenait fortement actif, je reçus une convocation du Ministère de la Défense Nationale. Ici, un officier âgé me montra une lettre du sous-lieutenant Nguyễn Năng Tế, demandant officiellement au Ministère une prolongation d'une année de son séjour aux États-Unis et l'autorisation d'épouser une Américaine !

À la lecture de la lettre de mon mari, je sentis subitement mon corps se pétrifier. Je ne pouvais plus discerner aucun être ou objet devant moi. Je ne pouvais plus entendre aucun son, sauf peut-être les grondements d'un orage sur les montagnes ou sur les mers.

À la fin de l'entrevue, ayant remarqué ma grossesse avancée, l'officier me demanda d'une voix hésitante, pleine de compassion, « Vous avez un acte de mariage officiel avec le sous-lieutenant, n'est-ce pas ? » Je le regardai et hochai légèrement la tête, « Oui. »

« Rentrez donc chez vous sans inquiétude pour prendre soin du bébé qui est sur le point de naître. L'armée n'autorise pas la bigamie dans ses rangs. »

Deux mois après ma visite au Ministère de la Défense Nationale, Mme Sâm m'amena en cyclo motorisé à l'hôpital pour accoucher. C'était le 19 avril 1956. Il pleuvait à verse. Ma fille naquit après plus de trois heures de douleur d'accouchement atroce. Les premiers cris de mon bébé se mêlaient au bruit de la pluie tombant à torrents sur le toit de tuiles, et mes larmes ne tarissaient pas. Bích Vân était le prénom que j'allais donner à ma fille, en souvenir de ma meilleure amie d'enfance, qui s'était discrètement évadée du Camp Temporaire pour retourner à Hanoï.

Mais mon beau-père dit de l'appeler plutôt Mỹ Vân, puisqu'elle était née pendant le séjour de son père en Amérique.

Six mois après avoir commencé à travailler, j'obtint une augmentation de solde. Grâce à cette augmentation, je pus embaucher plus de personnel domestique, afin que Mme Chẩm pût s'occuper uniquement de la petite Mỹ Vân.

La période de formation d'un an de Tế toucha à sa fin lorsque la petite Mỹ Vân commençait à pouvoir se retourner sur elle-même. Le jour où les officiers formés aux États-Unis revinrent, je pris un jour de congé pour aller à l'aéroport avec mon enfant accueillir son père. Les cris, les rires, entremêlés de pleurs de joie, des retrouvailles entre maris et femmes, pères et enfants résonnèrent dans un coin de l'aéroport. Je pressais mon enfant contre mon coeur palpitant d'inquiétude.

Je n'avais vu l'ombre de Tế nulle part quand Nguyễn Trọng Bảo sortit en dernier de l'avion. Incrédule, je commençai à paniquer. Me voyant avec mon enfant, désemparée et perdue au milieu du bonheur des autres, Bảo hésita et dit: « Tế a obtenu une prolongation d'un an de son séjour aux États-Unis. Il ne te l'a pas dit, Chinh ? » Je secouai la tête en serrant encore plus fort contre moi ma petite fille de quatre-vingt-dix jours. Pauvre bébé, même si elle avait eu trois ans, elle n'aurait pas pu comprendre l'intensité de mon geste. Mỹ Vân ne pourrait sûrement pas comprendre que la réaction de sa mère était une tentative désespérée de trouver en son enfant un minimum de soutien lui permettant de continuer à vivre dans les jours à venir.

Je me souviens d'une occasion où, quelques mois plus tard chez Lịch et Bảo, alors qu'ils célébraient l'anniversaire de la mort d'un ancêtre, je reconnus l'écriture familière de Tế dans une lettre que Tế avait envoyée à Bảo. La lettre spécifiait qu'elle était expressément écrite pour lui seul, mais Lịch insista que Bảo « la montrât à Chinh. » La lettre parlait du séjour de Tế en Amérique et était accompagnée de photos. Il avait écrit « ... Pauvre Chinh. Mais je ne peux pas quitter Marjorie. » Sur une photo en couleurs Tế embrassait un bébé américain.

C'était donc ça! Les choses ne pouvaient pas être plus claires pour moi. Mon mariage allait se terminer d'une manière inattendue, rapide et soudaine.

De retour à la maison, j'informai mes beaux-parents de ce que j'avais appris, et leur demandai de me permettre d'emmener mon enfant ailleurs. Je ne savais pas si mes beaux-parents furent ou non surpris par ces révélations. Mais chose inimaginable, la grand-mère de Mỹ Vân déclara:

« Y a-t-il une famille qui accepterait une pareille décision? Mon mari et moi nous sommes toujours là. Tu es notre belle-fille, et toi et la petite Mỹ Vân vous resterez toujours l'épouse et l'enfant de l'aîné de cette famille. Comment serait-il possible que Tế ne reviendra pas ? Ses parents n'accepteront aucune autre belle-fille à ta place. Cesse d'y penser ! »

Tard dans la nuit, après avoir mis ma fille au lit, je sortis mon petit journal, notant brièvement ce que je voulais dire à mon père. Cette fois, ce n'est qu'un bref appel à l'aide, adressé à mon père, au Ciel et à la Terre: « S'il vous plaît, dites-moi ce que je dois faire maintenant ! »

Je ne savais pas si mon appel à l'aide fut entendu. En tout cas, une amie de Mme Mùi (sœur de Tế), informée de ma situation, me conseilla: « Oh, il n'y a rien de plus facile. Je connais un réseau qui amène les gens du Sud vers le Nord. Une voiture les emmène à Phnom Penh et de là, ils retourneront directement à Hanoï. Il suffit de leur payer trois taels d'or. »

« Retour à Hanoï ! » Pour moi, ces trois mots étaient comme une puissante potion magique. J'allais retourner dans la vieille maison avec mon père. La petite fille Mỹ Vân aurait un grand-père maternel. C'était une chose si simple, pourquoi n'y avais-je pas pensé ? Je m'agrippai à l'amie de Mùi comme à la dernière perche que Dieu nous aurait tendue, à moi et mon enfant.

« Oui, merci Madame, pourriez vous arranger ça pour moi ? » En calculant très vite dans ma tête, je réalisai que mon chemin vers la résurrection n'était en aucun cas une illusion,

hors de portée. Le bracelet en or que mon père m'avait donné
« en cas de besoin » que je gardais précieusement dans ma valise après le mariage, plus un mois de salaire à venir, suffiraient
à payer mon passage clandestin de la frontière et retour à Hanoï. Je me préparais silencieusement dans l'excitation d'un enfant sur le point de revivre une étape merveilleuse de sa vie.

Au début du mois, mon salaire fermement en main, je rentrai avec empressement pour grimper dans ma mansarde. Avant
que je comprenne ce qui s'était passé, une scène épouvantable
apparut sous mes yeux : les barreaux de la fenêtre s'ouvrant sur
l'allée derrière la maison avaient été rompus, la valise qui contenait le bracelet en or, mon journal intime, les lettres de mon père,
les pyjamas et autres cadeaux que Tê m'avait envoyés des États-
Unis, la liasse d'argent que j'avait économisé... Tout avait disparu!

La disparition de cette valise, pour moi, n'était pas seulement la perte de toute ma fortune, elle signifiait l'anéantissement
de mon espoir de repartir, le rêve de sortir de ce mariage que je
n'avais pas tout à fait vécu.

Le désespoir me rendit folle. Je me jetai à terre, pleurant à
gros sanglots et implorant le ciel, bouleversant toute la famille.
Mon beau-frère Nguyễn Chí Hiếu monta voir dans la mansarde,
puis se précipita dans la ruelle, mais c'était trop tard. On ne
trouva aucun indice, pas une seule trace du cambrioleur.

Après deux ans d'absence, y compris la prolongation de
son séjour aux États-Unis, Tế revint. Grâce à l'échec de mon
projet de fuite, mon mariage d'adolescente reprit son cours, et
allait durer encore 25 ans. Mỹ Vân eut deux jeunes frères,
Hoàng Hùng et Tuấn Cường.

Je continuais de vivre chez ma belle-famille avec mon
mari jusqu'au décès de ma belle-mère en 1972, après plusieurs
années de maladie. Dans les nombreuses dernières années, elle
était devenue de plus en plus compréhensive et affectueuse envers moi. Chaque fois qu'elle allait au temple ou aux séances de
spiritisme, je l'acccompagnais, portant pour elle une valise

contenant une panoplie d'accessoires religieux. Beaucoup de ses amies pensaient que j'étais sa propre fille et non pas sa belle-fille. Je me sentais secrètement heureuse aussi d'avoir une "mère" et pas seulement une belle-mère.

Début de ma carrière au cinéma

Peu de gens savent que le premier film de mon parcours cinématographique n'est pas *Hồi Chuông Thiên Mụ*, (Le son de cloche du Temple Thiên Mụ) produit par le Tân Việt Film Studio, de l'ex-ambassadeur Bùi Diễm, et réalisé par M. Lê Dân. Le commandement « Action ! » du réalisateur, je l'avais déjà entendu, adressé au plateau de tournage dont je faisais partie, bien avant le tournage du film *Hồi Chuông Thiên Mụ*.

Tout commença un après-midi de week-end, quand Tế était encore en Amérique. Après la messe de l'après-midi à l'église de Notre-Dame à Saigon (bien que ma belle-famille fût bouddhiste, j'allais souvent à l'église pour prier comme au temps où je fréquentais l'école catholique Saint Paul à Hanoï), j'étais en train de marcher le long de la rue Tự Do. Alors que j'arrivais près de la librairie Xuân Thu et du restaurant Givral, un Américain traversa soudain la rue en courant, vint me taper à l'épaule et me demanda si je parlais anglais. Je ne répondis pas et continuai à marcher. Apparemment embarrassé, il s'excusa, et expliqua que le réalisateur Joseph Mankiewics, assis avec son équipe de tournage sur la terrasse de l'hôtel Continental de l'autre côté de la rue, m'avait observée de loin ; il pensait que ma silhouette conviendrait très bien à un rôle principal féminin qu'ils recherchaient pour le film qu'ils comptaient tourner au Vietnam. L'Américain me demanda à nouveau si je parlais anglais, et ajouta que, si possible, il aimerait m'inviter à venir à l'autre côté de la rue pour rencontrer l'équipe de tournage.

Je reçus le scénario de *The Quiet American* (L'américain tranquille) du réalisateur Joseph Mankiewics, le rapportai à la maison. Après l'avoir lu, l'envie me prit d'essayer d'entrer dans l'industrie du cinéma. Bien que je ne le réalise pas clairement, j'avais l'impression d'avoir besoin d'un travail qui me passionnât pour combler le vide dans mon âme. Je m'imaginais le métier d'actrice, une opportunité inespérée, comme un moyen de m'aider à trouver la lumière au bout du tunnel.

Mais quand vint le moment de demander la permission à mes beaux-parents de m'engager dans cette voie, ils furent très surpris, surtout ma belle-mère, qui ne comprenait pas pourquoi je voulais jouer dans des films. Après s'être renseignés sur le rôle de Phương, la femme vietnamienne qui dans le film vivait en concubinage avec un Anglais, puis devint la maîtresse d'un Américain, M. et Mme Độ exprimèrent leur désapprobation. En fait, dans la société vietnamienne de l'époque, l'industrie du cinéma était encore à ses débuts, et n'avait pas tout à fait reçu l'adhésion des générations d'âges avancés pour lesquelles elle ne participait pas des modèles de la culture traditionnelle.

Force me fut donc de retourner le scénario au réalisateur Joseph Mankiewics, avec mes excuses expliquant que les parents de mon mari ne me permettraient pas de jouer dans le film. Tous les membres de l'équipe furent très surpris, car une telle chose n'aurait jamais pu arriver à Hollywood ! Cependant, l'équipe du film The Quiet American (basé sur le roman de l'écrivain britannique Graham Greene) m'invita tout de même à assister à la réception organisée par la suite. Ce fut pour moi l'occasion de rencontrer des figures du monde du cinéma mondial, et quelques personnalités de Saïgon de cette époque comme MM. Bùi Diễm et Lê Quỳnh, dont j'eus l'honneur de faire la connaissance.

Malgré mon refus antérieur, le réalisateur Joseph Mankiewics néanmoins m'offrit dans le film une apparition muette et très brève, celle d'une jeune passante vietnamienne. Elle marchait dans une rue près d'une pagode chinoise à Cholon quand le rôle principal masculin (joué par l'acteur britannique Michael

Redgrave) courut vers elle et lui tapa sur l'épaule. Elle se retourna, il s'excusa de l'avoir prise pour quelqu'un d'autre... et c'était tout !

C'était lors du tournage de ce célèbre long métrage que pour la première fois dans ma carrière d'actrice j'entendis pousser cet ordre impérieux « Action ! ». Evidemment il vint du réalisateur de talent Joseph Mankiewics.

Peu de temps après, après avoir manqué l'occasion de jouer dans The Quiet American de Joseph Mankiewics, je reçus du producteur Bùi Diễm la proposition de jouer dans le film *Hồi Chuông Thiên Mụ* (Le son de cloche de la pagode Thiên Mụ). Mon immédiate réponse fut que mes beaux-parents sûrement ne me laisseraient pas y donner suite. Mais M. Bùi Diễm comprenait parfaitement les coutumes vietnamiennes. Lui et l'acteur Lê Quỳnh (un ami de mon mari Tế, et dont la mère connaissait bien ma belle-mère ; les deux vieilles dames allaient souvent à la pagode ensemble) vinrent à notre maison, demandèrent à mes beaux-parents la permission pour moi de tenir le rôle d'une nonne bouddhiste dans le film. Le film serait tourné à la pagode Thiên Mụ dans les environs de Huế, ajoutèrent-ils. Ayant entendu la mention de la pagode et du personnage d'une religieuse, ma belle-mère, fervente bouddhiste, me donna sans hésiter la permission d'accepter le rôle, avec l'approbation de mon beau-père.

Ainsi, la fille que le destin avait arrachée très tôt à son père pour la laisser aller se perdre bien loin ailleurs se trouvait maintenant à un nouveau tournant de sa vie. Née dans le Nord mais ayant grandi dans le Sud, elle allait commencer sa carrière d'actrice dans le Centre du Vietnam.

Une fois le film terminé, je repris une vie de famille normale, en tant qu'épouse et mère. Comme si rien n'avait changé, les membres de ma belle-famille continuaient de me manifester affection et encouragement. Pour moi, les jours loin de chez moi passés sur le plateau étaient comme de courts moments de rêve-rie, mais les réalités de la vie me guettaient toujours au réveil.

Tế revint d'Amérique aux environs de cette période. Les premiers jours étaient plutôt gênants, mais ensuite la routine quotidienne et les vieilles habitudes reprenaient le dessus. La vie d'un soldat comme Tế impliquait des déplacements fréquents. Tế fut muté à Châu Đốc un certain temps, puis à Qui Nhơn. Quand je ne travaille pas au cinéma, je vivais à la maison avec ses parents, lui rendant parfois visite dans les bases militaires.

Chaque fois que l'un de ses enfants allait au front (à cette époque Nguyễn Chí Hiếu était déjà officier parachutiste), ma belle-mère priait et brûlait de l'encens. Comme elle, je me demandais toujours ce que le lendemain pouvait nous réserver, mais pourtant j'essayais de vivre pleinement chaque jour pour ne pas le regretter plus tard.

Deux ans après le film Hồi Chuông Thiên Mụ, en 1959 le réalisateur Thái Thúc Nha m'a invitée à jouer dans le film *Mưa Rừng* (Pluie de forêt) avec l'actrice Kim Cương et l'acteur Hoàng Vĩnh Lộc. En évoquant le réalisateur Thái Thúc Nha, propriétaire d'Alpha Films à Saigon, je ne peux m'empêcher d'ouvrir une grande parenthèse pour parler de lui, une figure toute particulière des vingt années du cinéma au sud-vietnamien.

Alpha Films était le seul et le plus grand studio de cinéma privé du Sud Vietnam de cette époque. L'entreprise disposait d'une gamme complète d'équipments, d'un studio d'enregistre-ment et d'une équipe de professionnels chevronnés. Son proprié-taire Thái Thúc Nha avait une compréhension du septième art au dessus de la moyenne, et parlait couramment l'anglais et le fran-çais. C'était peut-être pour cette raison qu'Alpha Films était le point de rencontre fréquent des journalistes et cinéastes étran-gers lorsqu'ils venaient au Vietnam.

Après le film *Mưa Rừng* (Pluie de forêt), je fus engagée pour jouer dans *Thousand Years of Clouds, Falling in Love* et d'autres encore. Puisque les oeuvres d'Alpha Films étaient souvent des coproductions avec des sociétés cinématographiques étrangères, je fus invitée à jouer le rôle principal féminin dans le film *A Yank in Vietnam* (Un Américain au Vietnam) avec l'acteur et réalisateur Marshall Thompson. Le titre original de ce film était *L'histoire de l'Année du tigre.*

J'ai encore à l'esprit la fois où M. Thái Thúc Nha organisa sur la terrasse d'Alpha Films un banquet pour recevoir l'équipe de tournage de ce film. Parmi les invités présents il y avait des membres de l'ambassade américaine et des personnalités du Tout-Saïgon. Là je rencontrai l'écrivain Mai Thảo. Peu de temps après, Mai Thảo écrivit dans un journal spécial du cinéma:

Lors d'une réception sur la terrasse du studio Alpha Films en l'honneur des équipes de tournage étrangères en visite à Saigon, à l'écart du groupe tumultueux d'invités vietnamiens et américains, j'ai soudain aperçu une jeune fille à l'allure très belle, debout seule, appuyée contre une balustrade. Je suis venu faire sa connaissance, C'était Kiều Chinh, l'héroïne du film Histoire de l'Année du Tigre. Une Hanoïenne, très hanoïenne, douce et pleine de dignité. À la fin de la party, j'ai dit à Thái Thúc Nha, « Laisse-moi la ramener. », et ai appris alors qu'elle est mariée ...

C'était la première fois que je rencontrai l'écrivain Mai Thảo. Quelques années plus tard, Mai Thảo écrivit un article racontant qu'une fois le réalisateur Hoàng Vĩnh Lộc et moi nous nous rendîmes à une réunion à la société Liên Ảnh Công Ty de Quốc Phong et Lưu Trạch Hưng, pour discuter du film *Chân Trời Tím* (L'horizon violet) basé sur un roman de l'auteur Văn Quang. Mai Thảo rapporta que « Kiều Chinh a été invitée à jouer le rôle féminin principal dans le film, mais elle refusa catégoriquement d'y poser nue pour un peintre ; le réalisateur Hoàng Vĩnh Lộc a d'autre part indiqué qu'il refusera de réaliser le film si l'actrice principale n'est pas Kiều Chinh. »

Après 1975, devenus réfugiés aux États-Unis, l'écrivain Mai Thảo et moi nous nous rencontrions souvent au sein d'un groupe d'artistes en exil, qui comprenait aussi le chanteur Hoài Bắc/ Phạm Đình Chương, l'écrivain Vũ Khắc Khoan, le musicien Lê Trọng Nguyễn, etc. Mai Thảo et moi nous devînmes des amis fraternellement attachés l'une à l'autre jusqu'au jour de sa mort en 1998.

Quelques années avant sa mort, il avait publié son unique recueil de poèmes ayant pour titre *Je Vois mon Image sur les Autels des Temples*. Inclus dans cette œuvre, et dédié à moi en particulier, était un poème intitulé *Ton mythe remonte à l'antiquité* qui rendait hommage avec lyrisme à nos destins d'artistes respectifs:

Je m'étais dispersé dans dix directions depuis ma jeunesse
C'est le chemin de la vieillesse
Âge? L'âme est encore pleine de lune et de vent
Soufflez nuit et jour dans notre monde bleu.

Je suis un mythe depuis les temps anciens
C'est aussi un ange qui est mort tout seul
Nous sommes un couple d'artistes,
sur leurs Trônes chaque ange dans le sien.
...
Ne pleure pas même si la pluie n'est que larmes
Ne souffres pas même si la pierre est souffrante.
Le Bouddha est dans ton coeur, comme il est dans le mien
Et dans le coeur de chacun brûle un bâton d'encens.
....

Pour en revenir à ma carrière cinématographique, après *A Yank in Vietnam*, je travaillais avec un nombre d'autres studios étrangers. En 1964, je donnai la réplique au célèbre acteur américain Burt Reynolds dans le film *Operations CIA*.

Le réalisateur Rolf Bayer m'engagea pour tenir un rôle principal féminin dans Destination Vietnam à côté du meilleur

acteur des Philippines, Leopoldo Salcedo, que ses compatriotes appelaient Leopoldo « King » Salcedo. Dans la ville de
Tây Ninh, à la frontière du Cambodge, on tournait le jour ;
après le couvre-feu, nous dormions dans un bunker pour éviter les bombardements des Việt Cộng. L'acteur Nguyễn Long
fit un long récit de ce tournage.

En vue de la présentation du film à Manille, je fus accueillie comme une invitée d'honneur et eus droit au tapis
rouge à l'aéroport, entrant dans la ville dans un convoi escorté
par le ministère philippin de la Défense. L'acteur Leopoldo
Salcedo et moi défilâmes à travers la ville dans une jeep découverte équipée d'un canon ! Les gens nous saluèrent tout au
long de la route et des avions nous survolèrent, larguant des
tracts de bienvenue. Le studio Paramount organisa un cocktail
de réception et des conférences de presse au Manila Hôtel.

À cette occasion, l'honneur m'échut de couper le ruban
d'inauguration du New Frontier Cinema qui était le plus grand
théâtre de Quezon City à l'époque.

(Pendant mon séjour aux Philippines, j'eus l'heureuse
occasion de revoir M. Hà Văn Anh, le fils M. Hà Văn Vượng
mon parrain. Il vivait aux Philippines depuis de nombreuses
années. Je me rappelais qu'une fois, à Hanoï, son père avait dit
à mon père de « me garder pour son fils », qui à l'époque étudiait à Londres.)

Les Voyages

En 1963, je quittai le pays pour la première fois pour aller assister au Festival du Film de l'Asie au Japon. J'étais accompagnée de M. et Mme Thái Thúc Nha et de Mme Kim Huê, propriétaires d'Alpha Films, avec qui nous entretenions un rapport presque familial. Nous fûmes invités à visiter un certain

nombre de studios de cinéma à Tokyo, dont le studio Toho, où les acteurs Akira Takarada et Masumi Okada nous accueillirent. Plus tard Masumi devint un de mes proches amis, et une fois de passage à Saïgon, me rendit visite.

Lorsque le festival organisait un banquet pour les artistes dans la ville de Kyoto, l'ancienne capitale du Japon, je rencontrai l'acteur japonais numéro un à l'époque, Toshiro Mifune. Avec la délégation, nous visitâmes de nombreux sites magnifiques, historiques et autres, de cette ville antique.

Les années suivantes, je revenais plusieurs fois à Tokyo, lorsque le studio Giao Chi, dont j'avais assumé la direction et l'exploitation, produisit le film *Người Tình Không Chân Dung* (l'Amant sans Visage), réalisé par Hoàng Vĩnh Lộc. Le négatif du film dut être traité au studio Toho car il s'agissait d'un film couleur en 35 mm, que le Vietnam à l'époque n'était pas équipé pour développer. Ceci s'avéra être une heureuse initiative ; elle assura que film restât à l'abri des troubles du Vietnam, car son original fut conservé au studio Toho. Après 1975, je suis allée au Japon récupérer l'original et l'emporter aux États-Unis.

L'année suivante, en 1964, je fus invitée au Festival du Film de l'Asie tenu à Taïwan, où je rencontrai William Holden, ou Bill familièrement. Comme tout le monde savait, Bill était une légende, un acteur d'un talent exceptionnel ; quant à moi je sais aussi que je lui porte à jamais une énorme gratitude, parce que, chose à peine croyable, Bill m'a sauvé la vie !

C'était le dernier jour du festival, les organisateurs avaient prévu deux sorties pour les acteurs et cinéastes participants. L'une était la visite du musée de la ville de Taichung (à l'ouest de Taïwan, célèbre pour les antiquités et les jades), l'autre était une excursion sur l'île de Quimoy, proche du continent chinois. Ici se trouvait un village tout à fait insolite où les habitants vivaient toute l'année sous terre.

Les époux Thái thúc Nha et moi nous nous étions inscrits pour visiter le musée à Taichung, car Mme Nha désirait voir l'exposition des jades. La veille de mon départ, Bill m'appela pour me demander avec quel groupe j'avais choisi de partir. Je lui répondis que nous trois avions décidé d'aller au musée de Taichung. William remarqua que l'on pouvait voir ce musée à tout autre moment et me proposa plutôt d'aller à Quimoy avec lui, car c'était une occasion tout à fait unique. Je dis alors que nous pourrions décommander l'autre visite si Bill pouvait arranger notre voyage à Quimoy avec lui, ce qu'il fit. Tôt le lendemain matin, il vint nous chercher pour nous accompagner à Quimoy.

Quimoy comme je l'ai mentionné était une agglomération non habitée au-dessus du sol. Pour éviter les bombardements depuis le continent, la vie de la population se déroulait entièrement en souterrain, depuis les écoles, les hôpitaux, jusqu'aux bureaux et magasins etc. Cette visite fut pour moi une expérience hors du commun.

Dans l'après-midi, avant de repartir, les organisateurs donnèrent à chacun de nous un ballon de baudruche, sur lequel l'on pouvait écrire un message pour les habitants du régime communiste, et qu'on pouvait lâcher en l'air vers le continent. J'écris « Papa ! Que tu sois en paix. Je t'aime et tu me manques papa ! » et Bill « Liberté pour tous ! »

Au retour à la capitale ce soir-là, ce fut la soirée de clôture du festival tenue au palais du président Chiang Kai-shek. Dans le vaste hall, tables et chaises étaient disposées en U autour de la grande piste de danse. Les tables étaient arrangées par ordre alphabétique des noms des pays participants, qui étaient indiqués sur chaque table. La table d'honneur sur le podium élevé était réservé pour le Président et Mme Chiang Kai-shek.

Le président Chiang ouvrit le programme avec des salutations aux représentants des pays participants. Lorsque la musique commença à jouer, le président déclara : « Mme Chiang Kai-shek et moi sommes vieux, nous ne dansons pas la valse. Je propose à l'invité d'honneur de ce festival du film de l'Asie, M. William Holden de Hollywood, d'inviter une beauté d'un pays de son choix pour ouvrir le bal de nuit en mon nom. » Tous les regards se tournèrent vers William Holden.

Bill se leva de sa table « America », et avec des centaines de paires d'yeux fixés sur lui, traversa la piste de danse jusqu'à la table de l'autre côté, à gauche, celle portant l'inscription « Vietnam ». Il se pencha galamment et me tendit la main, me conduisant au centre de la piste de danse. Au rythme d'une valse romantique, nous ouvrîmes le bal.

La musique résonnait dans toute la grande salle. Bill était en smoking noir et moi en robe blanche. Juste nous deux sur la grande piste de danse. Soudain, la musique s'arrêta. Président Chiang Kai-shek s'avança vers le micro, s'excusa, et déclara qu'il avait des nouvelles importantes à annoncer. On venait de lui rapporter que le vol du déplacement à Taichung transportant les 69 invités du festival avait explosé. Aucun survivant !

Ce fut comme un coup de foudre. Des cris se mêlant aux pleurs retentirent. Parmi les morts se trouvaient de nombreux cinéastes et acteurs de Hong Kong, de Taiwan et d'autres pays participants. On indiqua qu'il fallait attendre le lendemain matin pour aller identifier les corps.

Le lendemain, les chaînes de télévision et les journaux annoncèrent, incorrectement bien sûr, que sur la liste des morts figuraient M. et Mme Thai Thuc Nha propriétaires d'Alpha Films et l'actrice Kieu Chinh, membres de la délégation vietnamienne. Nos noms n'avaient pas été supprimés au dernier moment sur le manifeste des passagers du vol pour Taichung.

William Holden était l'homme à qui nous devions la vie, et nous lui en étions infiniment reconnaissants. Nous étions déjà inscrits pour la tournée à Taichung quand à la dernière minute Bill nous persuada de changer d'avis et d'opter plutôt pour Quimoy, qui d'après lui représentait une rare occasion et une destination beaucoup plus intéressante. Ainsi, grâce à Bill nous échappâmes de justesse à ce terrible accident. J'ai gardé de Bill l'affectueux souvenir d'un géant du cinéma international, bien sûr, mais aussi d'un bienfaiteur et d'un ami inoubliable qui a toujours eu pour moi beaucoup de gentillesse et de courtoisie. Malheureusement, il nous quitta trop tôt (le 12 novembre 1981) à notre plus grande tristesse.

Après l'épisode de Taïwan, je revis Bill à plusieurs reprises à Hong Kong. Une fois, il m'amena sur la colline où il joua *Love is Many Splendored Things* (La colline de l'adieu) avec Jennifer Jones. M. Thái thúc Nha l'invita à venir visiter Saïgon ; bien qu'il envisageât de donner suite à l'invitation, il ne put jamais le faire car il était toujours occupé à filmer ailleurs.

Nous nous liâmes d'amitié. Une fois Bill me donna sa carte de visite pour dire que si jamais j'avais l'occasion d'aller en Amérique, je serais la bienvenue chez lui à Palm Springs, en Californie.

A Hong Kong, en 1965, je fus invitée par M. Run Run Shaw à visiter son studio, où il me présenta ses réalisateurs et acteurs. Run Run Shaw Brothers Studio à Hong Kong était un grand studio occupant toute une haute colline avec de nombreux plateaux de tournage travaillant continuellement et simultanément. Ici, je rencontrai les étoiles de Hong Kong de cette époque comme Lý Lệ Hoa, Lâm Đại, Lăng Ba, Lí Chín, etc. On m'a aussi présentée aux réalisateurs tels que Griffin Yueh, King Chuan, Raymond Chow.

Apparemment, à cette époque Raymond Chow collaborait avec Shaw Brothers, car chaque fois que je retournais à Hong Kong par la suite, c'était Raymond qui venait me chercher à l'aéroport en Rolls Royce. Il devint plus tard une figure importante du cinéma, ayant son propre studio appelé Golden Harvest. Il était le producteur des films d'art martial mondialement célèbres de Bruce Lee.

J'eus l'occasion de rencontrer Raymond Chow aux États-Unis après 1975, lorsqu'il vint pour collaborer avec un studio américain dans le tournage du film *The Company C.* Il m'appela et m'invita à déjeuner au studio.

Une fois, lorsque le célèbre réalisateur Robert Wise (The Sound of Music) et le réalisateur français Jules Dassin débarquèrent à Saïgon en vue de faire un film au Vietnam, M. Thái thúc Nha m'invita à la soirée de réception et à rencontrer ces deux cinéastes. Ils exprimèrent l'intention de m'offrir le rôle principal féminin dans le film qu'ils comptaient réaliser.

Cependant, leur projet dut être annulé. Le gouvernement objecta au script qui d'après lui contenait des « contradictions politiques ! » En échange, Robert Wise me proposa de participer à un film qui allait être tourné à Taipei, *The Sand Pebbles (Les galets de sable)*, où il était prévu que je jouerais avec l'acteur Steve McQueen. Après quelques mois d'attente, je reçus de Robert Wise un télégramme m'invitant à Hong Kong pour discussions. A la réception donnée à l'hôtel Peninsula, où il y avait l'équipe de tournage du film et un grand nombre d'invités importants de Hong Kong, je rencontrai Steve McQueen. Une fois la fête terminée, Robert Wise voulait m'accompagner à pied à mon hôtel, le President Hotel, près de là à Kowloon.

Sur le chemin du retour, je remarquai en lui un certain embarras et l'air d'être mal à l'aise, comme s'il y avait quelque chose qu'il trouvait difficile à exprimer. Je ne pouvais pas deviner ce que c'était, pourtant j'eus le sentiment que cela devait être une mauvaise nouvelle. Et c'était une bonne intuition. Il me dit finalement que la raison pour laquelle il m'avait invitée à Hong Kong c'était pour me dire des choses qu'il ne pouvait pas dire par lettre ou par téléphone. C'était à propos des grands changements dans les plans pour *The Sand Pebbles*.

A l'origine l'intrigue du film, et le tournage, devaient se dérouler à Taïwan. Mais après plusieurs mois d'attente, ni le scénario n'avait été approuvé, ni l'autorisation de tournage délivrée, par Taïwan. Par conséquent, après de vastes modifications dans le projet, le film serait maintenant tourné à Hong Kong avec de nouveaux financements. Et l'héroïne serait jouée par quelqu'un d'autre, à la demande du bailleur de fonds.

Par ces explications, Robert Wise sembla libéré d'un fardeau, pourtant je sentis que la dernière phrase qu'il prononça était encore lourde de quelque chose comme des regrets ou un sentiment de culpabilité. Il dit « Je suis très triste et je veux vous présenter quelque chose de plus grand que des excuses... »

Après 1975, quand j'étais devenue une artiste en exil aux États-Unis, lors d'un passage à Hollywood je l'appelai au téléphone. Il m'invita sur le plateau de tournage à Burbank et à déjeuner avec lui. Il était alors très occupé avec le film The Hindenburg. Lors d'un déjeuner au Burbank Studios Club, Robert Wise me fit une surprise au-delà de mes espérances. Il appela son manager, me le présenta, puis lui demanda d'écrire immédiatement une lettre pour sa signature, pour me présenter au réalisateur Francis Ford Coppola, un collègue proche. Il savait que Coppola était sur le point de faire un long métrage ayant trait au Viêt Nam.

Une autre excellente surprise m'attendait lorsque le réalisateur Coppola m'invita à le rencontrer. Il indiqua qu'il était sur le point d'entreprendre un film intitulé *Apocalypse Now*. Le film serait tourné aux Philippines, les personnages principaux seraient tous masculins, avec un ou deux rôles mineurs féminins de très courtes apparitions. Il me proposa de tenir le rôle de la femme du protagoniste Marlon Brando, et de venir aux Philippines pour servir pendant le tournage de conseillère technique quant aux détails concernant le Vietnam, tels que dialogues, costumes et scènes.

Je fus absolument ravie devant la perspective d'entrer dans le monde de Hollywood et de pouvoir travailler avec un réalisateur de renom comme Francis Ford Coppola ; et la bonne opportunité de tenir le rôle de la femme de Marlon Brando me remplit de joie !

Mais le désastre frappa. Alors que le jour du départ pour les Philippines s'approchait, j'appris l'affreuse nouvelle que ma demande de visa d'entrée dans ce pays fut rejetée, la raison étant que je n'avais pas de passeport ! Je n'avais pas encore acquis la nationalité américaine, et avais seulement une simple carte de résidence des États-Unis. A supposer que j'avais décidé de quitter l'Amérique pour de bon à ce moment-là, j'aurais perdu le bénéfice de tout le temps que j'y avais vécu, et j'aurais même eu des difficultés pour y revenir. Et je réalisai qu'aux Philippines on ne m'aurait jamais délivré de permis de travail.

Bien tristement, le sort avait contrarié mes ambitions en me refusant l'opportunité de travailler avec le réalisateur et l'acteur parmi les plus chevronnés de Hollywood. Il me serait certainement difficile maintenant de trouver une seconde chance !

Cela ne voulait pas dire que j'avais oublié que d'une certaine façon la vie m'avait bien souri depuis le jour où je me fus accidentellement égaré dans le monde du septième art. Le cinéma me guidait dans la vie, et après 1963, me permettait de voyager presque partout en Asie, et en Europe. J'étais invitée au Festival du Film Asiatique presque chaque année, ainsi qu'au Festival du Film de Berlin, en Allemagne, but de mon premier voyage en Europe depuis le jour où je quittai Hanoï.

Mes jours en Allemagne lors du Festival du Film de Berlin furent mémorables. L'acteur Lê Quỳnh était avec moi. Je prenais des tours guidés pour aller voir Francfort-sur-le-Main, assister à la Fête du Vin à Bonn, faire une croisière sur le Rhin... Je fus notamment interviewé, avec l'acteur Jimmy Stewart et d'autres personnalités, par une chaîne de télévision allemande. L'acteur Stewart, un célèbre comédien que j'admirais beaucoup, révéla qu'il avait un fils qui avait combattu pendant la guerre du Vietnam.

La chance me fut donnée aussi de rencontrer l'acteur français Jean Marais, qui m'invita à franchir le Mur de Berlin pour aller dans l'est de la ville dans une voiture de l'Ambassade de France. Ce mur partageait Berlin en deux parties, Berlin Est et

Berlin Ouest ; pendant plusieurs décennies il désunissait tant de familles allemandes, tout comme le dix-septième parallèle qui divisait le Vietnam en Nord et Sud et disloquait tant de nos familles.

Jean Marrais et moi nous nous installâmes à l'arrière de la voiture arborant le drapeau français et conduite par le personnel de l'Ambassade. La traversée du "mur de l'infamie" me remplit d'une certaine émotion. Nous n'étions pas autorisés à sortir de la voiture. A travers la vitre de la portière, c'était l'image d'une communauté sombre et triste. Les rues, les magasins, la façon dont les gens étaient habillés me frappèrent par leur contraste avec l'ouest du pays.

Hanoï surgit dans ma mémoire. Je ne pus m'empêcher de penser à mon père et à mon frère.

Le film américain tourné en Asie

Au cours de ma carrière, j'eus la chance de faire la connaissance de figures de grand renom de l'industrie du cinéma telles que les acteurs William Holden et Jean Marais, et les réalisateurs Robert Wise et Francis Ford Coppola ; l'amitié et la bienveillance qu'elles me témoignaient étaient pour moi une grande source d'encouragement. J'eus aussi le privilège de connaître le grand réalisateur et producteur Rolf Bayer.

Rolf était le représentant asiatique de nombreux grands studios hollywoodiens. Je le rencontrai chez Alpha Films à Saïgon et il devint rapidement un proche ami, non seulement pour moi mais aussi pour la famille de mon mari. Plus tard, de passage à Saïgon, il m'invita à tenir le rôle principal dans son deuxième film produit par les 20th Century Fox & Arbee Productions, dont le titre était « Devil Within » (Le démon intérieur). Je jouai une princesse indienne aux côtés de l'acteur indien Dev Avnand, le plus célèbre de l'Inde à l'époque.

Le succès de ce film me valut un honneur inattendu lorsque je fus invitée à revenir en Inde pour le Festival du Film de New Delhi. La presse locale me nomma complaisamment l'« ambassadrice de bonne volonté » du Sud-Vietnam, ce qui inspira aux autorités sud-vietnamiennes la décision de me délivrer effectivement un passeport diplomatique me désignant du titre officiel d' « Ambassadrice des Arts et de Bonne Volonté de la République du Vietnam. »

L'amant sans visage

À cette époque également, je fus élue au poste de présidente du Vietnam Film Council. En 1970, je fondai Giao Chi Films, avec la précieuse collaboration de nombreux amis, notamment celle du célèbre réalisateur du Sud de l'époque, Hoàng Vĩnh Lộc. C'est lui qui réalisa le premier film du studio Giao Chi intitulé *Người Tình Không Chân Dung* (L'amant sans visage). Le film fut salué par la presse de Saïgon comme le film le plus réussi jusqu'alors du cinéma du Sud Vietnam ; il eut sa première à la salle Rex, la plus grande de Saïgon, et rapporta 45 millions VN$.

Le film *L'amant sans visage* laissa de vives impressions en moi ainsi que des souvenirs spécialement précieux. Il portait sur la guerre, sujet brûlant à l'époque, et surtout il me donna l'occasion de me lier d'amitié avec des personnes qui allaient occuper une place importante dans mon coeur le reste de la vie.

Après avoir connu un grand succès à Saïgon, le film remporta pour le Vietnam au Festival du Film de l'Asie de 1973 deux prix prestigieux : celui du meilleur film de guerre, et celui de la meilleure actrice.

En 1975, alors que Vietnam basculait sous un nouveau régime politique et Saïgon changeait complètement de visage, je quittai le pays mais Hoàng Vĩnh Lộc s'y attarda ; il mourut plus tard dans de tristes circonstances. Vũ Xuân Thông (lieutenant-colonel des Forces spéciales et l'acteur principal du film) demeura également dans le pays et fut mis en camp de rééducation.

Pendant qu'il était en détention, Thông continuait de correspondre avec moi. Dix ans plus tard, lorsqu'il fut libéré puis admis en Amérique grâce à l'intervention des forces spéciales américaines, je dus attendre des heures durant à l'aéroport de Los Angeles pour pouvoir serrer dans mes bras mon vieil ami.

Minh Trường Sơn (autre acteur principal) qui se trouvait également retenu dans le pays, réussit à s'évader par la mer. En 1981, quand j'appris que Minh, sa femme et ses enfants étaient arrivés à San José, je pris l'avion pour aller les retrouver. Ce fut hautement émouvant de revoir Minh, Ngọc et leurs quatre jeunes enfants : Khánh, Chinh, Cường et Giao. Les enfants m'appelaient maman Chinh.

Merci pour votre amitié pour toute la vie ! Merci « L'Amant sans visage » ! Merci à toi, soldat, qui as perdu ton casque dans les roseaux au bord de la route.

Le réalisateur Hoàng Vĩnh Lộc et moi avions prévu de faire deux autres films, dont j'avais choisi les intrigues. Celles-ci présentaient un grand attrait pour moi, et étaient basées sur deux romans célèbres: *Trống Mái* (Mâle Femelle) de Khái Hưng-Nhất Linh et *Vòng Tay Học Trò* (Les Bras Ouverts de l'Elève) de l'écrivaine Nguyễn Thị Hoàng. Cependant ces projets durent être abandonnnés en raison des bouleversements politiques dans le pays.

Les retrouvailles avec ma soeur aînée

En 1968 lors de mon premier voyage en Europe pour participer au Festival du Film de Berlin, je décidai de profiter de l'occasion, après Berlin, d'aller en France retrouver ma sœur aînée Tính et mon oncle Nguyễn Văn Nghị. (En ces temps-là, au Sud-Vietnam il était très difficile d'obtenir le visa de sortie pour se rendre à l'étranger sans motif jugé absolument valable.)

C'était un événement que j'envisageais avec impatience, car depuis que ma sœur nous eut quittés en 1954 à Hanoï, je ne l'avais jamais revue. Et je n'avais aucun souvenir de mon oncle Nghị, le frère aîné de ma mère, qui partit quand je n'étais même pas née.

Tính, qui avait été prévenue de ma visite, et moi nous attendions nos retrouvailles avec une certaine fébrilité. Le jour de mon arrivée à Paris, Tính et oncle Nghị, qui vivaient à Marseille, vinrent à l'aéroport Charles de Gaulle pour me chercher.

Les émotions étaient à leur comble. Après 14 ans de séparation, depuis la nuit à Hanoï où Tính et son mari nous firent leurs adieux pour aller en France, c'était la première fois que toutes les deux nous nous revîmes en chair et en os, pour nous embrasser à l'envi, entendre nos voix encore familières, et mélanger ensemble nos larmes de joie et de nostalgie. Nous nous tenions les mains et ne nous lâchions plus, de peur qu'il ne nous fallût attendre une autre période de 14 ans pour nous réunir.

Tính était accompagnée de ses enfants, trois beaux gosses nommés Pascal, David et Lysa. Quant à oncle Nghị, le frère aîné de ma mère, que je rencontrai pour la première fois, je me demandais s'il réalisait que, pour moi, le voir ces moments-là c'était dans mon esprit revoir ma mère après l'avoir perdue depuis un temps interminable dans les tourbillons de notre pays. Quand il me prit par la main, je sentis la douce chaleur de la main de ma mère dont j'avais été privé si longtemps, et revécus quelques instants mes tendres jours d'enfance. Oncle, j'étais si heureuse de te retrouver, toi mon seul parent maternel en exil comme moi de notre pays !

Avec oncle Nghị, Tính et ses enfants, nous prîmes le train pour Marseille. Les riches terres que nous traversions me fascinaient; le bruissemet berceur des roues sur les rails résonnait comme une douce musique apaisante d'un monde enchanté. Pourtant, par moments je ne pouvais éviter d'avoir le cœur gros en pensant à mon père et à mon frère à Hanoï, m'efforçant de réprimer un soupir, de ne pas m'interroger sur le sort   de ces deux êtres très chers...

Après un assez long voyage, nous nous trouvâmes finalement arrivés devant la jolie maison de ma sœur sur le boulevard Didier, une demeure qui reflétait la vie simple que menaient ma soeur, son mari et leurs trois enfants.

Le premier dîner en famille en pays étranger après notre trop longue séparation fut la plus belle, la plus chaleureuse manifestation de notre profond amour réciproque et solide lien sanguin. Les jours précédents, dans l'attente anxieuse de nous revoir, ma sœur s'était occupée à confectionner pour ce repas mes plats préférés de mon jeune âge, du moins ceux qu'elle pouvait se rappeler dans sa mémoire hésitante. Nous pûmes ainsi nous délecter de nouveau des mets exquis de notre bon vieux pays que j'avais presque oubliés.

Elle avait tenu à préparer ces plats elle-même comme elle le faisait jadis pour nous plaire, pour tenter de se replonger dans les jours de grand bonheur que nous partagions en ce temps-là. Rien n'était plus important pour nous deux maintenant que de pouvoir nous regarder l'une l'autre, simplement nous voir, tout comme il fallait continuer de déguster le bon vin pour ne pas en perdre le goût. Je ne savais pas si nous étions ivres de l'alcool ou de l'excitation de nos retrouvailles, toujours était-il que nous étions incapables d'arrêter de remplir nos verres. Hanoï était dans nos esprits, notre père et notre frère Lân constamment dans nos pensées. Me revint alors en mémoire un soir 14 ans plus tôt, quand Tính prenait congé de notre famille à la suite de son mariage. Déjà cette fois-là, elle et moi, sans avoir jamais appris à boire, nous nous soûlâmes horriblement ; c'était sûrement pour cacher nos larmes et oublier la peine de nos adieux.

La nuit, je dormis dans le même lit avec Tính. Đăng, son mari ainsi que les enfants dormaient dans une autre pièce. Rien que nous deux ensemble. C'était libre cours aux nouvelles, aux confidences, aux souvenirs communs, aux émotions longtemps refoulées.

Le lendemain matin, on frappa à la porte et me réveilla. Tính s'était levée bien avant moi et apporta un plateau de petit-déjeuner avec du café, du jus d'orange frais, du pain... En me servant au lit, elle dit, « Chinh, je t'ai laissée dormir, Đăng et les enfants sont allés au travail et à l'école. Aujourd'hui, je t'emmène rendre visite à oncle Nghị et voir Marseille. Quels vêtements vas-tu mettre ? Donne-les-moi, je vais les repasser. J'ai laissé une serviette propre dans la salle de bain pour toi. »

Tính prenait soin de moi comme de son enfant, ne manquait aucun détail aussi petit fût il, et cela me touchait parfois jusqu'aux larmes ...

Contrairement à la maison de Tính, celle d'oncle Nghị dans la rue du Coq, à deux étages, était massive. Sa femme était française, ils avaient quatre beaux enfants eurasiens : Patrick, Christine, Johan et Luc.

Pendant que Tính et tante Nghị s'affairaient dans la cuisine pour préparer le déjeuner, oncle Nghị m'emmena à l'étage visiter la maison ; ensuite, nous allâmes dans son bureau pour un bout de causette. La demeure imposante, le mobilier luxueux dénotaient une vie dans l'aisance. Il avait dans son bureau une bibliothèque exposant de nombreux livres écrits par lui-même, le "Docteur Van Nghi", des ouvrages sur l'acupuncture. Tonton Nghị, en tant que médecin, s'était spécialisé dans l'acupuncture orientale, et était président de l'Association d'Acupuncture d'Europe. Sur les murs il y avait des photos de lui aux conférences internationales, des pages de la revue Paris Match le concernant, et même une photo prise avec le président de la République française.

Nous étions assis à l'un et l'autre bout d'une très longue table en bois antique, dans des fauteuils à haut dossier. Il parla à moi sa nièce orpheline, il parla de lui, de ma défunte mère sa sœur. Me voyant soudain apparaître devant lui, moi le portrait et produit de sang de sa chère sœur, il fut envahi d'irréristible émotion. Il ne cacha pas qu'après des décennnies d'éloignement, tout d'un coup des vagues successives de souvenirs poignants du passé le submergeaient. Il revoyait l'image pure et innocente de ma mère ; il n'avait pas oublié les membres de sa propre famille, qui était aussi celle de ma mère, du temps où ses frères et sœurs étaient encore très jeunes.

Après m'avoir posé des questions pour savoir comment je me débrouillais dans la vie, finalement, il avoua: « Comme le Vietnam me manque !.. »

Sa voix se baissa à un murmure lorsqu'il prononça ce nom de notre pays. Et je compris que par Vietnam il voulait dire Hanoï, le berceau des générations successives de nos deux familles, descendant jusqu'à lui et moi. Pourtant, pour nous deux, Hanoï était déjà devenu un objet de fantasmes.

Sur le chemin du retour, Tính m'emmena à Notre-Dame de La Garde au sommet de la colline pour visiter la statue de Jésus. Ici, vu d'en haut, tout Marseille apparut comme un parfait tableau en couleurs. Nous trouvâmes un banc de pierre pour nous asseoir et admirer pleinement cette vue absolument magnifique et apaisante, quand des tintements de cloche de la basilique résonnèrent comme un message d'espoir venant de très loin là-haut.

Je pris la main de Tính comme pour lui rappeler de prêter attention au son de cloche qui d'après ce qu'on nous avait dit portait avec lui un parfum pour le répandre dans l'air. Et ce fut le moment que je choisis pour lui demander des nouvelles de notre père et de Lân, que je savais qu'elle recevait de temps en temps par courrier direct depuis le Nord-Vietnam.

A ce moment, ce n'était plus moi qui lui tenais la main, mais ce fut elle qui serra très fort la mienne. Elle répondit à ma question par deux mots, « pardonne-moi ! ». Elle me dit qu'elle devait s'excuser auprès de moi parce qu'elle m'avait délibérément caché les tristes nouvelles qu'elle avait reçues concernant notre père et notre frère. Elle révéla qu'à cause de son amour pour moi, elle avait décidé de m'épargner la pénible vérité sur le calvaire qu'ils avaient enduré année après année dans l'enfer des prisons.

Un silence s'ensuivit ; mon cœur se serra. Devant moi, je ne voyais plus Tính, je ne voyais plus Marseille ; je perdais conscience de moi-même. Seules les images de mon père et de mon frère apparaissaient sous mes yeux, images fugaces me rappelant le sort éphémère des insectes sans nom que je voyais arrivés à leur fin sur les trottoirs. Je restai ainsi assise jusqu'à la tombée du soir. Les cloches de l'église sonnèrent à nouveau, ne propageant pas de fragrance mais semblant annoncer la brume du soir qui allait envelopper les rochers et les forêts.

Tính me serra dans ses bras et dit d'une voix pitoyable: "Allons, on va rentrer !" Je me levai docilement pour la suivre.

Le lendemain, Tính me montra son album et me demanda des photos de famille qu'elle n'avait pas pu emporter avec elle. Elle me donna à lire les brèves lettres reçues de notre père et de anh Lân. Dans toutes, ils demandèrent « Comment va Chinh maintenant ? »

Elle me précisa un détail sur Lân. Après sa sortie de prison il s'était marié. Son épouse était Lan, qui était la propre sœur de Bích Vân, ma meilleure amie d'enfance. Ils avaient deux enfants, nos nièces Loan et Liên.

Avant de me séparer de Tính pour retourner à Saïgon, nous allâmes acheter des vélos et des montres Rolex pour les envoyer à notre père et à anh Lân. Selon notre frère, dans le Nord, ces articles étaient très demandés, et la revente d'un seul pouvait permettre à toute une famille de vivre pendant plusieurs mois. Sans oublier que, toujours selon lui, le vélo n'était pas pour des sorties d'agrément, mais pouvait être converti en une espèce de chariot pour nos divers usages ou pour location aux autres ! À cette époque, à Hanoï il n'y avait ni voitures ni essence.

Nous voulions, avant mon départ, passer nos derniers moments ensemble pour enrichir un peu plus nos souvenirs communs. Nous sortîmes flâner sur le Vieux Port de Marseille, contemplant avec émerveillement la rentrée au quai des bateaux de pêche et les pêcheurs déchargeant péniblement leurs prises de poissons et de crevettes ; nous observâmes avec curiosité des gens âgés s'assemblant par groupes de quatre ou cinq, buvant de l'alcool et fumant des cigares. Nous nous installâmes à une table de terrasse pour prendre le déjeuner en regardant les passants. De l'autre côté de la rue, le port se couvrait de la soie dorée du soleil de l'après-midi, et le paysage frémissait sous la douce brise de la mer. Dans mon secret fantasme je m'imaginai une scène où mon père et mon frère étaient revenus, assis là avec nous autres dans la paix du soir à déguster du vin et savourer la fameuse bouillabaisse de Marseille.

Pour ma sœur et moi, mon départ fut bouleversant. L'incertitude de ne savoir quand nous nous reverrions s'ajoutait à notre peine. Tính ne put retenir ses larmes.

De retour à Saïgon, j'écrivais parfois à papa et anh Lân pour leur demander des nouvelles ; mes lettres étaient envoyées à Hanoï par le biais de ma sœur Tính en France. C'était insupportable de penser à leurs terribles souffrances, pourtant le fait de pouvoir les contacter et leur envoyer des subsides me procurait un peu de consolation.

A ma grande surprise, ces lettres me causèrent le désagrément d'être convoquée pour un interrogatoire par le bureau de sécurité sud-vietnamien. Dans ma belle-famille les trois fils (mon mari Tế et ses deux frères) étaient tous officiers dans l'ARVN (Armée de la République du Vietnam) ; le lieutenant-colonel Nguyễn Giáp Tý, l'aîné, et Tế, mon mari travaillaient tous deux au Comité International pour le Contrôle de l'Armistice. Personnellement, il m'arrivait parfois d'accompagner mon mari à des réceptions organisées par des ambassades. Pour toutes ces raisons, mes contacts avec les membres de famille à Hanoï avaient été surveillés ; le bureau de sécurité me conseilla d'y mettre fin, déclarant que sinon il serait obligé d'ouvrir des enquêtes non seulement sur moi, mais aussi sur mon mari.

Une famille dans un pays en guerre

Après deux ans de formation aux États-Unis, Nguyễn Năng Tế, mon mari, rentra. Avant Noël 1958, nous eûmes notre premier fils, Hoàng Hùng.

La grande famille du patriarche Độ, mon beau-père, comptait trois filles et trois fils : Mme Mão, la sœur de Tế, dont le mari était un scientifique, le Dr. Dương Như Hòa. Celui-ci, qui avait vécu en France, revint au pays pour occuper le premier le poste de directeur du Centre Atomique de DaLat.

Le fils aîné de M. Độ était Nguyễn Giáp Tý, lieutenant-colonel, précédemment officier de la garde de l'ex-empereur Bảo Đại à DaLat, muté plus tard à la Commission Internationale de Contrôle de l'Armistice. Nguyễn Năng Tế, le deuxième fils, était un officier parachutiste du 1er bataillon aéroporté.

Nguyễn Chí Hiếu était le plus jeune fils. Après avoir fait l'Académie Militaire Nationale de DaLat, Hiếu choisit aussi les troupes aéroportées, et devint un jeune colonel parachutiste, commandant le 5ème Bataillon Aéroporté. Il prit part à de nombreuses grandes batailles dans le Sud, tels que An lộc, Mậu Thân.

Après son retour des États-Unis, Tế mon mari fut affecté à la Commission Internationale de Contrôle de l'armistice à Qui Nhơn, où j'allais le voir de temps en temps. En juillet 1961, alors que j'étais enceinte de mon troisième enfant, je rentrais d'une de ces visites par le train de nuit QuiNhon-NhaTrang-Saïgon, quand ma grossesse commença à accuser de fortes contractions, et je dus accoucher prématurément de mon plus jeune fils, Tuấn Cường, le 20 juillet.

Vivant dans un pays en guerre, nous n'étions jamais certains de ce que le lendemain nous réservait. Jour après jour, tenant le journal entre mes mains, je n'étais pas intéressée par les nouvelles à la une mais allais toujours directement à la dernière page où étaient les avis de décès et nécrologies. Quels étaient les noms listés ? Les reconnûmes-nous ? Et soudain celui-ci me sauta violemment aux yeux: le sous-lieutenant Nguyễn Khắc Nhật, mort au champ de bataille !

Nhật était le fils aîné du lieutenant-colonel Nguyễn Giáp Tý, lui-même le fils aîné de M. et Mme Độ. Il était donc le premier héritier mâle de la famille Nguyễn, celle de mon mari. Le sous-lieutenant Nhật était grand et beau, et adoré de toute la famille. Il avait vécu avec moi depuis son enfance pour pouvoir aller à l'école à Saïgon, tandis que son père était retenu par son travail à Da Lat. A l'âge du service militaire, il rejoignit l'armée ; aussitôt diplômé de l'Ecole des Officiers, il fut envoyé au front, et mourut le premier jour les armes à la main ! Sa mort en combattant totalement dévasta ses parents et les autres membres de la famille.

C'était l'époque de l'offensive du Tết de 1968 qui déferla sur Saïgon, Huế et de nombreuses provinces du Sud. En particulier à Huế, des batailles sanglantes eurent lieu entre les forces du Sud et celles des communistes, et des milliers d'innocents furent massacrés ou même ensevelis vivants par les communistes.

La zone autour de l'hippodrome de Phú Thọ, qui était juste en face de chez nous, était le point de départ des attaques sur Saïgon. Cette nuit-là, quand j'entendis les premiers coups de feu, un scénario fou prit forme dans ma tête. Si Lân mon frère avait rejoint l'armée communiste, était-il possible qu'il fût parmi ceux en train de nous combattre juste devant chez nous ? Si les communistes faisaient irruption dans ma maison, Lân et Tế entreraient-ils en combat? Fermant les yeux, je priai: « Je t'en supplie, Dieu de miséricorde, fais qu'il n'arrive jamais à aucune famille le drame des frères ennemis cherchant à se détruire, que ce soit dans le Sud ou dans le Nord. Ce pays a déjà connu tant de souffrances et de deuils ! »

Le lendemain, après que les fusillades eurent cessé, nous nous précipitâmes vers la maison de Minh, ma camarade de classe. Elle et Đạt, son mari, habitaient de l'autre côté de l'hippodrome ; ils avaient quatre enfants dont les deux aînés fréquentaient la même école que mes enfants, l'école Fraternité (ou Bác

Ái en vietnamien). Les jours de classes Đạt avait l'habitude de venir emmener mes enfants à l'école en voiture.

Arrivés sur les lieux, nous nous trouvâmes devant une scène effroyablement tragique. Dans la maison dévastée par les attaques de la nuit dernière, Minh était assise dans un état de torpeur, serrant dans ses bras son petit enfant, à côté des cadavres ensanglantés de son mari et de deux enfants. Elle parvint à expliquer en sanglotant: « Hier soir, en entendant de violents coups de feu, puis le bruit de pas précipités derrière la maison, mon mari et moi nous saisissâmes chacun deux enfants pour nous réfugier sous des lits adjacents ... Des tirs firent voler la porte en éclats ... D'autres coups de feu visant l'intérieur de la maison atteignirent mon mari et deux enfants sous les lits ... »

Nous emmenâmes Minh et ses deux enfants survivants chez nous pour qu'ils y restent temporairement. Bien qu'il n'y eût pas de combat la nuit suivante, les cris poignants de Minh dans ses cauchemars me brisèrent le cœur.

Il y a quelques années, lorsque j'eus l'occasion d'aller en Australie, j'y retrouvai Minh, qui vivait avec son plus jeune enfant. Sa fille aînée, Minh Phương, une camarade de classe de ma fille Mỹ Vân, s'était mariée et vivait maintenant au Texas.

Ma belle-mère est décédée

En 1973, ma belle-mère, Mme Nguyễn Đại Độ, décéda, après de nombreuses années de maladie et après avoir perdu la vue. Tous les descendants, proches et lointains, y compris Mão et son mari revenus du Canada, s'étaient réunis auprès d'elle avant qu'elle fermât les yeux. Alors qu'elle était proche de la fin, elle demanda : « Où est Chinh ? Où est Chinh ? »

Je lui saisis la main et répondis « Mère, je suis là ! » Dans le faible murmure de quelqu'un qui allait être vouée à l'éternité, elle réussit à m'adresser ces dernières paroles :

« J'ai six enfants, ou douze si on compte les belles-filles et beaux-fils, mais toi seule as toujours vécu avec nous, tes beaux-parents, depuis le jour où l'on a immigré dans le Sud. Tu t'es entièrement dévouée à notre famille... Je veux que nous autres nous comprenions cela ... »

Sa voix s'affaiblit et je ne pus retenir mes larmes.

Ses funérailles furent grandioses, comportant tous les rites bouddhiques de rigueur. Un émouvant adieu à ma belle-mère pour qui j'avais le plus grand respect et avec qui j'avais vécu 19 longues années, l'aimant comme ma vraie mère !

Aux États-Unis, je maintiens chez moi un autel des ancêtres où président les photos de mes parents et des parents de mon mari, pour leur témoigner nos indéfectibles amours filiaux et les vénérer en leur offrant l'encens tous les jours.

Ce fut un grand malheur en 1975 que M. Nguyễn Đại Độ fût bloqué à Saigon alors que nous autres pûmes être évacués hors du pays. Et bien tristement, quand il mourut, certains de ses enfants étaient en camp de rééducation et certains autres étaient dispersés aux quatre coins du monde.

Papa et Maman, je tiens à vous remercier du fond de mon cœur !

Les enfants partent en étude à l'étranger

L'année 1973 fut l'année des funérailles de ma belle-mère et de la mort tragique du sous-lieutenant Nguyễn Khắc Nhật, le fils de Nguyễn Giáp Tý, qui lui était le frère aîné de mon mari. Ce fils était l'héritier mâle de premier rang de la famille Nguyễn. La même année, Lương Đình Chiểu, le fils de Mme Dậu et du capitaine Lương Văn Niên, atteignit l'âge de la conscription et fut incorporé. De la famille, presque tous les hommes avaient rejoint l'armée, comme naturellement il se devait en temps de guerre.

Lorsque Mme Mão et son mari, le docteur Dương Như Hòa, rentrèrent du Canada pour assister aux obsèques de sa mère, elle me dit : « Chinh, je te suis très reconnaissante d'avoir, en l'absence de mes frères et sœurs, pris soin de ma mère pendant sa maladie. » Elle me fit ensuite la suggestion d'envoyer mes enfants au Canada pour étudier afin d'avoir la tranquillité d'esprit car sa famille était là-bas. Mes enfants Vân, Hùng et Cường seraient près de leurs cousins Duyên, Mai et Thể, ses enfants. Je n'aurais pas à me faire du souci.

Grand-père était également de cet avis et me conseilla: « Ils [Vân, Hùng et Cường] sont encore jeunes, tu devrais les envoyer étudier à l'étranger, afin que leurs études ne puissent être interrompues, et tu seras plus rassurée à leur endroit. De cette façon, si tu obtiens des projets de films à l'étranger, tu pourras aller les voir. »

J'écoutai donc les conseils de grand-père, de Mme Mão et du Dr. Hòa, et consentis à laisser mes enfants partir étudier à l'étranger. Précisément à cette époque, je tournais beaucoup en dehors du pays, et avais ainsi des moyens pour inscrire mes enfants dans des écoles privées à Toronto, au Canada.

Pourtant c'était tout de même difficile pour moi, en tant que mère, de laisser mes trois enfants vivre loin de moi. À cette époque, Mỹ Vân avait 16 ans, Hùng, 14 ans et Cường 12 ans. Le jour de leur départ, j'étais remplie d'inquiétude et pleurai beaucoup. Mon bon ami, M. Nguyễn Xuân Thu, directeur adjoint d'Air Vietnam, s'efforça de me réconforter par ces bonnes paroles : « Chinh, rassure-toi, je vais les accompagner de Saïgon à Hong Kong par Air Vietnam, et de là, je m'assurerai qu'ils soient embarqués en sécurité sur un avion de la Cathay Pacific en vol direct à Toronto. »

Cette nuit-là, quand je rentrai chez moi, je me demandai avec stupeur pourquoi la maison était devenue si déserte. Mes enfants me manquaient déjà, en particulier Cường qui encore si jeune devait déjà se priver de la proximité affectueuse de ses parents. Je pris leurs vêtements et les serrai contre moi pour sentir leur odeur familière. Tế me consola: « Tu vas leur rendre visite cet été. Rassure-toi, ma sœur Mão et son mari vont bien prendre soin d'eux, et puis ils auront leurs cousins Duyên, Mai et Thế comme copains. »

L'année suivante, je pus faire seule un voyage pour rendre visite à mes enfants à Toronto, avant les travaux du film *Full House* . Une agréable surprise m'attendait, lorsque le vol qui m'emmenait de Toronto à Singapour pour tourner ce film, fit escale à Londres. Le studio avait prévu pour moi une interview-éclair à l'aéroport. Cette interview précéda la conférence de presse qui eut lieu à Singapour pour m'accueillir avant le commencement du tournage de *Full House*.

Le film Full House et la guerre du Vietnam

Full House était un film amusant sur les jeunes générations de Singapour qui affectionnaient les activités en groupes, s'intéressaient de près aux goûts du jour, et recherchaient des modes de vie nouveaux. Le tournage commença fin février, mais le 10 mars 1975, moins de deux semaines plus tard, des chars communistes dans le Vietnam voisin soudainement envahirent la ville de Ban Me Thuot, déclenchant une attaque générale contre toutes les villes du Sud. Peu après, les armées du Vietnam, l'ARVN, reçurent l'ordre de se retirer de Pleiku et de Kontum, puis de tout le centre du pays.

Jour après jour, je m'efforçais, pendant la journée, de satisfaire décemment aux demandes de mon rôle dans le film, mais à la tombée de la nuit, mon esprit était complètement en proie à l'angoisse. Je suivais constamment les actualités et les commentaires des médias internationaux sur la situation au Sud-Vietnam. C'était extrêmement douloureux d'entendre ces organisations prédire unanimement que l'effondrement du Sud n'était plus qu'une question de temps. En d'autres termes, aucun miracle ne pourrait sauver le Sud.

Chaque nuit, j'avais les yeux rivés sur la télévision pour être le témoin des scènes de chaos et de mort dans le Centre Vietnam ! On montrait des cadavres sur la rivière Ba, ceux de la population et des soldats ayant reçu l'ordre de se retirer de Pleiku et de fuir vers Tuy Hoà en franchissant la rivière, que l'artillerie communiste avait abattus.

Je recevais des télégrammes de la famille à Saïgon et de mes enfans à Toronto, tous avec un seul message urgent m'exhortant à rejoindre les enfants. « Surtout, ne reviens pas à Saïgon ! » Mais mon mari et sa famille étant bloqués à Saïgon, comment aurais-je pu en toute tranquillité de conscience les ignorer et aller au Canada ? Je ne me faisais guère du souci pour mes enfants qui étaient en toute sécurité à Toronto ; le sujet de ma vive inquiétude était le sort, peut-être oscillant entre la vie et la mort, de mon mari, de mon beau-père, de Sâm notre bonne, et de leurs proches.

Le dernier jour du tournage du film, je coupai le ruban pour inaugurer le tout nouveau Cinéma de Singapour et assistai à un banquet d'adieu organisé par le studio. Puis je m'embarquai précipitamment sur le vol Singapour-Saïgon, le 17 avril 1975. Le vol était vide. J'étais la seule passagère à revenir à Saïgon alors que des millions de personnes étaient en train de s'y bousculer pour trouver un moyen de quitter le pays. Un member de l'équipage m'informa qu'il s'agissait d'un vol d'urgence pour évacuer du personnel diplomatique et des expatriés. Quand j'arrivai à Tân Sơn Nhất, on m'obligea à convertir en monnaie vietnamienne toutes les recettes en dollars que j'avais sur moi provenant du tournage de trois films, dont deux en Thaïlande et un à

Singapour. Ce fut donc en trimballant un sac plein de piastres vietnamiennes que j'apparus chez moi. O ciel ! s'exclamèrent en colère Tế et mon beau-père quand ils me virent et apprirent ce qui s'était passé ; ils étaient incapables de comprendre pourquoi je n' avais pas suivi leur conseil de ne pas revenir et de garder mes dollars.

A Saïgon, en suivant les informations d'heure en heure, je voyais Huế, Đà Nẵng, Qui Nhơn, Nha Trang, Cam Ranh, Phan Thiết, Bình Tuy et Long Khánh tomber aux communistes l'une après l'autre. Saïgon cédait de plus en plus à la panique, à un désespoir délirant. Des foules chaotiques fuyant les provinces se déferlaient sur la ville, tandis que des centaines de milliers qui s'y trouvaient déjà rivalisaient sans merci pour trouver un moyen quelconque de fuir le pays. Les rues étaient remplies de gens effrayés, éperdus, pris de panique, à la recherche les uns des autres, et de toutes sortes de véhicules civils et militaires, cherchant, s'ils le pouvaient, à s'avancer en tous sens.

Des rumeurs sans fondement avaient libre cours. Des négociations entre le Nord et le Sud allaient avoir lieu pour mettre fin à la guerre. On mentionnait la formation d'un gouvernement de réconciliation internationalement reconnu. La région centrale du pays allait servir de zone tampon. Le gouvernement français ramènerait l'empereur Báo Đại, etc. Je ne pus m'empêcher de penser à mon père et mon frère Lân. A supposer que les rumeurs fussent vraies, avais-je espoir de les revoir ?

En même temps, mes enfants au Canada ne cessaient de me presser, par téléphone et télégrammes, de quitter le Vietnam au plus vite. Je savais que parce qu'ils vivaient au Canada avec la famille de ma soeur Mão, mes enfants étaient mieux au courant des nouvelles les plus récentes. Même mon beau-père et mon mari m'exhortèrent à quitter le pays immédiatement par tous les moyens pendant que mon passeport diplomatique était encore valide. J'étais tourmentée, indécise, tiraillée entre rester et partir !

Dans mon esprit resurgit soudain en un éclair l'image de la jeune fille de 16 ans que j'étais, cette nuit de 1954 à l'aéroport de Hanoï. Elle fut arrachée à son père, épouvantée, abandonnée à son sort dans son pays en train de se déchirer lui-même. Réagissant à ce souvenir traumatisant, je sentis s'allumer en moi une lumière bénéfique qui allait éclairer mon chemin et m'aider à faire face avec lucidité aux choix devant moi. Abandonner ma belle-famille et me soustraire à mes devoirs envers elle, pour rejoindre mes enfants, était, d'un point de vue affectif et moral, un prix très lourd à payer. Mais d'autre part, décider de rester, au risque d'être retenue dans le pays pour un temps indéfini, loin de mes jeunes enfants, était pour moi une idée insoutenable. Je tenais absolument à leur épargner le triste sort et trauma des enfants orphelins dont j'avais été une moi-même.

Devant l'insistance des membres de ma belle-famille, je pris ma décision, et reçus l'aide précieuse de mon ami dévoué, M. Nguyễn Xuân Thu, directeur adjoint d'Air Vietnam. La nuit, en plein couvre-feu, le chauffeur d'Air Vietnam m'emmena à l'aéroport par une voiture battant un pavillon VIP. Quand j'y arrivai, M. Thu annonça qu'il allait y avoir un dernier vol d'Air Vietnam vers les Philippines le lendemain matin ; il allait s'assurer que le personnel vînt m'accueillir et s'occupât de tout à mon arrivée.

L'aéroport de Tân Sơn Nhất était bondé ; dans la foule on voyait un grand nombre de femmes et d'enfants vietnamiens, probablement pour la plupart des victimes d'une façon ou d'une autre de drames de séparation. Des sanglots, des cris, des dernières paroles de recommandation et d'adieux résonnèrent partout dans l'aéroport.

Le matin, alors que l'avion était sur le point de prendre l'air, l'aéroport fut bombardé et la scène devint chaotique. M. Thu me ramena à l'abri dans la salle VIP d'Air Vietnam. Pas un seul avion ne put décoller ce jour-là, et il nous fallut passer la nuit dans l'air étouffant de la salle d'attente. Au matin, Thu me laissa pour aller s'occuper d'autres besognes ; à son retour il me pressa :

« Vite, dépêche-toi ! N'emporte rien. Il y a un vol de la Pan American transportant le personnel civil et militaire américain qui va quitter Saïgon ! »

Je m'empressai de glisser mon sac à main autour du cou. Thu m'entraina à travers le tarmac, me poussa dans l'avion bondé, monta après moi et parvint à me trouver un de ces sièges réservés au personnel de cabine, au fond, à côté des toilettes. Il me prit la main et dit: « Au revoir, Chinh ! ». Avant que je pusse lui demander la destination du vol, je le vis se diriger vers l'avant de la cabine et quitter l'avion quand la porte se refermait. Cher Nguyễn Xuân Thu, un grand merci à toi ! Finalement, j'eus pu m'embarquer sur le dernier vol quittant Saïgon.

A peine il y avait une semaine, je retournais à Saïgon avec un sac rempli de dollars américains (plus tard convertis en monnaie vietnamienne) ; pour mon départ cette fois-ci, je n'avais rien à emporter avec moi, sauf un petit sac à main contenant quelques dizaines de dollars qui me restaient, un carnet d'adresses et de téléphone, et mon passeport.

Je me demande si ce n'est pas possible que mon destin se soit répété. Vingt et un ans auparavant, déjà toute seule, je fuyais mon Hanoï natal pour aboutir en terre inconnue. De nouveau cette fois, toujours seule, je devais abandonner la terre de mes ancêtres pour commencer une vie en exil !

Les jours sombres

Le 30 avril 1975, le gouvernement de la République du Vietnam (le Sud-Vietnam) s'effondra. Les communistes nord-vietnamiens vainqueurs firent défiler leurs chars sur l'avenue Thống Nhất à Saïgon ; l'un d'eux défonça le grand portail en fer forgé du Palais de l'Indépendance. Le général Dương Văn Minh ordonna aux forces armées sud-vietnamiennes de déposer les armes, en attendant de remettre le pouvoir aux vainqueurs.

Mais avant cela, il y avait eu de nombreuses rumeurs sur de possibles solutions politiques pour le Sud, ce qui donnait de l'espoir à beaucoup de gens. Les deux assertions les plus répandues étaient :

- Une zone tampon au Centre Vietnam allait être créée, à occuper par les factions belligérantes du Sud, pour leur donner tout le temps nécessaire de négocier en vue de parvenir à une solution par référendum. Celui-ci permettrait au peuple dans le Sud de s'exprimer sur le choix entre la neutralité ou l'inclusion sous le régime communiste du Nord.

- Le Sud allait être neutralisé pendant deux ans avant la mise en place d'un système politique choisi librement par ses habitants.

Ces fausses perspectives politiques étaient la principale raison pour laquelle un certain nombre de gens n'envisageaient pas, pour un temps, de quitter le pays ! En fin de compte, des centaines de milliers de fonctionnaires et de soldats de l'ex-République du Vietnam furent incarcérés pour « rééducation », tandis que des millions d'autres, dans le total désespoir, cherchèrent à s'échapper par la haute mer, s'exposant au danger des pirates ou des naufrages. Par estimations de la Croix-Rouge Internationale et du Haut-commissariat de l'ONU aux Réfugiés, pas moins d'un demi-million de personnes furent ainsi perdues en mer. Pour la première fois dans l'histoire des réfugiés mondiaux, l'appellation « Boat People » fut née pour désigner cette multitude éperdue de mes compatriotes qui affrontaient le large au risque de leur vie pour fuir notre pays.

Politiquement, le sort du Sud-Vietnam après avril 1975 était ainsi réglé, à l'issue d'interminables années de guerre ; et sur le plan social il n'y avait pas encore de signes de sérieuses perturbations, même à Saïgon ou dans d'autres grandes villes.

En très peu de temps, le monde s'était brusquement assombri. Je me souviens du Nouvel An lunaire de 1975, à peine quelques mois auparavant, qui fut comme toujours accueilli par le peuple avec joie, espoir et vœux de bonheur, suivant notre tradition multi-millénaire. Et pour nous dans la communauté du septième art, il y avait une autre raison de nous réjouir : c'était, après le succès du Festival du film d'Asie de 1973 à Saïgon, le temps où commençait le vigoureux essor de l'industrie du cinéma vietnamien.

Les remarquables contributions des producteurs, réalisateurs et acteurs vietnamiens avaient fait beaucoup pour promouvoir le développement et la maturité de cette industrie, en offrant au public une riche sélection de productions qui se renouvelait à un rythme rapide. Je n'oublierai pas l'enthousiasme que manifestaient les exploitants des salles obscures de Saïgon à l'époque, petites et grandes ; en réponse à ce boom du cinéma, elles ouvraient toutes grandes leurs portes pour accueillir des foules record de spectateurs.

Pour moi, c'était aussi une période d'activité des plus enfiévrées et intenses de ma carrière professionnelle. Après deux films de deux studios asiatiques, tournés en Thaïlande, dans lesquels je tenais le rôle principal féminin, j'obtins fin février 1975 un contrat pour tourner *Full House* à Singapour. Ce mois-là débuta pour moi une année frénétique occupée par les tournages en cours et l'élaboration de projets de films avec Hoàng Vĩnh Lộc, mon réalisateur préféré, sans compter des affaires familiales à régler et le projet de voyage à Toronto pour visiter mes enfants.

Le premier jour du Nouvel An lunaire, le 11 février 1975, après avoir célébré le Nouvel An en famille, nous eûmes une réunion chez Alpha Films avec l'Association du Cinéma du Vietnam. À cette occasion, M. Thái Thúc Nha, propriétaire d'Alpha Films, me rappela : « Madame la présidente, vous devriez bientôt songer à inviter des acteurs étrangers au Vietnam Cinema Day VII en août 1975. »

Naturellement, le Vietnam Cinema Day VII n'eut jamais lieu, tout simplement parce que le Sud-Vietnam que nous avions connu n'était plus.

De la prison de Singapour à Toronto

Dès l'atterrissage de mon avion de retour à Singapour, d'où je venais de partir pour Saïgon exactement une semaine auparavant, je fus escortée par la police jusqu'à... la prison, pour une raison concernant mon passeport diplomatique. Celui-ci fut jugé invalide, étant délivré par un état de futur incertain. Dans la prison, mêlée à toutes sortes de gens, j'étais en plein désarroi et passai toute la nuit assise recroquevillée sur moi-même.

Au matin, en allant aux toilettes, j'aperçus un gardien de prison en train de lire un numéro du magazine *Female*, avec le portrait d'une femme sur la couverture. Incroyablement, la femme, c'était moi ! (J'appris que la revue contenait un article sur moi et une photo de moi dans une interview après le tournage de *Full House*). Folle de joie, je fis remarquer au gardien que la photo sur le magazine c'était moi: « Aidez-moi s'il vous plaît, je dois passer un coup de fil ! » Il me regarda de la tête aux pieds, et retourna à la lecture de la revue, sans dire un mot.

C'est quand j'arrivai dans la section des toilettes des prisonniers que je compris pourquoi ce geôlier n'avait pas pu m'identifier avec le portrait sur le magazine. Me regardant dans un miroir, je vis une triste femme au visage défait, aux cheveux ébouriffés ; quel possible rapport cette image pourrait-elle avoir avec l'actrice figurant sur la couverture d'une célèbre revue féminine de Singapour ? Sans trousse de maquillage à portée de main, j'essayai comme je pouvais de réarranger ma coiffure et remettre en ordre mes vêtements pour être plus présentable.

Retournée voir le gardien, je le suppliai : « Si vous ouvrez le magazine aux pages du centre, vous verrez bien qu'on y parle de moi ! » Il s'exécuta et trouva en double page une très grande photo de moi en áo dài vietnamien traditionnel. Il finit par me croire, hocha la tête et me permit de téléphoner à l'ambassade sud-vietnamienne. Grâce à l'intervention de l'ambassadeur Trương Bửu Điện, avec le soutien dévoué de l'équipe du film Full

House, je pus être accompagnée hors de captivité, sous condition de quitter Singapour dans les 48 heures. Le lendemain cependant, de toutes les ambassades à Singapour auxquelles je m'adressai, l'une après l'autre, en une course éperdue de toute la journée, aucune ne consentit à me délivrer un visa d'entrée dans son pays. On m'expliqua que cette réticence était motivée par la situation politique précaire du gouvernement du Sud-Vietnam, que Saïgon allait tomber à tout moment, et que le seul moyen dans cette situation était pour moi de prendre l'avion pour aller vers l'ouest, attendre que Saïgon change officiellement de régime politique, et demander asile au pays de mon choix.

En quatre jours et trois nuits, depuis Singapour, je parcourus par air Bangkok, Hong Kong, Séoul, Tokyo, Paris, New York, Toronto. Entre les vols c'étaient des moments d'angoisse passés dans les salles d'attente des aéroports, buvant l'eau des robinets publics, mangeant des restes de repas emportés de l'avion, avec seulement quelques dizaines de dollars restant sur moi. A Tokyo, j'appelai ma soeur aînée Tinh pour l'informer de mon arrivée prochaine à l'aéroport Charles de Gaulle en France. Pendant que j'étais encore dans le ciel, ma soeur Tinh était déjà dans un train en route pour Paris depuis Marseille.

À l'aéroport, nous pûmes enfin nous voir, mais à travers une cloison de verre. Elle me fit signe d'aller où se trouvait un téléphone pour que nous pussions parler. D'une voix forte, elle me dit dans l'appareil: « La chute de Saïgon est imminente. Ne continue pas ton voyage, reste ici. Ne t'inquiète pas, oncle Nghi et moi nous nous occuperons de tout pour toi ; et tu pourras faire venir les enfants. »

Mais je secouai la tête. Nous appuyâmes nos mains l'une contre l'autre à travers la vitre, les larmes aux yeux. Je décidai de ne pas écouter son conseil de rester à Paris pour solliciter l'asile. Je lui tournai le dos pour continuer mon périple ensuite.

A New York, j'appelai mes enfants. À 18 heures précises le 30 avril 1975, mon avion atterrissa à l'aéroport de Toronto.

Serrant mes enfants dans les bras, j'appris la nouvelle de la chute de Saïgon et mon cœur se crispa jusqu'à me faire mal.

Je devins la première réfugiée vietnamienne à Toronto, au Canada.

LES PHOTOS
DE LA DEUXIÈME PARTIE
Sài Gòn, 1954-1975

Chinh et Tế après le mariage

Kiều Chinh et Tế avec leurs trois enfants

Avec mes enfants, de gauche: Mỹ-Vân, Cường, Hùng.

Nguyen Nang Te, officier parachutiste, 4e classe Thu Duc

La famille avec mon beau-père, M. Nguyễn Đại-Độ, sur le balcon de la maison du complexe résidentiel Lữ-Gia à Sài-Gòn.

Photo de famile: Tế, Chinh et enfants: Mỹ Vân, Hùng, Cường, sur le balcon de la maison Lữ-Gia à Sài-Gòn.

A l'aéroport de Tân Sơn Nhất, Saigon, pour dire au revoir aux enfants qui partent à l'étranger pour faire des études

Carrière cinématographique dans la période à Sài Gòn

Premier rôle au cinéma en tant que nonne bouddhiste, Như-Ngọc, dans le film « Les cloches de Thiên-Mụ » réalisé par Lê Dân.

Kiều Chinh et Lê Quỳnh dans le film "Hồi Chuông Thiên Mụ"

Époque de Saigon, avec « áo dài » et chapeau conique.

Affiche de « A Yank in Vietnam » tournée au Việt-Nam avec l'acteur/réalisateur Marshall Thompson.

Avec Burt Reynoldsdans le film "Operation CIA" tournée en Thailande, 1964

Affiche du film Mission Overseas tourné en Thailande

Affiche du film "Destination Việt Nam"

Le ministère philippin de la Défense accueille les acteurs du film "Destination Vietnam": Leopoldo Salsedo et Kiều Chinh dans un défilé en Jeep découverte dans les rues de Manille.

Paramount a tenu une conférence de presse et un dîner de gala à l'hôtel Hilton de Manille, aux Philippines, en 1968 pour le film "Destination Vietnam". (Kieu Chinh est au milieu de la photo)

Affiche du film Chiếc Bóng Bên Đường, 1973.
De gauche à droite: Thành Được Kiều Chính, Kim Cương

*Avec le meilleur acteur du cinéma japonais, Toshiro Mifune
au Festival du film de Kyoto en 1964.*

Kieu Chinh et l'acteur américain William Holden
au Festival du film Asie, Taïwan.

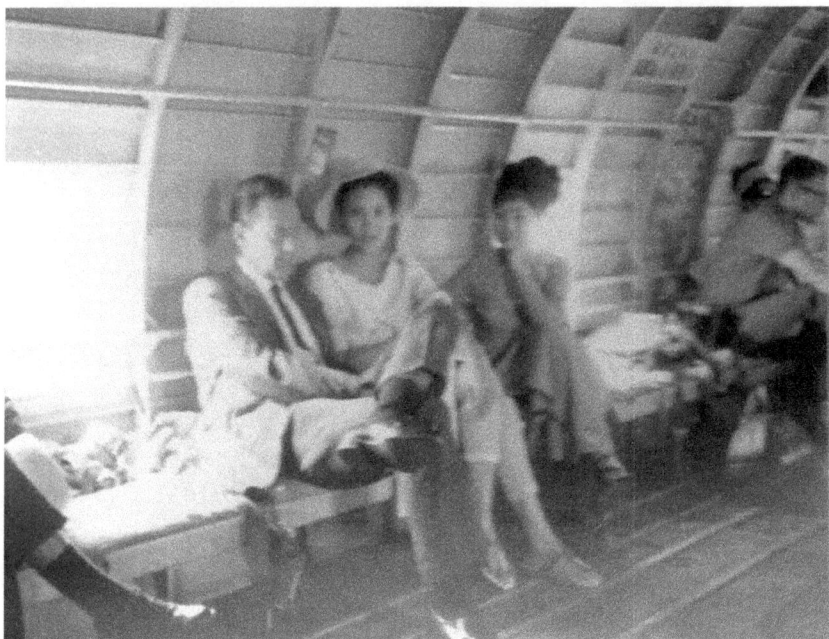

William Holden, Kieu Chinh et Kim Hue Thai Thuc Nha sur le vol "fati-dique" pour visiter l'île de Quimoy, Taiwan
(Merci à la famille de Thai Thuc Nha et à sa fille Elizabeth Giang Tien pour pour ces rares photos).

Kieu Chinh au Festival du film asiatique.
L'acteur William Holden se tient sur la droite.

De gauche à droite: Mme My Van, Tham Thuy Hang,
Mme Thai Thuc Nha, Kieu Chinh
et M. Thai Thuc Nha au 11ème Festival du film asiatique à Taïwan

Evening for Shaw

邵氏同人聯歡晚會

。識認等菁李、銓金、楓岳演導與貞喬后影南越招介夫逸邵，上會歡聯
Host Run Run Shaw introduces the beautiful Vietnamese actress Kieu Chinh
to directors Griffin Yueh, King Chuan and 1965 Asian film queen Li Ching.

右起：鄒文懷、凌波、喬貞合影，中越兩位影后敘在一起，這是難得的盛會。

Production Manager Raymond Chow
and Vietnamese actress Kieu Chinh

Photos publiées dans la presse locale: Run Run Shaw accueille
Kieu Chinh à Hong Kong, pour la présenter
aux célèbres réalisateurs et acteurs du studio Shaw Brothers'

Le Quynh et Kieu Chinh au Festival du film de Berlin, Allemagne. Assis au bout de la rangée se trouve l'acteur français Jean Marrais.

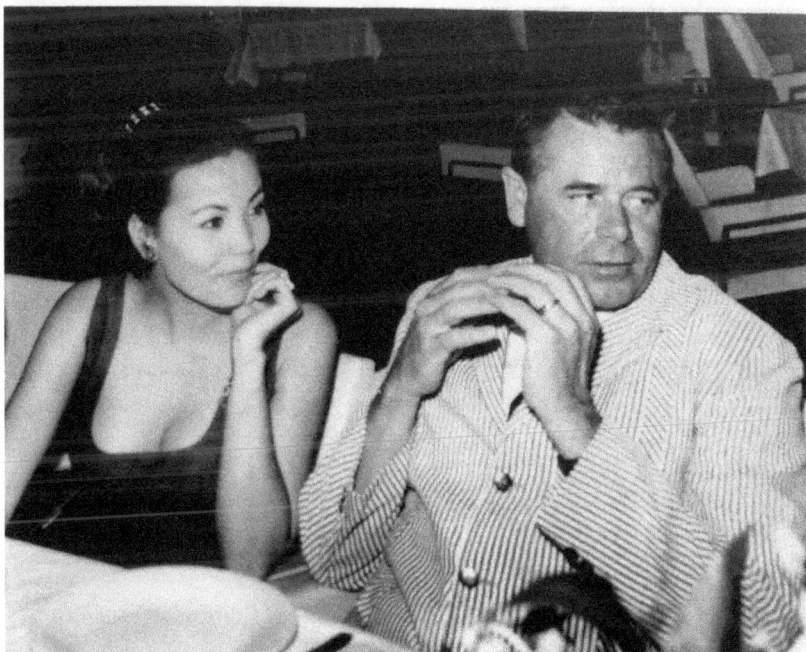

Avec l'acteur américain Glenn Ford lors de sa visite à Saigon.

Affiche du film De Saigon à Dien Bien Phu. En haut à gauche est l'ac-
teur Doan Chau Mau. A côté se trouve Kieu Chinh.
En bas, également à gauche est l'actrice Tham Thuy Hang.

En uniforme d'hôtesse de l'air d'Air Vietnam dans le film « De Saigon à Dien Bien Phu » de My Van Phim.

Kiều Chinh dans une scène du film De Sài Gòn à Điện Biên Phủ. Une image emblématique du Sài Gòn d'antan: Aó dài, parasol et cyclo-pousse.

Affiche du film indien The Evil Within

Une scène avec l'acteur indien Dev Avnand dans le film The Evil Within.

De gauche à droite: le réalisateur Rolf Bayer. Les acteurs Dev Avnand et Kieu Chinh sur le lieu de tournage The Evil Within, Inde.

Kieu Chinh dans le rôle d'une princesse indienne, film The Evil Within. À cheval, elle attend l'exclamation "Action!" du réalisateur du film The Evil Within.

*Kieu Chinh dans le rôle d'une princesse indienne,
film The Evil Within, 1970.*

Une scène du film "Người Tình Không Chân Dung" réalisé et produit par le studio de cinéma Giao Chi de Kieu Chinh.

Kiều Chinh dans le film "Người Tình Không Chân Dung".
Realisé par Hoàng Vĩnh Lộc.

Le réalisateur Hoàng Vĩnh Lộc et les acteurs du film "Người Tình Không Chân Dung" sur la scène du théâtre REX de Saigon le jour de la sortie du film.

Kiều Chinh, étreignant les deux prix décernés par l'Asian Film Festival au film Người Không Chân Dung (L'amant sans visage), monte à bord d'un avion pour Saigon.

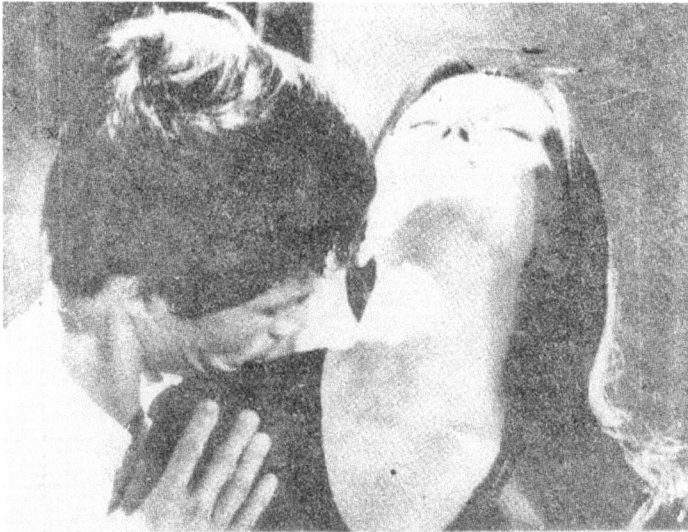

Affiche du film "Hè Muộn" du réalisateur Đặng Trần Thức. Il s'agit de la deuxième production de Giao Chỉ Film Studio.

Le président
Nguyễn Văn Thiệu
remet le prix de
littérature et d'art
à Kieu Chinh (réa-
lisateur Thái Thúc
Nha, à gauche de
Kieu Chinh).

Kieu Chinh avec le président
Chiang Kai-shek au Festival du
film asiatique de Taïwan
en 1965.

En robe de soirée lors d'une réception pour le film Full House, étant le dernier film produit avant 1975, à Singapour.

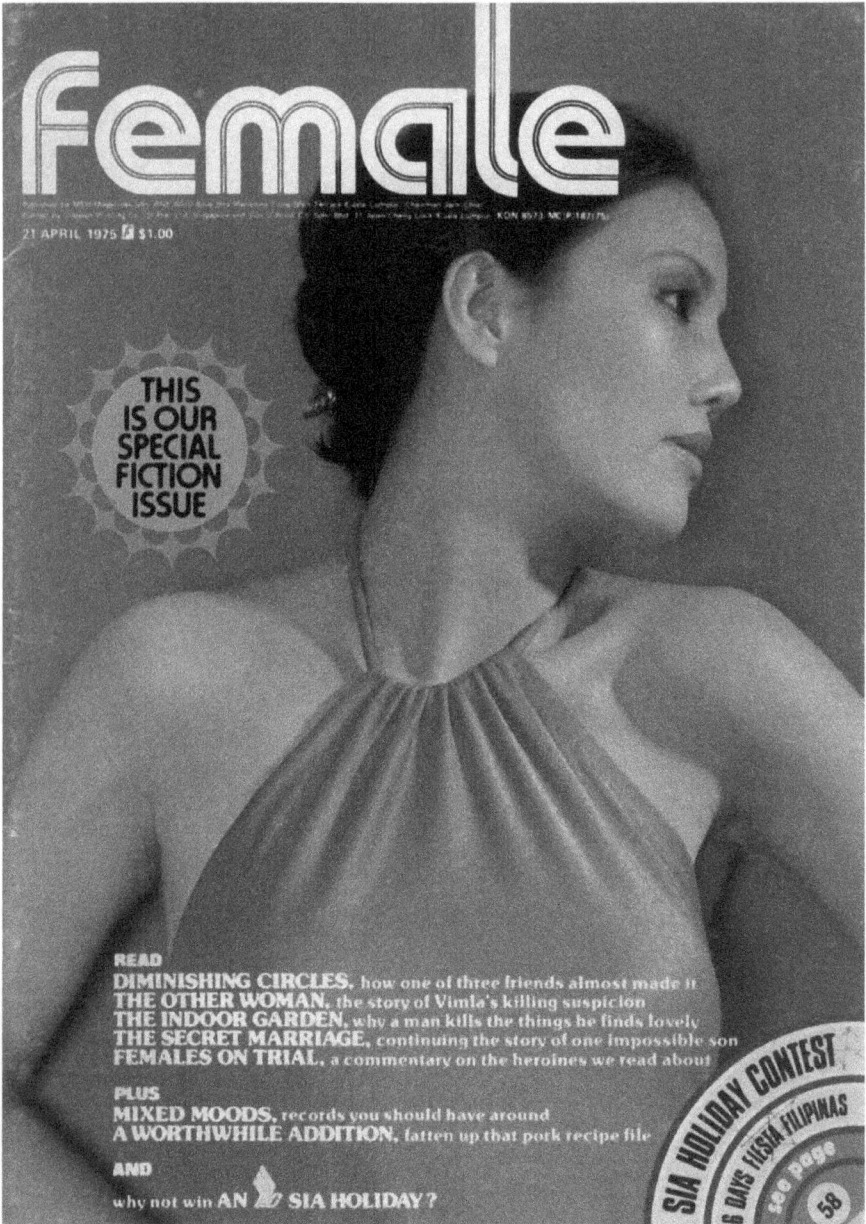

Couverture du magazine féminin (Singapour). Avril 1975

TROISIÈME PARTIE
L'Exil

La première réfugiée

Depuis 1965, alors que la guerre du Vietnam entrait dans une phase féroce, de nombreux artistes d'Hollywood faisaient des tournées à Saigon, sous l'égide de L'USO (United Service Organization) pour rendre visite aux soldats américains sur le champ de bataille et leur apporter un soutien moral. À ces occasions, certains de ces grands noms de la télévision, dont Danny Kaye, Johnny Grant, The Hank Snow Band, Glenn Ford, Diane McBain, Tippi Hedren, etc... furent invités aux interviews avec "Kieu-Chinh Talk Show".

Dix ans plus tard, fin avril 1975, quelques jours avant la chute de Saigon, j'étais sur le dernier vol quittant l'aéroport de Tân Sơn Nhất, affolée, n'emportant rien d'autre qu'un sac à main sanglé autour du cou, avec seulement un passeport, un petit carnet d'adresses et de numéros de téléphone, et quelques dizaines de dollars qui me restaient. Ma situation était celle d'une sans-logis apatride ! Alors, mon seul moyen pour sortir de cette situation difficile était de monter dans un avion pour un vol··· d'attente.

Les mains vides, après plusieurs jours à errer dans les nuages, j'atterris à l'aéroport de Toronto à 18 heures précises le 30 avril 1975. J'étais la première réfugiée vietnamienne à demander l'asile politique au Canada, un pays paisible. Je me souviens encore, lors de l'accomplissement des formalités d'immigration à l'aéroport, un officier, apposant un sceau sur mon passeport, me dit "Soyez la bienvenue. Vous êtes la toute première réfugiée vietnamienne à Toronto ! ".

Après avoir rempli les formalités de demande d'asile, je me rendis avec mes enfants à la maison de leur oncle Hòa.. Comme il a été déjà mentionné, l'oncle Hòa, c'est-à-dire le Dr Dương Như Hòa, était un scientifique et dirigeait le Centre d'énergie atomique à DaLat vers la fin de la Première République (au Vietnam), et Mme Hòa, c'est-à-dire chị (soeur aînée) Mão, est la propre soeur de Tế'. Depuis la France Hòa et sa femme étaient revenus à Saigon pour travailler. Après, ils ont déménagé au Canada pour un nouveau poste de travail. C'est ainsi que nous avons décidé d'envoyer nos trois enfants Mỹ Vân, Hoàng Hùng et Tuấn Cường là-bas au début des années 70 pour étudier. Les Hòa-Mão sont cinq dans la famille, eux deux et trois enfants ; deux filles et un garçon, Duyên, Mai et Thế. Mes trois enfants et moi, étions logés temporairement dans une petite mansarde. Je regardais la télé chaque jour pour apprendre des nouvelles de Saigon. Flétrissant dans les viscères et m'inquiétant sur le sort de mon beau-père et celui mon mari qui étaient toujours retenus là-bas, j'avais à épauler trois enfants immatures, sans ressources financières. Mon avenir s'avérait sombre.

D'une professionnelle avec des contrats pour jouer dans des films presque partout en Asie du Sud-Est, je passai au chômage comme ça, du jour au lendemain. Tout avait soudainement disparu ! Sans lendemain !

Je me souviens d'un matin de mai, alors qu'il faisait encore froid dans une Amérique du Nord au vent glacial, je me rendis au Département des Affaires Sociales de la ville (appelé Welcome House), pour demander un emploi. Ici, on me donna un vieux manteau et 75 Dollars canadiens.

Lors d'un entretien à la salle de recherche d'emploi, l'employée responsable me demanda "Quelle est votre profession ?"

"Je suis une actrice de cinéma" répondis-je

Elle me regarda timidement, me dit rapidement quelque chose comme pour atténuer la dure réalité de la situation: "On ne fait pas de casting ici!" (Nous ne recrutons pas d'acteurs ici), puis elle pointa du doigt un tableau répertoriant les emplois de la journée et précisa que les offres marquées d'un "X" sont celles qui ont été déjà prises.

Je jetais un coup d'œil rapide et remarquai que les tâches relativement légères, adaptables à ma force physique étaient déjà prises. Sur la dernière ligne de la liste je ne voyais que "nettoyage des poulaillers" avec un salaire de 2,25 dollars de l'heure. Sans aucun autre choix, j'ai dû accepter le "nettoyage des poulaillers !"

Afin de respecter l'horaire de travail qui commençait à 6 heures du matin, je devais me lever très tôt. A cinq heures, alors que les enfants dormaient encore, je sortis de la maison et prenais le train de banlieue à destination de Salboro. A mon arrivée, le personnel responsable me donnait des bottes en caoutchouc qui me montaient jusqu'aux genoux, un imperméable épais qui couvrait mes bottes, un masque qui cachait une majeure partie de mon visage, puis me conduisit à une prise d'eau où se trouvaient d'énormes tuyaux d'arrosage. Ce n'étaient pas des tuyaux souples en caoutchouc, mais de gros tuyaux lourds, presque semblables à des bouches d'incendie pour camions de pompiers. Lorsqu'on ouvre une "bouche d'eau", la pression augmente immédiatement à tel point que, si l'on ne fait pas attention, la force du tuyau lourd vous fera tomber en avant. Pour éviter de tomber, on doit avoir les pieds fermement plantés au sol. Pour se déplacer il faut soigneusement faire chaque pas, tenir fermement le tuyau, puis pulvériser de l'eau dans chaque coin du poulailler, en poussant le fumier sur un côté.

C'était un travail quotidien de huit heures, s'habillant selon les exigences du travail, ouvrant la bouche d'eau, passant le tuyau sur son épaule, tendant ses poings dans sa main pour balancer l'arroseur, afin de ne pas manquer un seul endroit du poulailler.

L'immense élevage de poulets puait l'odeur du fumier, qui une fois remué par l'eau d'arrosage, monta fortement et se précipita tout droit dans les narines jusqu'à causer la nausée et le vertige.

Avec chaque jour qui passait ma santé se détériorait. La fatigue du travail n'en est qu'une partie de la cause, l'autre est dûe au fait que mon esprit était toujours figé dans l'insécurité et l'angoisse. Si je ne dis pas bientôt au revoir au "monde des... poulets", il n'est peut-être qu'une question de temps avant que l'élevage de poulets lui-même ne me jette dans son tas de fumier.

Trois semaines plus tard, j'étais ravie d'apprendre que mon mari, Tế s'était échappé sur un bateau et arriva à Guam. Il était parti seul dans des circonstances difficiles, incapable d'amener son père dont la vue s'était beaucoup détériorée. Père Độ se retrouva donc retenu à Saigon tout seul avec Sâm, qui était auparavant la gouvernante de la petite Mỹ Vân. Les formalités ont été entamées dans le cadre du programme de réunion des familles, pour le parrainage de Tế qui allait venir au Canada pour se joindre à nous. Ce serait un événement dont ni Tế ni moi envisagions la possibilité. C'était pourtant si douloureux que père Độ avait dû toujours rester là-bas

Les premiers pas vers Hollywood

Une fois la famille réunie, je dois donc penser à l'avenir. Je ne peux pas rester éternellement chez les Hòa-Mão, je ne peux pas aller chercher du fumier de poulet pour toujours non plus ! J'ai décidé de "rompre avec l'élevage de poulets". Avec tout l'argent gagné au nettoyage des poulaillers, je passai un appel téléphonique longue distance aux États-Unis, pour solliciter de l'aide aux anciens collègues.

Le première personne que j'ai appelée était Burt Reynolds, l'acteur avec qui j'ai joué dans Operation CIA. Pas de contact !

La deuxième personne: Glenn Ford, pas de contact non plus ! La Troisième personne : William (Bill) Holden. Pas de contact direct. Heureusement, son ex-épouse prit mon appel mais avisa que Bill et elle étaient divorcés. Elle me passa néanmoins le numéro de téléphone de l'agent de Holden, qui aurait certainement les coordonnées de ce dernier. Folle de joie, j'appelai immédiatement l'agent qui m'apprit que Bill faisait de la chasse en Europe et ne reviendrait pas avant un mois !

Avec seulement les 15 dollars qui me restaient dans la poche, les 15 dollars gagnés au dernier travail acharné, je tentai une dernière chance d'appel téléphonique à une personne que je n'avais rencontrée qu'une seule fois, il y avait dix ans, en 1965 à Saigon, lorsqu'elle était invitée à mon talk-show télévisé. Il s'agit de l'actrice Tippi Hedren, qui jouait dans le film d'horreur Les Oiseaux du célèbre réalisateur Alfred Hitchcock. C'était l'ultime tentative de ma part dans l'espoir ténu qu'elle changerait le cours de ma vie.

Quand la voix à l'autre bout du fil dit : "Tippi à l'appareil. C'est de la part de qui ?", j'étais extrêmement surprise. Touchée jusqu'aux larmes de joie ou de tristesse (ou les deux), ruisselant à flot sur mes joues et lèvres. J'essayais d'articuler chaque mot pour que Tippi sût qui j'étais, "Tippi, Kieu Chinh. Kieu Chinh ici, actrice vietnamienne. Saïgon, Vietnam. Vous souvenez-vous de moi ?".

"Je me souviens de toi, oui, je me souviens de toi. Oh mon Dieu, Où est Chinh ?"

"Je ne peux pas parler davantage car je n'ai plus d'argent ! Veuillez rappeler ce numéro......."

"Ne pleure pas ! Ne pleure pas ! Tippi rappellera. Tout va bien se passer !"

Trois jours plus tard, je reçus un télégramme de Tippi avec une lettre et un billet d'avion offerts par Food For The Hungry. Le télégramme précisait clairement "invitant l'actrice Kieu Chinh à venir aux États-Unis pour assister à la cérémonie d'inauguration du camp Hope (Espoir) Village de Sacramento : le premier centre d'immigration pour les réfugiés vietnamiens aux États-Unis". Je sursautai au mot "actrice" dans le télégramme, car il me rappelle qui j'étais. En fait, c'était juste un prétexte pour demander un visa d'entrée aux États-Unis pour moi.

Pendant le vol de Toronto à Sacramento, ma première visite aux États-Unis en 1968, me revint à l'esprit. C'était pour un projet de film sur la vie du docteur Tom Dooley. Lors de cette visite je rencontrais les artistes du monde entier dans la splendeur de Hollywood. J'étais invitée à la première de *Doctor Zhivago*, un film réalisé par David Lean, basé sur le roman du poète Boris Pasternak. Ce film était lauréat de cinq Oscars. Lors de l'after-show au 20th Century Fox Studio, l'acteur Omar Sharif, qui interprétait le Docteur Zhivago, m'invita sur la piste de danse. J'avais aussi rencontré Adam West, le célèbre acteur qui jouait dans *Batman*. Des images de splendeur pétillèrent dans mon esprit.

L'avion atterrit à l'aéroport de Sacramento alors qu'il faisait déjà sombre et assez froid. Tippi m'attendait comme si elle était là depuis longtemps. Nous nous embrassâmes. Pleurs, rire, joie, contentement et apitoiement, je ne savais pas comment décrire mes sentiments à ce moment-là. Dans l'étreinte de Tippi, je me sentais comme une jeune sœur perdue qui, après tant de déboires, fut réunie dans les bras affectueux d'une sœur aînée. En même temps, je me sentais allégée comme si quelqu'un me donna des ailes. Je montai, montai et montai dans le ciel, toute comblée d'espoir et de félicité d'être revenue à la vie.

Lâchant prise, la première question que Tippi me posa c'était où sont les bagages ? Je secouai la tête, en disant " C'est tout ce que j'ai: un petit sac en tissu (empaquetant deux ensembles de vêtements), porté sur des épaules pas très vieilles, mais trop alourdies de fatigue". Tippi me serra fortement la main. J'ai tout de suite saisi le sens de ce geste, cette poignée de main offerte à une sans-abri, chômeuse aux mains vides !

Camp Hope Village était autrefois un grand hôpital qui dominait toute une colline isolée, loin du quartier résidentiel. En 1975, l'hôpital fut désaffecté, et converti en abri temporaire pour accueillir plus de 500 familles vietnamiennes qui s'installèrent en Californie pour la première fois. Le camp était géré par l'association caritative Food for The Hungry, dont le président était le Dr. Larry Ward. Tippi Hedren en était la vice-présidente.

Après un long vol surchargé de stress et d'émotion, ce soir-là, je m'endormis comme un enfant. Le lendemain, un dimanche, une simple cérémonie d'inauguration de Hope Village eut lieu avec la participation des milliers de réfugiés vietnamiens aux États-Unis. La cérémonie commença par un salut solennel au drapeau. Après plusieurs jours à la dérive, ne sachant plus qui j'étais, où j'étais, je vis pour la première fois le drapeau de la République du Vietnam flotter dans le ciel américain. On jouait l'hymne national, et après le salut au drapeau américain, le drapeau jaune à trois bandes rouges se hissa lentement. Tout le monde se leva en même temps et commença à entamer l'hymne national. Certains se mirent au garde-à-vous, levant la main en salut militaire, même si à ce moment ils s'habillaient en civil.

C'étaient les soldats de l'ARVN (Armée de la République du Vietnam) qui avaient dû quitter leurs camarades. L'hymne national a soudainement retenti un matin sur la colline d'un pays étranger où l'apparition presque miraculeuse du drapeau national vietnamien, tout comme dans un rêve, rendit de nombreuses personnes incapables de retenir leurs larmes. J'étais une de ces personnes là.

À la fin du salut au drapeau, on m'a demandé de monter sur une estrade de fortune en bois pour prononcer quelques mots. Je me rappelle avoir dit : "Bienvenue à mes compatriotes et merci, Amérique. Merci aux Américains de nous avoir accueillis à bras et à cœur ouverts dans cette partie du monde pour l'accepter comme notre nouvelle patrie"

Parmi les invités présents à la cérémonie d'ouverture de Hope Village, il y avait le général Chức, le lieutenant-colonel Đỗ Ngọc Yến. Je reconnus aussi les vieilles connaissances telles que le dentiste Nguyễn Bá Khuê, la journaliste Đỗ Ngọc Yến, l'écrivain Trùng Dương. Les journées passées au camp des réfugiés de Hope Village, à se reconnaître, à se rencontrer dans la joie et la tristesse, à se tenir la main dans une situation dérisoire, avec l'incertitude du lendemain, étaient pour moi des souvenirs inoubliables.

Après l'inauguration, je restais au camp avec Tippi, travaillant tous les jours pour fournir des repas aux réfugiés, nettoyer la cuisine, distribuer des couvertures et des vêtements, travailler comme interprète et aider à remplir des papiers pour les réfugiés qui ne parlaient pas anglais, etc. J'étais sollicitée de tous côtés par des appels à l'aide et j'avais passé des journées extrêmement chargées, mais je considérais toujours ces premiers jours comme très marquants du début de mon existence de réfugiée.

Quand nous quittions Hope Village, Tippi m'emmena chez elle pour un séjour temporaire. Chaque jour, elle me conduisait vers des agences d'immigration pour remplir les formalités de son parrainage, me permettant de rester aux États-Unis.

À cette époque, la fille de Tippi, Mélanie Griffith (l'actrice dans le film *Working Girl* qui a été nommée aux Oscars) venait d'emménager avec son petit ami, l'acteur Don Johnson. Alors sa chambre chez Tippi était mise à ma disposition. Je vivais là avec Tippi et portait ses vêtements. C'était aussi Tippi avec l'aide de l'acteur William Holden, qui s'était occupée de mon admission à la SAG (Screen Actor Guild), et m'avait conduite aux activités du festival pour me familiariser progressivement avec le travail à Hollywood. À partir de là, l'un de mes premiers emplois à Hollywood était de jouer un rôle dans l'émission télévisée M.A.S.H., avec l'acteur Alan Alda.

Quant à Bill Holden, une fois de retour, apprenant mon arrivée aux États-Unis, il m'envoya une grosse boîte contenant plus d'une centaine de roses, avec les mots "Bienvenue en Amérique. Que ce pays soit votre demeure".

Je me souviens des premiers jours où Tippi m'emmenait chercher une maison, et me loua une "nouvelle maison" pour me préparer à accueillir mon mari et mes enfants (également parrainés par Tippi) en Amérique. C'était un appartement vide et non meublé sis à North Hollywood. Après avoir loué l'appartement, elle n'avait pas oublié de mettre 25 dollars dans ma poche en me promettant de revenir.

Après le départ de Tippi, j'étais seule dans la maison vide, et il m'est soudain apparu clairement que j'étais impuissante et, tellement perdue. Je ne sais pas quoi faire dans ce silence froid et étouffant. J'avais bien compris que, finalement, je serais réunie avec mon mari et mes enfants. Mais en ce moment, je me sens esseulée, vide et nostalgique ! Je n'oublierai jamais que j'avais tourné en rond, que j'avais envie de pleurer ! Je continuais à errer dans la solitude d'une maison vide.

Pour sortir de cette solitude, de ce profond silence, j'ai décidé de sortir et verrouiller la porte. Où aller ? Je ne savais pas. Mais il était impératif que je sortisse tout de suite de cet appartement désert !

Comme une folle ou comme quelqu'un en mal d'amour, je faisais les cent pas sur un côté de la chambre. Enfin je sortis de l'appartement. Je marchais au milieu d'une rue vaste et inconnue. Je marchais à côté d'une voiture qui passait, sous le soleil de l'après-midi, parmi les arbres, dans le vent et la solitude. Une froideur émergea de mon for intérieur, j'ai envie de crier, j'ai envie de demander où sont mes proches ? Mon père, mon frère ?

Où sont mon mari et mes enfants ? Pourquoi tout le monde est si silencieux en même temps?

Je continuais à marcher comme ça, oublieuse du moment où les lampadaires s'allumèrent, consciente seulement du fait que mes jambes commencèrent à céder et mon estomac, à crier faim. La lassitude m'aidait à retenir une vérité cruelle et décisive : "N'oublie pas ! N'oublie pas, ce n'est que le début de la vie d'une artiste en exil !".

Affamée, passant devant les restaurants de haute gamme, avec des convives assis à l'intérieur, des tables recouvertes d'une nappe blanche, je me rendis compte que je n'appartiendrais plus à cette opulence-là. Toute la gloire dorée du bon vieux temps avait tout d'un coup disparu.

En ce moment, d'une façon très pratique, avec les 25 dollars de Tippi, même si je le voulais, je ne pourrais pas entrer dans les restaurants chics rencontrés au long des rues ! Je continuais à marcher jusqu'à ce que je voie un restaurant McDonald's affichant sur un panneau juste à l'entrée, la photo d'un hamburger McDonald's avec des frites...et le prix était à peine supérieur à 2 dollars. Je poussai la porte d'entrée. Le restaurant était bondé et bruyant. Je fis la queue derrière deux jeunes gens blottis l'un contre l'autre qui parlaient très vite. Ils s'embrassaient, et se comportaient comme 'il n'y avait personne d'autre dans la salle. Quand ils ont fini avec leur achat, c'était mon tour de commander.

Portant un hamburger et un verre de coca sur un plateau, je trouvai une petite table dans un coin du restaurant.

Depuis le jour où j'étais venue en Amérique, c'était la première fois que je mangeais toute seule. C'était aussi la première fois que je mangeais chez McDonald's ! Assise dans le restaurant, écoutant la musique de cow-boy mélangée à toutes sortes de bruits et de voix inconnus, j'ai clairement senti que j'étais poussé hors de cet espace. Je suis comme un étranger venu d'un autre monde.

Après avoir mangé la moitié du hamburger, l'envie me prit de manger un bol de phở. L'image du restaurant Phở Tàu Bay (Phở Avion) sur la rue Lý Thái Tổ m'est soudainement apparue, comme si elle attendait depuis longtemps qu'on se souvienne d'elle. Je me souviens des matins de dimanche, en compagnie de Tế et des enfants au Phở Tàu Bay. Les chers visages que nous voyions souvent pendant ces matins de week-end lorsque nous allions manger du phở, me manquent. C'était anh Đức, anh Chương, chị Tuyết.. Je me souviens avoir humé du phở, dans ce restaurant. Je me souviens aussi des sons familiers, des voix qui réclament d'avantage d'oignon mariné dans du vinaigre, ou qui se plaignent du manque de piment frais. etc. D'habitude, après s'être régalé du phở, on se traîna dans la ruelle d'à côté pour prendre un café. En fait, l'établissement n'était pas un vrai café, juste un grand tronc d'arbre, autour duquel le propriétaire tendait une bâche servant d'abri contre le soleil et la pluie. Tout était simple ; de la cuisine avec une marmite d'eau bouillante aux minuscules tables et escabeaux en bois ou en aluminium. Les clients devaient trouver leurs propres tables et leurs propres escabeaux eux-mêmes s'ils ne veulent pas être "oubliés". Les cafés me manquent, délicieux ! Je les trouve plus délicieux encore, quand ils sont dégustés ensemble avec la famille et les amis. Au milieu de la musique bruyante des cowboys au McDonald's, j'ai soudainement envie d'entendre "Tình Ca", une ballade d'amour, de Phạm Duy, interprétée par Thái Thanh :

J'aime la langue de mon pays depuis que je suis née. Ô être bien
aimée !
Douce berceuse que ma mère me chantait, berceuse de toujours.
La langue de mon pays ! Quatre mille ans de joie et de peine
Pleurs et rires au gré du destin de notre histoire, Ô mon pays !
La langue de mon pays ! Voix maternelle entendue depuis le
berceau
Enjambant des millénaires pour incarner la voix de mon Cœur, Ô
ma patrie....

Outre l'effort d'empêcher mes larmes de couler, je me suis dit
"Ô cher pays" le premier soir, perdue au milieu d'un McDonald's,
en pays étranger !

Une fois rentrée "chez moi", je remarquai dans la chambre la
présence d'un "lit" de camp avec un matelas dessus (c'était une
sorte de matelas gonflable utilisé pour le bronzage au bord des
piscines). Le matelas était recouvert d'un drap de lin blanc
surmonté d'un oreiller. Mais le plus touchant était la tendre note
que Tippi laissa sur mon oreiller, me souhaitant "un bon sommeil
et des beaux rêves".

Très tôt le lendemain, alors que je dormais encore, j'entendis
quelqu'un frapper à la porte. Le premier groupe à me rendre
visite était composé de femmes, dont la mère de Tippi et de ses
vielles amies, qui apportèrent des meubles, des casseroles et des
assiettes. Je passais toute la journée à recevoir des invités. Après
les vieilles dames, le Dr. Larry Ward arrivait avec un gros camion
chargé cérémonieusement d'un réfrigérateur, d'une table à
manger, d'un lit et d'une vieille chaise longue. En l'espace d'un
matin, mon appartement jusque-là vide, s'équipât soudainement
de toutes les commodités nécessaires pour une petite famille.
Dans l'après-midi, on frappa de nouveau à la porte, et quand
j'ouvris la porte, Tippi était debout devant moi. Je l'invitai à
entrer. Elle regarda autour d'elle et disait : "Chinh, disons que
tout le monde est prêt pour le jour des retrouvailles de la famille".

En toute gratitude, sans dire un mot, je serrai l'épaule de Tippi qui s'était retournée pour me serrer dans ses bras. Elle me rassura que tout irait bien, comme Dieu l'avait prévu.

Peu de temps après, conformément aux souhaits de Tippi, Tế et trois enfants se rendirent aux États-Unis pour une réunion de famille et commencer une nouvelle vie ensemble. Je dois dire que depuis mon marriage, c'était la première fois que mari, femme et enfants pouvaient vivre ensemble en vraie famille sous un même toit.

Au fil des années, Tippi et moi avons toujours gardé une relation proche et fraternelle Nous sommes là, l'une pour l'autre.

J'ai consacré un chapitre à Tippi, ma patronne, dans la Cinquième partie de ce livre.

Recommencer ma carrière au cinéma

Enfin, avec l'aide active de Tippi et de William Holden, j'eus le privilège de joindre à titre spécial, la Screen Actor Guild (SAG), le Syndicat des acteurs de cinéma, et j'avais également été présentée à l'agence la plus prestigieuse d'Hollywood, William Morris Agency. Mais cela ne veut pas dire que je rejoignis automatiquement le monde du cinéma pour devenir une actrice de Hollywood. Une fois entré dans la réalité, on aperçoit combien de barrières, de difficultés et de limites s'érigent contre les acteurs américains d'origine asiatique aux États-Unis.

En me contactant pour la première fois, mon agent me suggéra de choisir un nom américain, facile à retenir pour les communications à venir. Mais je refusai. Avant comme après, je veux toujours que mon nom soit Kiều Chinh et Kiều Chinh seulement, pas plus, ni moins. Peu importe les circonstances.

Je me souviens encore de mes premiers jours d'artiste réfugiée aux États-Unis. Dans un interview avec une chaîne de télévision à Los Angeles, je disais que ma plus importante préoccupation en ce moment c'était de trouver du travail. J'avais besoin d'un "gagne-pain", car j'étais entrée aux Etats-Unis sous le parrainage individuel d'un particulier, non pas en tant que réfugiée, n'ayant droit à aucune aide sociale du gouvernement. Parmi l'audience de l'interview, il y avait un prêtre, Mgr. John P. Languille, le directeur de l'United States Catholic Relief Administration, ou USCC, m'avait remarquée. A cette époque, l'USCC organisait un programme d'aide aux réfugiés. Comme je parle anglais, et cherchais du travail, Il voulait m'offrir un emploi dans ce programme. Par le biais de la chaîne de télévision il me contacta. Cependant, quand je disais que j'avais besoin d'un travail, je voulais dire un travail au cinéma. Accepter un emploi quotidien fixe de huit heures par jour serait pour moi un choix très difficile, car je n'aurais pas le temps pour auditionner aux fins de décrocher un rôle dans un film. Et si le rôle m'est échu, comment trouver le temps pour le jouer ? Finalement, j'étais allée voir le prêtre, le directeur de l'agence USCC, pour le remercier et accepter le travail, en lui demandant néanmoins la "faveur" d'un congé chaque fois que j'ai une audition ou dois jouer dans un film. Le prêtre-directeur acquiesça volontiers à ma requête. Il m'avait même souhaité un retour rapide au cinéma.

J'étais allée travailler à l'USCC sise à la 9è rue à Los Angeles. Ici je rencontrais Joe Marcel et Nam Lộc. Le travail quotidien consistait à accueillir et aider les nouveaux arrivants à s'installer. Plus tard, Tế était également venu ici pour travailler, puis tour à tour, d'autres connaissances comme Lê Quỳnh, Lê Xuân Định, Ngô Văn Quy et le docteur Hoàng Văn Đức arrivèrent . Les réfugiés se firent de plus en plus nombreux et le personnel lui, aussi. Nous travaillions ensemble dans différentes sections de l'agence. Au début, je travaillais avec Sœur Susan, assistant les nouveaux arrivants. Plus tard j'étais transférée dans la section dirigée par Sœur Cahill, et devins une contractuelle à plein temps. A l'époque je travaillais dans le programme des réfugiés et de l'immigration en Indochine. J'avais dû souvent aller à des réunions à Sacramento avec le Dr Nguyễn Văn Hành, qui travaillait au bureau du gouverneur de Californie. Ensuite, je me rendais souvent à des réunions à Washington, D.C. en tant que membre de l'U.S. Immigration Advisory Board (Conseil Consultatif américain sur l'immigration).

Retour sur l'histoire de ma première entrée dans le monde hollywoodien. Ayant passé par la partie professionnelle, je connaissais bien ce qu'est une audition. Toutefois, pendant les 18 ans de tournage au Vietnam et en Asie du Sud-Est, je n'en avais jamais eu à passer une seule ! Mais maintenant dès qu'il y avait un rôle spécifiant un acteur asiatique, des dizaines d'acteurs de toutes nationalités ; depuis la Chine, le Japon, la Corée du Sud, les Philippines, en passant par l'Inde, la Malaisie et la Thaïlande se pressèrent pour une audition. Mon agence m'avait également envoyée à l'une d'elles. Par rapport à celui des acteurs asiatiques nés aux Etats-Unis, que j'ai souvent rencontrés lors de ces auditions, mon anglais n'était sûrement pas un point fort. La concurrence n'était donc pas facile.

En septembre 1975, après trois mois de séjour en Amérique, je décrochai mon premier rôle: vendeuse dans un bureau de tabac de Chinatown, pour dire tout juste deux mots dans l'émission télévisée Joe Forrester.

La consigne: me présenter à 10h30 sur le plateau numéro 21 à Burbank,. Pour éviter les retards, je décidai de prendre un bus afin d'arriver une heure plus tôt et attendre. Mais à 11h30, le studio resta toujours fermé, et j'attendais toujours. Environ 15 minutes plus tard, une camionnette arriva. De l'intérieur de la cabine le chauffeur sortit la tête et demanda :

"Hé, c'est vous Kieu Chinh ?"

"Oui." dis-je

Il salua:

"Montez. Je vais vous conduire à l'endroit".

Il s'avéra qu'il ne s'agissait pas de filmer sur le Plateau 21, mais "sur place". Je montai à l'arrière du véhicule. C'était une camionnette transportant des costumes, qui était venue me chercher. Elle se dirigeait directement vers Chinatown, où ils vont tourner une scène en extérieur. Un pâté de rues était bloqué. Des foules de badauds se rassemblèrent. Le réalisateur adjoint dirigeait le personnel de plateau avec un haut-parleur portatif. Les acteurs principaux eux aussi, attendaient dans un secteur cordonné, assis sur les chaises marquées avec leurs noms respectifs sur le dossier. Le chauffeur m'emmena à la section des costumes afin de changer de vêtements pour le tournage. Ensuite, ils m'avaient dit d'attendre à l'extérieur du cordon jusqu' à ce que mon nom soit appelé. A peu près une heure plus tard, à l'heure du déjeuner, j'ai vu des gens faire la queue devant un Food truck (camionnette de traiteur), avec des menus affichés sur une pancarte. Un arôme délicieux flottait dans l'air, j'avais faim et faisais aussi la queue pour attendre mon tour. Du coup, un assistant réalisateur "de troisième classe", qui s'occupait des bagatelles, s'approcha de moi pour me dire tranquillement qu'il s'agissait d'un Food truck à plats chauds, exclusivement réservés pour acteurs et professionnels. Il leva la main, pointa vers une longue table à gauche, sur laquelle se trouvait une pile de boîtes en polystyrène blanc, et me dit d'y aller chercher ma ration. C'étaient des plats froids, prêts à manger, destinés aux figurants.

Ce n'était qu'à 16 heures qu'une belle blonde s'approcha pour me dire de la suivre vers le plateau de tournage au bout de la rue. D'un ton amical, elle me demanda :

« Avez-vous mémorisé le dialogue ? »

"Si." Je répondis.

« Ne soyez pas nerveuse à propos de quoi que ce soit. Chaque fois que vous entendez le réalisateur crier "Action !", commencez simplement à parler naturellement. Le plus important est de ne pas regarder dans l'objectif.

Mon rôle n'a duré que quelques minutes devant la caméra, disant juste deux petits mots "Oui, monsieur" lorsque l'acteur principal entre au magasin pour acheter un paquet de cigarettes en disant : "Donnez-moi un Pall Mall".

Pourtant, lorsque j'entendis l'exclamation " Action!" et l'acteur en face de moi demander son parquet de cigarettes, pour une raison quelconque, mes yeux continuèrent à s'écarquiller et je restai bouche bée.

"Couper ! Deuxième prise !" J'ai entendu le directeur crier.

Le directeur adjoint était venu vers moi et me dit de dire la réponse juste après la question et d'affecter une expression heureuse au visage parce qu'un client est entré dans le magasin.

Je me souviens qu'après avoir filmé cette scène, nous étions retournés à l'endroit où les acteurs prenaient une pause. L'acteur principal, Lloyd Bridges, s'était rapidement dirigé vers moi, me prit par le bras en murmurant doucement : "Je sais qui tu es." Je le regardai puis me détournai... les larmes me montèrent aux yeux.

Ce soir-là une fois rentrée chez moi, une "boule encore dans la gorge", je racontai l'histoire à tout le monde dans la maison. Mes enfants prirent pitié de leur mère et s'exclamèrent :

"Maman, tu dois oublier que tu es une actrice, quittes ta carrière au cinéma."

Oublier ou se souvenir ? Quitter ou persister ? Ces questions ne cessaient de tournoyer dans ma tête toute la nuit. Je me tournais retournais dans mon lit.

Je sais que ma gorge serait serrée encore et encore, mais je sais aussi que je n'oublierai pas ! Pas disposée... à abandonner !

Dans les jours qui suivirent, je continuais à auditionner et à interpréter de nombreux rôles dans des émissions de télévision différentes, telles que Police Woman avec Angie Dickinson, Lucifer Complex avec Robert Vaughn, Switch avec Robert Wagner, Cover Girl avec Jane Kennedy, etc.. Aucun de ces rôles n'était vraiment un rôle d'acteur, juste de brefs rôles de soutien dont la rémunération n'était pas substantielle.

Pendant ce temps-là, les nouvelles de chez nous arrivèrent tristes et sombres! Mon propre père est malade dans le Nord. Le beau-père vit dans la pauvreté dans le Sud. Ma bourse, je dois la serrer beaucoup pour subvenir à leurs besoins, juste en partie, juste un peu, un tout petit peu....

Au milieu de 1977, je reçus des nouvelles d'un coup de foudre, un télégramme de Hanoï, m'informant que mon père est décédé en raison de mauvaise santé. Cette mauvaise nouvelle avait aussitôt enseveli mon rêve de plusieurs années : De retourner un jour chez mon père. Eh bien voilà tout est fini! Si triste! Père! Père!

Mon plus grand regret est de me retrouver impuissante, incapable de gagner plus d'argent pour acheter des médica ments pouvant soutenir mon père quand il est vieux et faible. Et je n'étais pas là avec mon père quand il ferma les yeux et mourut. Maintenant, peu importe ce que je dis ou fais, il est trop tard!

Un soir de l'automne 1977 à Hollywood, Tippi Hedren m'a appelé et m'a demandé de la joindre à la grande réception d'Universal Studios pour le week-end à l'occasion de la sortie de Jaws, un film à succès. Acquiesçant à ses souhaits, pensant que l'amitié ne pouvait pas être plus précieuse, j'ai accepté.

La somptueuse réception avait eu lieu dans un hôtel de luxe à Beverly Hills. Un grand nombre de réalisateurs célèbres, d'acteurs, de producteurs et de members de la presse étaient présents. Je ne me souviens pas qui j'ai rencontré, mais peu de temps après, mon agent m'appela pour me demander si je connaissais l'émission M.A.S.H. Il veux m'inviter à passer une audition. J'ai été surprise, et mon agent aussi, car pour les acteurs qui ne sont pas connus à Hollywood comme moi, c'est seulement l'agent qui doit travailler dur pour trouver un rôle pour l'acteur qu'il représente, mais pas l'inverse! Alors, il dit que je dois lui dire tout de suite comment il s'est passé des mon retour de l'audition. C'est ce que je faisais. L'agent me demanda :

"Qui avez -vous rencontré là-bas?"

"J'ai rencontré deux personnes, Burt Metcaff et Alan Alda."

L'agent fut surpris et ravi:

"C'était Alan Alda? Savez-vous qui est Alan Alda?"

"Non, Qui est-il?"

"Oh mon Dieu! Tu ne regardes jamais la télé?"

L'agent ne savait pas que j'étais encore pauvre à ce moment-là. L'argent envoyé à la maison pour aider mon père avec les médicaments ne suffit pas comme je le souhaite, à plus forte raison de l'argent pour acheter un poste de télévision? "Vous n'avez vraiment aucune idée qui est Alan Alda ou Burt Metcaff?" L'agent me demanda à nouveau:

"Alors, pourquoi vous ont-ils interrogé? Avez-vous essayé de jouer? Y a-t-il beaucoup de gens qui viennent auditionner avec vous?"

"Personne ne m'a posé de questions sur l'expérience d'acteur. On dirait qu'ils le savent déjà. Ils posent juste des questions banales, telles que comment est la situation au Vietnam? Qu'est ce que je fais maintenant? La vie est-elle stable? C'est à peu près tout. Je n'ai pas eu à faire un bout de film. Personne non plus n'est venu auditionner avec moi. Finalement, quand j'étais sur le point de partir, ils me donnèrent le scénario du film et m'ont dit de le lire une fois rentrée chez moi. Si ca me plait, le rôle principal féminin m'appartient."

"Bravo ! dit l'agent, pour avoir décroché vous-même un rôle principal du premier coup. Eh bien, laissez-moi m'occuper du contrat pour vous."

Il s'est avéré que juste à la réception d'Universal, il y avait une personne qui m'a vue et a tranquillement cherché à apprendre tous les détails nécessaires sur moi. Cette personne était le producteur de films Burt Metcaff, producteur exécutif de la célèbre série télévisée M.A.S.H., lorsqu'il me vit debout, seule, au loin, perdue au milieu d'une glorieuse fête hollywoodienne remplie d'hommes et de femmes, qui sont les stars de cinéma les plus connus du monde. M.A.S.H. était sitcom (une comédie de situation) pour le petit écran le plus célèbre de l'époque, sur les soldats américains combattant pendant la guerre de Corée. Ce sitcom était populaire auprès du public. Les cinéastes estimèrent qu'il était temps d'ajouter au spectacle une histoire d'amour légère entre Alan Alda, dans le rôle de Hawkeye, et une beauté locale.

Le scénario du film était en train de s'élaborer quand le destin m'amena au milieu de la réception... Le manuscrit était donc terminé pour le personnage principal de la série joué par Alan Alda, qui éprouvait un amour tendre pour une beauté coréenne.

C'étaient les plus beaux jours de ma carrière, depuis mon arrivée en Amérique. Sur le plateau, juste à côté de la chaise d'Alan Alda, il y en avait une autre marquée "Kieu Chinh".

Le rôle féminin principal dans le film : Une Coréenne issue d'une famille noble, riche, mais qui a tout perdu pendant la guerre. Elle n'avait plus qu'une vieille mère malade, qui avait besoin de soins médicaux. Mais dans cette tourmente, où trouver des médicaments ?

Elle a dû se rendre au poste médical militaire d'une unité américaine stationnée à proximité, pour demander des médicaments. Alda en tant que médecin militaire, offrait son aide par conscience professionnelle, mais petit à petit, ils se rapprochèrent l'une de l'autre, puis tombèrent amoureux. Mais à la fin, la mère fut décédée. Tiraillée entre la décision de rester avec son amant et celle de retourner dans son village natal, elle décida finalement d'essuyer ses larmes et rompre avec son amant...

Dans une interview dans la presse, et lors d'une interview sur le show de Johnny Carson, Alan Alda, disait à mon propos : "Elle a tellement de talent, il doit y avoir une place pour elle quelque part à Hollywood, ." (Cette remarque fut également rapportée dans un numéro du TV Guide de l'époque.)

Après de nombreuses séries de films où je n'avais pu jouer que de petits rôles de soutien, en mars 1981, on me proposa un meilleur rôle, une belle femme chinoise, rivale et amoureuse de Lee Remick, dans le film intitulé The Letter, adapté d'une pièce de théâtre de Somerset Maugham, sur une triangulation amoureuse, tragique et injuste. Beaucoup de personnes, dont le producteur George Eckstein, et moi-même au début ne comprenions pas pourquoi le réalisateur John Erman m'avait choisie pour jouer le rôle de cette femme chinoise. Je n'avais pas besoin non plus d'auditionner avant d'accepter ce rôle.

Le réalisateur John Erman expliqua que depuis 1977 quand il travaillait sur le film Green Eyes, il avait toujours l'intention de m'inviter à jouer le rôle d'une jeune femme vietnamienne aux côtés de l'acteur Paul Winfield dans une histoire d'amour entre un soldat américain qui combattait au Vietnam, et une jeune femme vietnamienne. Cependant vers la fin de la guerre, le soldat rentra chez lui, laissant cette femme derrière dans son pays natal avec un enfant amérasien, aux yeux bleus semblables à ceux de son père. Le film serait tourné aux Philippines car il y aurait des scènes de village comme la campagne du Vietnam. Ce rôle était plus tard confié à une actrice philippine. John Erman dit qu'il regrettait de m'avoir promis ce rôle : "A l'avenir, nous travaillerons certainement ensemble, dès que l'occasion se présentera."

Alors, lors du tournage de La Lettre, John Erman avait insisté pour me donner le rôle d'une femme chinoise, même si je ne parle pas chinois. C'est l'estime particulière que ce réalisateur avait pour moi, car les actrices chinoises à Hollywood ne manquaient pas.

Après Les Enfants d'An Lac et La Lettre, je continuais à être invitée à jouer des rôles divers dans les émissions de télévision américaines les plus populaires, telles que Lou Grant, Matt Houston, Santa Barbara, Cagney et Lacey, Hotel, Dynasty, etc...

Au début de 1986, j'étais retournée aux Philippines comme consultant professionnel pour un long métrage sur la guerre du Vietnam. Le film Hamburger Hill (La colline aux hamburgers) était réalisé par John Irvin. Dans ce film, j'apparaissais très peu devant, mais bien souvent derrière la caméra, en tant que conseillère technique. Je donnais des suggestions visant à assurer l'authenticité des rôles quant au choix des personnes locales jouant le rôle d' acteurs de soutien, à leur costume, depuis les robes longues aux chapeaux coniques en passant par les sabots. J'avais également proposé de mettre en scène un marché de campagne, une route de village, une tranchée, etc., et des dialogues en vietnamien. Le film dépeigna les batailles acharnées entre l'armée américaine et plusieurs divisions d'élite de communistes nord-vietnamiens, pour capturer une colline stratégique sur les hauts plateaux du centre Vietnam, à proximité de la frontière laotienne. A un moment pendant la nuit les communistes utilisèrent la tactique des vagues humaines, pour inonder la colline et détruire presque toutes les unités militaires américaines qui y étaient stationnées. Mais le lendemain matin, escadrille sur escadrille les avions à réaction américains se précipitèrent sur les unités communistes, avec une harcelante pluie de bombes, permettant à l'infanterie américaine de contre-attaquer et de reprendre la colline. Les deux parties continuèrent à reconquérir chaque pouce de terrain sur cette colline À plusieurs reprises, et après chaque assaut, les corps tombaient comme du chaume. Les cadavres furent déchiquetés par une autre vague de bombes, qui les coupèrent en lambeaux de chair, d'où le nom très effrayant de Hamburger Hill (La colline à la viande hachée)

À la fin, les forces américaines ont vaincu l'ennemi et ont complètement repris le contrôle de la colline. Mais après le retrait de l'ennemi, les Américains n'ont vu aucune raison de rester là-haut. La colline où les deux côtés perdirent d'innombrables vies, se battant pour chaque pouce de terre, n'est plus qu'une forêt d'arbres noircis, une colline aride qui sentait l'odeur de la mort. Enfin les troupes américaines furent parties ! Le film parlait de toutes les extrêmes absurdités de la guerre !

En 1989, avec le film Welcome Home, j'étais choisie pour jouer le rôle d'une femme cambodgienne, épouse d'un soldat américain, joué par L'acteur Kris Kristofferson. Cette fois, j'avais la chance de travailler avec le célèbre réalisateur Franklin Shaffner. Il a remporté deux fois l'Oscar pour meilleur réalisateur, a été réalisateur de grands films comme Patton, Papillon... Il était également reconnu pour son talent à encourager les acteurs, à les inspirer dans leurs rôles. Travailler avec lui était pour moi un vrai plaisir.

Avec le recul du temps maintenant, avec tant de souvenirs heureux et tristes, du fond de mon cœur je veux dire "Merci" aux réalisateurs ainsi qu'aux acteurs, experts, collègues... avec qui j'avais l'opportunité de travailler. Je suis fière et heureuse d'être restée au cinéma pendant plus de 60 ans - six décennies - un long voyage du Vietnam à Hollywood.

Merci.

Regard sur les années qui passent

Après de longues années de mariage, passées à m'occuper de mes beaux-parents et à vivre avec eux sous le même toit, jusqu'en 1975 à Saigon, j'avais enfin une famille à moi, sans cohabitation avec les grands-parents lorsque je dus quitter mon pays,. Pour la première fois, après de nombreuses années, mari et femme se sont retrouvés côte à côte pour partager les tâches difficiles et à construire une nouvelle vie. Bien que les enfants fussent encore jeunes, ils travaillèrent à temps partiel en dehors des heures de classe, pour aider leurs parents. Mỹ Vân travaillait comme assistante dans une pharmacie, Hoàng Hùng, comme emballeur au marché Alpha Beta, même le plus jeune enfant Cường, bien qu'âgé seulement de 14 ans, montra un jour à sa mère le premier chèque qu'il avait reçu pour livrer des journaux en dehors des heures de cours.

Pour moi, cette harmonie était une récompense spirituelle qui ne pouvait être plus significative. Malgré la vie dans la pauvreté, aux prises avec des difficultés financières, j'étais heureuse d'avoir une vie comblée car nous sommes tous ensemble. Tế et moi, nous travaillons ensemble à Catholic Charities, à Los Angeles, pour aider les réfugiés.

Dans les premières années, avec le Dr. Hoàng Văn Đức, le professeur Trần Văn Mai, M. Nguyễn Văn Hành, M. Phạm Trắc, nous avons créé l'Association communautaire vietnamienne en Californie. (C'était la première association de réfugiés vietnamiens). On m'a confié le poste de présidente de l'association.

Pour la première fois l'association coopérait avec le musicien Phạm Duy, le poète Cao Tieu pour organiser le Los Angeles Community Tet Festival. Ensuite, notre groupe d'artistes créa l'Association des Artistes d'Outre-Mer avec un grand nombre de membres tels que Hoàng Thị Thơ, Lê Quỳnh, Joe Marcel, Nam Lộc. La première émission de télévision vietnamienne aux États-Unis fut lancée.

J'avais moi-même également créé la "Vietnam House" comme lieu de rencontre, organisant le Festival de la mi-automne pour les enfants, des défilés de mode pour enfants portant la belle tunique Ao Dai. C'est aussi un centre pour aider les nouveaux étudiants réfugiés et étudiants en Amérique. "Vietnam House" participait également à l'organisation de manifestations de lutte pour les boat people, l'accueil d'enfants amérasiens à l'aéroport de Los Angeles, et bien d'autres activités communautaires.

En général la première préoccupation des réfugiés c'était de trouver du travail.   J'essayais toujours de consacrer du temps pour des activités communautaires, car à travers ces activités, je sens que je reste toujours une Vietnamienne, toujours comme inséparable de mon origine.

Atelier de cinéma à l'UCLA

Je me rappelle bien de la conférence sur le cinéma à l'UCLA (University of California Los Angeles). C'était une grande conférence sur le thème des films ayant trait au Vietnam.

Sur la table d'honneur, les conférenciers étaient répartis en trois tendances : à gauche, se trouvait la délégation vietnamienne ; composée de quatre personnes venant du Vietnam, dont Nguyễn Thụ, directeur du département cinématographique du Nord. Au centre se trouvait Kiều Chinh, seul représentant du cinéma sud-vietnamien avant 1975. Assis à sa droite se trouvaient quatre cinéastes de Hollywood - dont le réalisateur Oliver Stone. Ce sont des personnes qui ont fait des films sur Vietnam. La salle de conférence était bondée de monde. il n'y restait plus de place à l'intérieur même pour se tenir debout. Ceux qui pouvaient pas trouver de place à l'intérieur devaient donc se tenir donc se tenir à   l'extérieur, Des étudiants de l'UCLA, de nombreuses associations, des reporters de télévision et journalistes américains et vietnamiens étaient présents, dont le Los Angeles Times, le plus grand journal de Californie du Sud.

Puis ce fut le tour d'une chaîne de télévision vietnamienne de se faufiler dans la salle de réunion. Dès son entrée, l'annonceuse de cette chaîne m'a repérée, assise au milieu de la table d'honneur. Aussitôt elle était ressortie et devant une foule nombreuse d'étudiants vietnamiens et d'associations du comté d'Orange (presque tous venus en protestation contre la présence d'une délégation du Vietnam. Apparemment c'était la première fois qu'une délégation du Vietnam communiste faisait officiellement ses débuts.)

L'annonceuse cria: "Mesdames et messieurs, À la table d'honneur, Madame Kieu Chinh, vêtue d'une longue robe marron, les cheveux tirés en arrière, est assise avec la délégation communiste."

Puis la foule protesta bruyamment. La police est venue avec des chiens de chasse, encercler les lieux pour maintenir l'ordre. La réunion se déroulait normalement à l'intérieur, pendant que les chahuts continuaient à faire du tapage dehors.

Les personnes présentes dans la salle de réunion savent toutes se comporter selon les règles d'une importante conférence internationale. Les manifestants à l'extérieur qui ne pouvaient ni voir ni entendre la vérité, écoutaient seulement les cris émouvants de l'annonceuse, étaient passés tout de suite au jugement.

Après la réunion, nous étions accompagnés jusqu'à notre voiture par une sortie séparée, évitant ainsi le rassemblement de la foule qui huait à l'extérieur.

Le lendemain, un reportage du Los Angeles Times indiquait le nom de tous les conférenciers et leur place à la table de présidence. Ce reportage notait la déclaration de M. Nguyễn Thụ, directeur du département cinématographique du Nord, "Personne n'a pas pu prendre la place de Kiều Chinh au Vietnam, je ne pense pas que quiconque puisse le faire". Ensuite, Người Việt, le plus grand journal de la communauté vietnamienne d'outre-mer, publia en première page la déclaration en grosses lettres du Dr. Vô Tư Nhường - qui était présent dans la salle de réunion depuis le début - que "nous avons la chance d'avoir la présence de Kiều Chinh, la porte-parole du cinéma du Sud Vietnam avant 1975, sinon la conférence se déroulerait singulièrement entre le Vietnam actuel, communiste et les États-Unis.

Des communiqués de presse ainsi que les déclarations des participants qui se trouvaient à l'intérieur, avaient contribué à faire ressortir la vérité et à dissiper des malentendus chez certaines personnes, rendant inefficaces les propos criards et calomnieux de l'annonceuse de télévision.

En 1988, j'ai été invitée à faire partie du jury au Festival du film de Hawaï, qui comptait la présence des représentants de nombreux pays du monde, dont le Vietnam. C'était la première fois que je vis un film vietnamien réalisé dans le Nord, par Nhật Minh, intitulé Khi Nào Đến Tháng Mười (Quand viendra le mois d'octobre ?).

En tant que membre du jury, assise au premier rang, ayant à visionner beaucoup de films chaque jour, j'étais profondément émue lorsque l'écran s'alluma au retentissement de la langue vietnamienne. Cela faisait bien longtemps que j'ai un film où les acteurs parlent vietnamien.

Puis il y avait la scène du festival au temple du village, une scène de campagne, un enfant debout sur une digue faisant voler un cerf-volant ... jusqu'à la scène du père malade allongé sur le lit derrière un rideau suspendu... Je me souviens de mon père – les larmes me montaient aux yeux. Quand les lumières se rallumèrent. le réalisateur Đặng Nhật Mình, s'est levé pendant l'échange des questions-réponses, me regarda droit dans les yeux et me demanda:

"Que pensez-vous de ce film ? "

J'ai répondu :

"Merci. *Khi Nào Đến Tháng Mười* me rappelle le Vietnam, Hanoï me manque."

Et ce film reçevait un prix prestigieux au Festival du film de Hawaï.

Dans les années qui suivent, chaque fois que je retourne au Vietnam, Đặng Nhật Minh et moi nous nous retrouvons. Un soir, marchant ensemble autour du lac Hoàn Kiếm, Đặng Nhật Minh me confia :

"Je souhaite qu'à la fin de nos vies, nous puissions faire un film ensemble."

Je répondis :

"Oui, Kiều Chinh espère aussi faire un film vers la fin de sa vie à Hanoï, où elle est née et où se trouvent les tombes de ses parents."

Une histoire de famille

C'était à l'époque où Mỹ Vân, Hoàng Hùng et Tuấn Cường fréquentaient le North Hollywood High School. Tế et moi travaillions tous les deux à l'USCC. Parfois je prends un congé pour tourner un film. C'était le moment où la famille avait réussi à se rassembler et à devenir la plus heureuse. Après des décennies de vie commune avec la grande belle-famille c'est la première fois que nous pouvons vivre séparément, comme "un noyau familial" avec mari, femme et enfants seulement.

Grâce à l'accord et à la détermination de tous les membres de la famille, des plus grands aux plus petits, après des années de travail acharné et d'épargne, nous avons pu acheter une maison à quatre chambres nouvellement construites dans le secteur de Montebello. Bien que je sois toujours en exil, la vie me semblait plus douce et plus confortable de jour en jour. A cette époque Mỹ Vân venait d'obtenir son diplôme d'infirmière et a été demandée en mariage par son ancien petit ami de Saigon, l'ingénieur Đào Đức Sơn, le fils aîné du médecin et professeur Đào Đức Hoành.

Dans mon exaltation, chaque nuit je ne manquais pas de remercier Dieu de m'avoir donné une vie stable, une maison à moi, des enfants qui étudient bien et respectent leurs parents. Mais soudain, une nouvelle foudroyante survint de nulle part ; Tế a une petite amie ! .

Des signes révélateurs ne tardèrent pas à apparaître : horaires erratiques, absence aux repas du soir. Au bureau, tout le monde en était au courant. Des amis proches se réunirent pour porter conseil à Tế dans l'espoir qu'il se raviserait... Ils étaient Messers Phạm Sanh, Lê Xuân Dinh et Lê Quỳnh. Cependant Tế assura à tout le monde : "Moi je ne quitte jamais Chinh, mais ne peux pas non plus quitter l'autre personne".

Les amis s'étaient tus, et quand je reçus cette affirmation de Tế, je savais ce que je devais faire. Je sais que je ne pourrai plus continuer à être "patiente" comme avant. Ma situation est différente maintenant. Les parents du mari ne sont plus là. Ma promesse à mon propre père "de vivre pour qu'il ne soit pas indigne de M et Mme Độ ", après plusieurs décennies passées à servir docilement mes beaux-parents, j'avais l'impression de n'avoir jamais désobéi aux instructions de mon père. De plus, par le passé, mes enfants étaient trop jeunes, ne comprenant pas la profondeur du sujet, et surtout, je ne voulais pas qu'ils grandiraient dans une famille sans père. Mais maintenant, qu'ils sont adultes, j'ai décidé d'avoir une réunion privée avec eux pour arriver a une décision commune. Un soir, Hùng et moi étions allés chez Hiếu, le frère cadet de Tế et sa femme Kiều pour tout présenter. J'en ai également parlé avec le Dr Nguyễn Gia Quỳnh et sa femme Phương Lan qui est ma cousine. Et la décision finale sur laquelle tous mes enfants tombèrent d'accord était de lâcher prise de quelque chose quand on ne peut plus le garder. En fait, cette décision m'avait non seulement libérée, mais ma famille aussi.

Pour toutes les procédures de divorce, je confie à l'avocat Dave Garen, un ami de Tế. Un dimanche après-midi, Dave vint à la maison pour parler à Tế, lui expliquant clairement les points de droit. Tế dit tout simplement : "Peu importe, donnez-moi les papiers, je signerai, désolé, je dois m'en aller maintenant."

À la date d'audience Tế n'apparaissait pas. J'étais allée seule au tribunal avec l'avocat Dave Garen. D'après le tribunal : selon la loi californienne, un mari devrait subvenir aux besoins de sa femme à raison de 300 Dollars par mois jusqu'à ce que la femme se remarie. Et 300 dollars pour de chaque enfant jusqu'à ce qu'ils aient 21 ans ou qu'ils cessent d'aller à l'école.

Dave m'avait dit d'accepter.

Je secouai la tête ! "Je ne veux pas accepter l'argent de Tế, il ne pourra pas vivre s'il doit subvenir aux besoins de sa femme et de ses enfants."

Puis je poursuivis " Devoir me séparer après 25 ans de mariage, était tellement douloureux pour moi, je n'aurais jamais imaginé que ça puisse arriver dans ma vie ! Mais allez-y, libérez-moi et laissez-moi vivre".

Je me souviens encore de l'atmosphère suffocante du procès ce jour-là. Le juge prit le marteau en bois, me regarda pendant un instant, avant de taper du marteau sur la table sèche et dit:

"Fait !"

Mes larmes coulèrent, Dave m'aida à me relever et me conduisit hors de la salle. Comme un cadavre sans vie, je suivais Dave dans les longs couloirs sombres du palais de justice de Los Angeles. Je sentis mon corps trembler comme une personne fiévreuse, les larmes continuaient à couler.

Alors "Fait !"

Je me sens toujours désolée pour Tế. Bien qu'officiellement divorcé, Tế restait toujours dans la même maison, tout simplement nous ne partageons plus la même chambre. Il peut faire ce qu'il veut, aller où il veut ! De nombreuses connaissances qui n'étaient pas au courant de notre nouvelle situation, nous envoyèrent des invitations aux mariages ou aux fêtes, toujours à l'attention de "M. et Mme Nguyễn Năng Tế ".

J'aime toujours Tế, le premier homme de ma vie, je ne sais pas comment Tế va-t-il vivre ? Qui va faire la cuisine pour lui ? Sans parler d'autres choses petites ou grandes, dont j'ai l'habitude de m'occuper pendant des décennies de vie commune, telles que remplacer un bouton cassé, repasser une chemise pour aller au bureau, ou cirer des chaussures. Mais au bout d'un certain temps, je pense que si je ne décide pas à vendre la maison que mon mari et moi avons achetée pendant nos jours des plus difficiles mais heureux, notre situation intenable ne prendrait jamais fin.

Ayant vendu la maison pour 30,000 dollars, je divisais les recettes en trois tranches, dont l'une pour Tế, une autre pour moi et le reste pour les deux enfants. À cette époque, Hoàng Hùng qui avait obtenu son diplôme d'ingénieur, épousa la dentiste Nguyễn Bích Trang, fille du pharmacien Nguyễn Hùng Chất.

Une moitié de la tranche de monnaie réservée pour les deux enfants était destinée à défrayer les frais de réception du mariage de Hùng, l'autre moitié, à acheter une nouvelle voiture pour Cường, qui fréquentait la California State University à Northridge.

Quant à ma tranche, je l'ai utilisée pour acheter une petite maison à Studio City qui est proche des studios de Hollywood, mais éloignée de la communauté vietnamienne de l'Orange County. Seuls Cường et moi, fils et mère, allons demeurer dans cette maison. Pendant toutes ces années depuis que j'ai quitté mon père en 1954, j'ai toujours vécu dans une famille nombreuse. Maintenant une nouvelle période d'isolement involontaire va s'annoncer, se révélant trop silencieuse et insupportable pour moi. J'essayais néanmoins de garder un équilibre mental pour que Cường puisse toujours profiter d'une ambiance de famille normale. J'avais aussi économisé de l'argent pour lui acheter un piano qu'il aime beaucoup, car il était passionné de musique et avait étudié le piano dès l'âge de cinq ou six ans, avant d'entrer à l'École nationale de musique de Saigon pour étudier avec le musicien Nghiêm Phú Phi. Depuis qu'il quitta Saigon, sans piano à la maison, Cường s'était mis à jouer de la guitare. En plus de la musique, Il aime aussi jouer au tennis et devint l'un des meilleurs joueurs de tennis de l'école. Tous les dimanches afin de distraire les personnes âgées dans un hôpital, il y emmenait sa guitare pour accompagner ses chansons. Mère et fils réussirent à vivre donc paisiblement ensemble. J'essayai toujours de me dire : Essaie, essaie... de t'adapter à la nouvelle vie. Ma vie est comme un livre qui se tourne vers une nouvelle page, une autre page !

Malgré tout, j'ai aussi passé trois ans à "porter le deuil" de l'amour ! Quand son charme n'existait plus.

Tế a utilisé l'argent pour visiter Paris où il retrouva sa vieille amie, Brigitte Kwan, qui était aussi une amie à moi avant 1975. Après, Tế fit des démarches pour amener Brigitte en Amérique où ils s'étaient mariés.

On se considère toujours comme des amis, je ne veux pas, parce qu'on est séparé, que les enfants doivent "rester loin de papa". Par conséquent, j'invite toujours le couple Tế-Brigitte à venir à la maison chaque fois qu'il y a une fête, un anniversaire pour les enfants ou le Nouvel An... Jusqu'à ce jour, je commémore toujours l'anniversaire de la mort de mes parents et celle de mes beaux-parents. Sur l'autel des ancêtres chez moi il y a toujours les photos de mes parents, et celles de mes beaux-parents.

La petite demeure à Studio City

Le choix d'une petite maison à Studio City, au cœur des studios de production de films américains, était pour moi un choix qui signifiait définitivement choisir de passer le reste de ma vie avec le cinéma.

La maison est petite mais très belle. Bâtie sur un terrain élevé, parquet en bois, toit pointu, style ancien à l'anglaise, elle est située sur la paisible rue Farmdale, bordée de grands arbres sur toute sa longueur qui la couvrent de leur ombrage. C'est si calme que parfois, si on est attentif, on peut entendre la chute feutrée des feuilles, comme un doux soupir de regret pour un rendez-vous d'amour manqué.

Cependant, depuis que j'ai emménagé ici, j'ai ajouté un peu du Vietnam chez moi et je l'ai appelé "Mon royaume".

Dans la cour de devant, sous le saule pleureur, se trouvait un gros rocher. À côté de ce rocher s'érigeait un vieux pilier en bois sur lequel est gravée l'inscription "Mon royaume". Dans le jardin de derrière, je plante de nombreuses plantes ornementales vietnamiennes, comme le bambou, le prunier fleur de pêcher, le pamplemoussier, le bananier... Sous les combles, entre deux grands piliers en bois à l'extérieur de ma chambre pend un hamac qui se balance.

Dans cette petite maison il y avait trois chambres, deux salles de bains, une pour la mère, une pour le plus jeune fils, Tuấn Cường. Nous n'avons besoin que de deux chambres, la troisième, située à l'extérieur avec une fenêtre donnant sur la rue à côté du salon servait de bureau à domicile. La maison avait une salle de séjour, une cuisine donnant sur le jardin de derrière. Au salon à côté de la cheminée il y a un beau coin faisant office de "salle de musique". Là, Tuấn Cường jouait souvent du piano. À proximité il y avait un canapé près de la fenêtre basse. C'était la que je m'asseyais souvent pour écouter Tuấn Cường jouer du piano, ou pour regarder à travers la fenêtre les branches de saule se balancer au gré du vent quand j'étais seule.

Mère et fils vivaient des jours heureux ensemble. Cường fréquentait la California State University à Northridge près de chez nous. Amateur d"art, et de musique il joue aussi au tennis, Cường s'était inscrit dans une majeure en cinéma. Le week-end, mère et fils s'invitent souvent pour aller au cinéma, boire un café dans des cafés très artistiques comme le Café Moustache, le Café Le Figaro... dans la rue Melrose. Particulièrement le dimanche, Mỹ Vân et son époux, Hoàng Hùng et son épouse me rendaient souvent visite. Mỹ Vân donna naissance à mon premier petit-fils nommé Stephen Dao. Il est mon premier petit-enfant, un adorable bébé qui fait la joie de la famille.

Les familles se réunissaient souvent pour manger et boire ensemble, car rien ne pourrait être plus heureux et plus paisible.

Toujours dans cette maison de Studio City, pourtant un peu éloignée de la colonie vietnamienne, les "frères" et amis qui ne craignent pas les longs trajets en voiture, venaient très souvent nous rendre visite. Le plus fréquent, c'était M. Mai Thảo. Puis les rencontres des artistes exilés et autres eurent lieu au "Cõi tôi". Ils étaient l'écrivain Mai Thảo, les musiciens Hoài Bác Phạm Đình

Chương, Nghiêm Phú Phi, Lê Trọng Nguyên, le dramaturge Vũ Khắc Khoan,, le poète Nguyên Sa, le professeur Nghiêm Xuân Hồng M. Vụ Quảng Ninh, les médecins Trần Ngọc Ninh et Hoàng Văn Đức.

La génération un peu plus jeune comptait Lê Đình Điều, Đỗ Ngọc Yến, Nhã Ca, Trần Dạ Từ ... La petite maison de Studio City avait également accueilli les chanteurs Hoài Trung et Thái Thanh (lors de leur arrivée aux États-Unis). C'était ici aussi que le trio frères - soeur Hoài Trung, Hoài Bắc et Thái Thanh chantèrent pour la première fois à l'étranger, la chanson Tình Hoài Hương (Nostalgie de la terre natale) du musicien Phạm Duy.

Outre les noms mentionnés, il y en avait beaucoup d'autres. Comment puis-je oublier les souvenirs, les sentiments d'affection et d'éloignement entre eux et moi. Chaque fois que Mai Thảo venait, "frère et soeur" s'invitèrent à se promener jusqu'au restaurant West River Gauche près de chez moi, Mai Thảo disait souvent: Allons au "Tả Ngạn River Bank". A côté de la Rive Gauche il y avait aussi un bar à vins très... européen !

Le poteau en bois "Cõi Tôi" (Mon Royame) est affublé de nombreuses pancartes inscrites avec de nombreux noms, semblables à des panneaux de signalisation. Tous les visiteurs également aimaient à se tenir là et pour se faire prendre des photos. Le couple Đặng Khánh-Phương Hoa venait de Houston pour une photo souvenir sous le saule et ce panneau routier avec Mai Thao et moi. Là, j'avais aussi reçu des amies estimées comme Tippi Hedren, Ina Balin (actrice hollywoodienne), l'écrivaine Alison Leslie Gold, auteur du célèbre roman Anne Frank Remembered.

C'est aussi ici qu'un journaliste de People Magazine était venu prendre des photos et m'interviewer. Puis c'est le tour du Los Angeles Times, de l'Orange County Register, du New York Times... Dans un article du New York Times, il y avait une phrase : "C'est une maison vietnamienne, loin du Vietnam ". C'est aussi dans cette maison que la chaine Fox Television était venu tourner le documentaire Kieu Chinh : A Journey Home. Ce documentaire était réalisé par Patrick Perez, qui avait reçu deux prix Emmy.

La demande en mariage

Cette fois, je travaillais avec l'organisme de bienfaisance United Way, organisant généralement des soirées de collecte de fonds pour l'association dans une résidence de luxe située juste à côté de l'hôtel Bel-Air sur le célèbre Sunset Boulevard à Hollywood. La maison était très belle, et comportait de nombreuses pièces, des meubles luxueux, des œuvres d'art. Le tout, entouré d'un immense jardin, semblable à une petite île.

Le propriétaire m'amena faire un tour de la maison pour m'en souligner les caractéristiques. Il m'avait également présenté à de nombreuses personnalités d'élite qu'il connaissait. Il était un homme réussi, poli et calme. Une autre réunion avait eu lieu dans son bureau à l'étage dans un immeuble également sur Sunset Boulevard. Debout d'en haut, regardant la rue d'en bas, je me suis soudainement souvenu du film Sunset Boulevard, que j'aimais beaucoup. Ce film fut réalisé par Billy Wilder, mettant en vedette deux merveilleux acteurs Gloria Swanson et William Holden. Dans son bureau, il y avait une grande photo de l'acteur Anthony Quinn avec des autographes et de nombreuses affiches de films. Je ne savais pas qu'il était aussi un producteur de films, ayant pourtant travaille avec lui depuis longtemps a l'association.

Ici, cette fois, il m'a présenté sa fille qui venait de rentrer de Londres pour lui rendre visite. Quelques jours plus tard, j'eus la surprise de recevoir une lettre manuscrite de sa part. Une lettre de proposition en mariage ! dont le texte est le suivant:

Chère Mademoiselle Kiều Chinh,
Mon père disait que quand tu rencontres une belle femme qui te plaît, vas-y, ne laisse pas passer l'occasion. Parce que dans la vie, il n'est pas facile de rencontrer une bonne personne.

Dès le moment où je vous ai rencontrée, je me souviens de ce que mon père avait disait.

Cependant, je ne veux pas qu'il y ait un malentendu, si je demande juste un rendez-vous avec vous.

Comprenant la culture asiatique, je veux rendre hommage à la personne que j'aime, alors j'écris cette lettre pour vous dire officiellement que je veux vous épouser en tant qu'épouse, et non pas seulement demander un rendez-vous... en tant qu'amie ou petite amie.

J'espère que vous ne voyez pas cela comme une confession grossière, mais plutôt comme un hommage de la part d'une personne honnête.
Signé.

Lorsque je reçus cette lettre de "proposition", je fus vraiment surprise et confuse ! Je lui dis que je venais de divorcer après 25 ans de mariage. Actuellement, "la tristesse du divorce" ne s'est pas encore apaisée. Je le "pleure" encore ! Et je vis en paix avec mon plus jeune fils, je n'ai pas l'intention d'aller plus loin.

Il m'envoya une autre lettre. L'idée générale est que si j'accepte sa demande en mariage, après quoi, il se chargera d'envoyer mes enfants étudier à l'étranger, selon le choix de la mère et du fils: Aller en France pour étudier ou aller à Londres. Sa fille étudie également à Londres.

Il voulait nous inviter mon fils et moi à dîner chez lui avec sa fille afin que les deux parties puissent se rencontrer.

Avec respect et estime.

Je le remerciai mais déclinai l'invitation à le rencontrer.

Puis je reçus un très gros bouquet de roses, mais je ne répondis pas. Je partis aux Philippines pour filmer et visiter des camps de réfugiés.

Toton Nghị est venu à Studio City

Pour la première fois dans la petite maison surnommée "Mon Royaume, j'ai pu "vivre, près de tonton Nguyễn Văn Nghị, qui est le propre frère de ma mère, lui parler et me confier à lui. Tonton Nghị fut invité aux États-Unis pour donner une conférence sur l'acupuncture à l'UCLA (University of California, Los Angeles) à laquelle participèrent les médecins du monde entier. Bien que les organisateurs aient réservé une chambre d'hôtel pour lui, il voulait rester chez sa propre nièce.

Rencontrer mon oncle était aussi heureux pour moi que rencontrer ma mère, décédée quand j'avais six ans. Chaque jour, je le suivais aussi pour assister au séminaire. Il parlait en français et était interprété dans les langues des participants qui avaient la faculté de choisir leur langue et d'écouter avec un écouteur.

Voyant le respect que mon oncle inspirait, notamment parmi les médecins vietnamiens, je suis très fière.

Dans l'après-midi, après le "cours", des groupes de médecins invitaient des médecins à un banquet, Il n'accepte très rarement, sauf quelques fois avec un groupe de médecins vietnamiens. La plupart du temps, il sort seul avec sa nièce, pour prendre des repas et c'est aussi l'occasion pour moi de l'écouter et de savoir d'avantage sur la « généalogie » de la famille maternelle. En rentrant chez moi le soir, à côté du feu qui crépitait près de la cheminée, et d'une tasse de thé chaud, il disait que mon père et lui étaient camarades de classe à l'école Bưởi (École du Protectorat) à Hanoi. Mon oncle a un an de plus que mon père. Il est né en 1909, mon père, en 1910. Les deux étaient très proches.

Un jour, il invita mon père à rendre visite à sa famille à Gia Lâm Gia Quất à l'autre côté du pont sur la rivière Ha. Ici, mon père rencontra sa sœur : Nguyễn Thị An.

Toute sa famille, depuis ses parents jusqu'à ses frères, tout le monde aimait mon père.

Après avoir appris à se connaître plus intimement, l'oncle Nghị, proposa de marier sa sœur à son ami. Puis un grand mariage eut lieu. Grand-père était heureux d'avoir une gentille belle-fille issue d'une famille bien rangée. Le marié Cửu et la mariée An étaient respectés par les enfants des deux côtés. Les deux jeunes frères de la mariée, Nguyễn Văn Quang et Nguyễn Văn Thành, aimaient beaucoup leur beau-frère Nguyễn Cửu.

L'oncle Nghi disait qu'en 1935, après avoir obtenu son diplôme de médecin, il quitta le Vietnam pour aller en Chine afin de perfectionner l'acupuncture, avant d'aller vivre en France où il épousa une jeune fille française. Ils eurent quatre enfants, une fille et trois garçons.

Il menait une vie prospère, lui et sa femme avaient de nombreuses maisons dans les stations balnéaires. Sa fille, la femme médecin Christine Nguyễn Recours était un bon médecin connu dans le monde des chirurgiens français. Plus tard, elle écrira également des livres sur la médecine et l'acupuncture avec son père. Ces livres étaient utilisés dans les programmes d'enseignement médical dans les universités du monde entier. Ces livres ont été également traduits en 16 langues différentes. En se rendant aux États-Unis, mon oncle n'a pas manqué d'apporter des livres pour me dédicacer.

En quittant le Vietnam avant ma naissance, dit-il, pendant les années passées à l'étranger, il ne pouvait s'empêcher d'avoir le mal du pays, particulièrement l'amour de sa sœur, ma mère. Quand ma mère mourut, mon oncle était en France et ne pouvait pas voir ma mère pour la dernière fois. C'est pourquoi après tant de décennies, maintenant qu'il m'a rencontrée, il dit qu'il était aussi ému que s'il avait revu sa sœur décédée !

Son expertise et sa position dans le monde médical l'ont amené à être élu vice-président de la Société mondiale d'acupuncture et également président de la Société européenne d'acupuncture pendant de nombreuses années.

Il m'a dit que de nombreux journaux français influents avaient écrit sur lui. En particulier, deux journaux célèbres, Paris Match et Le Monde, ont rapporté qu'il utilisait l'acupuncture au lieu d'anesthésie avant une intervention chirurgicale... pendant la Seconde Guerre mondiale en France, où il y avait beaucoup de soldats blessés mais pas assez d'anesthésie.

Ils avaient aussi effectué une chirurgie spéciale du cerveau qui jouissait d'un grand retentissement dans la presse et la télévision. Père et fille ; Dr. Nguyễn Văn Nghi et Dr. Christine Nguyễn "démontrèrent" une opération du cerveau sans anesthésie devant la télévision française ! Après cette chirurgie cérébrale sans précédent, l'oncle Nghi et sa fille furent devenus célèbres dans le monde entier et considérés comme doués de talents rares.

Avant de quitter les États-Unis pour rentrer en France, l'oncle Nghi m'a demandé de l'emmener dans un cabinet d'avocats afin qu'il me fasse une procuration pour sa propriété intellectuelle. Au bureau de l'avocat Ngoạn Văn Đào à Los Angeles, M. Nghi signa un document me laissant le droit de jouir du droit d'auteur de tous ses livres aux États-Unis. Toutes ses décisions étaient profondément ancrées dans son amour pour sa malheureuse sœur, ma mère, qui fut décédée prématurément avec son enfant en bas âge à la suite d'un bombardement de la Seconde Guerre mondiale. C'est aussi grâce aux jours passés près de Toton Nghi que nous nous comprenons mieux et que nous nous aimons davantage. Depuis, je ne suis pas surprise de savoir que tous les médecins vietnamiens, après avoir fait la connaissance de mon oncle, lui exprimèrent leur admiration et leur respect avec une grande fierté pour un talent vietnamien reconnu dans le monde entier. Avant de rentrer en France, il me demanda d'organiser un repas intime un repas simple auquel il puisse inviter quelques médecins vietnamiens qu'il connaissait.

Je n'oublierai jamais ce qui s'était passé après le repas. Une fois le couvert déguerpi de la table, une théière chaude apparut, amenant avec elle une ambiance intime où résonnèrent des propos et des rires. Soudain, mon oncle dit à haute voix à tout le monde :

"Vous voyez, ma nièce vit seule et je ne peux pas être toujours là pour m'occuper d'elle... Je veux donc que ma nièce ait un mari, alors voyons lequel d'entre vous est qualifié pour "épouser" Kiều Chinh, ma nièce."

J'étais surprise et abasourdie par la déclaration abrupte et soudaine de mon oncle ! Tout le monde se regardait, posa leur regard sur moi ! puis sur les deux médecins célibataires... dans l'assistance !

Un accident

L'histoire que je vais vous raconter, je prie qu'elle n'arrive jamais pas à une autre mère. Jusqu'à ce moment, chaque fois que j'y pense, je me sens toujours comme si je m'étais égarée dans un cimetière pendant de nombreux jours.

Je me souviens encore que ce fût la nuit du 18 avril 1984, un jour avant l'anniversaire avant l'anniversaire de Mỹ Vân. Pendant que je dormais le téléphone sonna, opiniâtre et strident. La voix d'un Américain inconnu demanda :

"Est-ce que vous êtes Madame Nguyễn ?"

"Oui. C'est moi."

"Votre fils, Cường Nguyễn, a eu un accident d'auto et se trouve actuellement aux urgences de l'UCLA. Il faut que veniez tout de suite pour signer les papiers!

Mon cœur veut s'arrêter de battre. Je bondis du lit, n'ayant même pas le temps de me changer, toujours en pyjama donc, je conduisis jusqu'à l'UCLA. J'ai paniqué et paniqué, comme si j'avais juste une minute de retard, je ne le verrais plus. Oh mon Dieu ! Comment se rendre à l'UCLA ? Où se trouve la zone d'urgence ? "Oh mon Dieu ! Mon Dieu aide moi ! Cường c'est maman ! Attends. Attends maman, mon fils !

Je conduisis comme une folle. Qui est passé par Laurel Canyon Road sait que c'est une route sinueuse qui longe un flanc de montagne et il et très dangereux de rouler sur cette route dans l'obscurité, même si vous roulez lentement, Il suffit d'une seconde d'inattention pour que la voiture tombe de la falaise. Pourtant, d'une manière ou d'une autre, comme par miracle, rien ne m'était arrivée. C'est la seule route de chez moi qui relie Studio City 'à l'UCLA (University of Southern California Los Angeles).

Arrivée à l'UCLA, mais où est l'urgence ? J'ai fait des allers-retours, autour du vaste campus de l'UCLA, tard dans la nuit, sans jamais voir personne à qui demander le chemin. J'ai enfin trouvé l'entrée. Je n'avais pas encore vu mon fils, mais l'hôpital me dit de signer les papiers pour les dégager de toute responsabilité, et d'accepter toutes éventualités possibles pendant l'opération, où le patient est dans le coma.

Mes membres et tout mon corps tremblèrent. Signer ? Oui, je signe maintenant ! J'ai juste besoin de voir mon enfant. Combien de papiers, je n'ai pas besoin de lire. Ils me montrent l'endroit où signer, je signe.

Je suivais l'infirmière de service avec la pile de papiers signés. La porte de la chambre s'ouvrit. Cường était dans le coma. Ses vêtements furent noircis et brûlés et ses jambes aussi. Ses os étaient exposés et il y avait du sang partout.

"Cường, mon enfant ! Mon enfant !"

Je fonçai en avant. On me retint :

"Vous ne devez pas vous approcher de votre fils qui a été grièvement brûlé. Vous l'avez déjà vu, Maintenant, nous devons travailler. Veuillez quitter la salle."

"Non ! Je ne vais nulle part. Je dois être avec mon enfant !

Quelqu'un, apparemment le médecin-chef, dit :

"Ce que nous allons faire, vous ne pourrez pas le supporter. Veuillez sortir, et laissez-nous faire ce travail urgent."

Je suppliai, jusqu'a me prosterner :

"Non. Veuillez me laisser rester. je peux endurer. Je dois être avec mon enfant en ce moment ! Je dois rester ici, je vous en supplie..."

Je m'agrippai au lit. sans pleurer.

"Veuillez me laisser rester. J'accepte de tout supporter..."

Le médecin chargé de l'opération cessa de me regarder. Une infirmière poussa une table chargée d'instruments. Et ils commencèrent à travailler. La grande lampe était descendue du plafond jusqu'au lit, me permettant de mieux voir le visage de mon enfant, son visage était noirci par la fumée, ses cheveux, ses sourcils ; tous brûlés.

Parce que les vêtements sur le corps de Cường qui furent brûlés, collés à la chair et à la peau, ne pouvant être enlevés, l'équipe médicale commença à couper des morceaux de tissu tachés de sang.

Je tremblais mais essayais de rester immobile, de peur d'être expulsée.

Ils coupèrent ! Ils coupèrent ! Ils coupèrent ! Je commençai à voir la chair de mon enfant. Peau brûlée ! Deux mains brûlées jusqu' à révéler les os ! De l'aine jusqu'aux pieds, des morceaux de tissu calcinés tachés de sang et de chair, ils ramassaient lentement chaque morceau. Puis ils ont commencé à découper des morceaux de peau, des morceaux de chair brûlée. J'ai essayé d'ouvrir les yeux, pour regarder mon enfant, et vit le tibia rouge. Mes larmes coulèrent. J'ai essayé de les avaler. J'essaie de rester immobile.

De mon inconscient s'éleva ma prière : "Oh mon Dieu. Oh Seigneur, Oh Bouddha. Sauvez mon fils ! Mon fils ! Mon fils !"

J'ai vu les jambes sans peau de Cường. Il ne restait plus que des os et du sang.

Après les pieds, l'équipe chirurgicale passa aux mains dont la peau était également brûlée et totalement noircie. Noir comme de la viande trop cuite. Après les bras, l'équipe va atteindre les doigts brûlés, les os courbés. Doigt par doigt, ils tiraient doucement pour le redresser, puis coupaient la peau, coupaient la chair brûlée. Le sang coule. Les petits doigts sont plus difficiles à couper que le gros tibias, alors ils le font très soigneusement, très lentement. Ils ont poussé petit à petit. Partout où ils coupent le sang coule. Un assistant épongea le sang. Dès que le médecin opéra le sang a coula à nouveau. J'avais l'impression que mon propre sang coulait, que ma propre chair était coupée. La température dans la salle d'opération était presque a zéro degré, mais je transpirais abondamment.

Oh mon Dieu ! Les deux mains ont été coupées. Chaque doigt. Chaque doigt aussi.

Je tremblais de tout mon corps, j'avais envie de m'évanouir mais j'essayais quand même de m'agripper au lit, les yeux grands ouverts pour ne pas manquer un instant du combat de mon enfant contre la mort. Je ne comprends pas ce qui m'avait poussée à ne pas me détourner de la vue de mon bébé mis en pièces et qui causa en moi une douleur terrible.

Je ne me souviens pas combien d'heures Cường avait passé en chirurgie pour le "nettoyage" de la chair carbonisée. Je me souviens seulement qu'après avoir lentement saigné les os, essuyé la chair et la peau qui restent, le chef d'équipe m'a dit qu'il devait s'arrêter temporairement, incapable de faire quoi que ce soit de plus tant que Cường reste dans le coma, Autrement, le patient ne pourrait pas être en mesure de se réveiller.

Cường a été déplacé par deux assistants médicaux vers un autre lit qui venait d'arriver. Ils ont sorti un drap blanc pour le couvrir. L'autre lit était une bouillie de chair rouge et de sang. Ils ont poussé Cường dans une autre pièce. J'aimerais suivre. Mais cette fois, ils étaient plus catégoriques

"Votre enfant devra rester dans la salle de soins intensifs. La chambre a été entièrement désinfectée car il était dans un état de blessure grave et de coma..."

Pour montrer de la sympathie pour le malheur d'une mère dans une telle situation, une infirmière m'a dit:

"Allez, rentrez chez vous. Nous vous informerons immédiatement de l'état du patient si nécessaire."

Bien que je ne comptais pas réussir, je suppliais toujours :

"Je voudrais dormir par terre dans ma chambre."

"Ce n'est pas possible."

L'infirmière dit avec insistance :

"Pas à cette heure. Il y aura des visites demain".

J'ai dit comme dans un délire :

"Laissez-moi rester à l'hôpital. Je vais m'asseoir dans la salle d'attente."

À ce stade, les responsables ne semblaient pas savoir comment me traiter, ils me regardaient simplement avec compassion.

Tard dans la nuit, la salle d'attente des urgences se vida. Assise là, trop frileuse et trop fatiguée, je me désintéressais complètement si quelqu'un entrerait dans la salle; je me recroquevillais sur le sol. Alors seulement je pleurai, pleurai à chaudes larmes. Il semble que toute la peur, l'apitoiement sur moi-même et la douleur de ma solitude qui ont été refoulés viennent maintenant éclater avec fracas en moi !

Allongée sur le sol, j'attendai jusqu'au matin pour annoncer la mauvaise nouvelle à Vân et Hùng.

Ce n'est qu'après 9 heures que l'hôpital autorisa leur visite Nous devions porter des masques avant d'entrer, un par un, chacun étant autorisé seulement à ne rester que pendant quelques minutes.

Cường resta silencieux, immobile, les yeux fermés, allongé là.

Je n'ai pas le droit de tenir mon bébé. Chuchoter simplement " Cường! Bébé, j'essaie de te réveiller. Réveille-toi, chéri".

Dans l'après-midi, après le travail, Vân et Hùng étaient revenus me rendre visite. Ils me dirent :

"Allez maman ! Tu dois rentrer ce soir. Tu ne peux pas rester ici comme ça pour toujours."

Mais comment puis-je rentrer chez moi, mon cœur est comme en feu, comment puis-je rentrer chez moi pour me reposer ?

Le deuxième jour, Cường ne s'était pas toujours pas réveillé. Le médecin le surveillait toujours de près.

J'étais de garde dans la salle d'attente pour une occasion de visiter, de regarder mon enfant pendant un moment, puis de ressortir à nouveau. J'ai demandé à Vân et Hùng' d'apporter des vêtements pour que je puisse me changer, un chandail supplémentaire, une écharpe, un annuaire téléphonique. Comme il n'y avait personne à la maison, j'ai demandé à Vân et Hùng d'apporter davantage de nourriture et d'eau pour Bogie, le chien bien-aimé de Cường. La deuxième nuit dans la salle d'attente, j'étais tellement fatiguée que je m'étais endormie à mon insu. Soudain un bruit me réveilla. Debout devant moi, un grand homme noir me regardait. Prise de panique je ne savais pas où j'étais ? L'homme me dit qu'il devait mettre son aspirateur en marche, je ne peux pas rester ici. Je lui ai demandé de me laisser rester car j'ai un fils dans le coma aux urgences. Finalement, je lui ai dit que je vais attendre dans les toilettes.

Le troisième jour, quand j'étais allée visiter Cường dans sa chambre il est toujours allongé sur le lit. Les cordons, les tubes respiratoires sont lâches, le visage est aussi vert comme que s'il n'y avait plus de sang! Debout je regardais mes larmes couler. A cette époque, je ne pouvais que crier à Dieu et à Bouddha.

"Je m'incline devant Dieu, devant Bouddha, laissez Cường vivre ! Quoi qu'il en soit ! Seigneur Bouddha, Seigneur, laissez mon enfant vivre..."

Parallèlement à la prière silencieuse, il me semblait avoir entendu ma propre prière, et mes larmes que je croyais taries, débordèrent à nouveau...

Grâce à mes prières, je me sentais plus proche de Dieu, plus proche de Bouddha, et pendant tout le temps où je m'assoyais là, je prie constamment pour que Cường se réveille, pour qu'il vive.

Les longues journées et les heures passées à l'hôpital s'étirent, surtout pendant la nuit ! Le souci pour la vie de mon enfant s'ajoutait à mon combat solitaire contre la tempête qui me tourmentait physiquement et mentalement. Il y avait des moments où j'avais failli m'évanouir.

Après avoir prié Bouddha, Dieu, je me tournai pour prier mon père : "Père ! Je suis tellement misérable. Aide-moi, papa ! Je te demande d'aider Cường à se réveiller, papa..."

Je me rappelle avoir téléphoné pour informer M. Mai Thảo. À peu près deux heures plus tard, M. Mai Thảo, le Vénérable Thích Mãn Giác, M. Đỗ Ngọc Yến vinrent nous rendre visite à l'hôpital. A la vue de ces chers visiteurs mes larmes coulèrent de nouveau. Cependant ils n'étaient pas autorisés à entrer tout de suite dans la salle de soins intensifs, et devaient rester juste à l'extérieur de la salle d'attente, Mai Thảo me réconforta. Il marchait de long en large dans la salle d'attente en secouant la tête et soupira : "Comme c'est misérable! Dommage!"

Tôt le lendemain matin, Yến était revenu avec des rouleaux de printemps, du riz gluant, des brioches à la cannelle et une tasse de café au lait chaud. J'avais juste demandé une tasse de café parce que je ne pouvais pas avaler la nourriture.

Comment l'état de Cường va-t-il évoluer ? J'avais encore plus peur quand le médecin dit qu'il devait opérer parce que le tendon de sa main était brûlé, la chair à de nombreux endroits devrait être grattée davantage pour éviter tout dommage, pour éviter la détérioration avec le temps et prévenir l'infection, mais il n'y a rien de plus à faire pour le moment. Personne ne savait quand Cường va sortir du coma.

Cette nouvelle supplémentaire m'a rendue frénétique et effrayée. Toute la nuit, je restais assise, seule dans la salle d'attente, tous mes minces espoirs pour la vie de Cường, je les ai tous confiés dans mes prières et mes larmes, faute de pouvoir trouver rien d'autre à faire.

Jusqu'à l'après-midi du quatrième jour de visite, Cường était allongé là, les yeux toujours fermés. Je l'observai de très près, chaque petit changement sur le visage de Cường, le moindre mouvement de ses membres, mais je ne voyais toujours aucun signe de progrès.

J'avais peur. Trop fatiguée, je m'assis par terre à côté du lit de Cường. J'ai doucement soulevé l'un de ses doigts bandés et le plaçai sur le mien. Combien de temps dois-je baisser la tête et rester comme ça ? Ne sais pas. On dirait que je m'étais endormie.

Au milieu de tout ça, comme en hallucinant, j'entendis Cường paniquer :

"Maman ! Maman Où est Maman ?"

Moi aussi je paniquai, je me réveillai :

"Maman est ici ! Maman ici ! mon fils !"

Les doigts de Cường touchèrent doucement les miens. Tellement heureuse ! Je tire sur la sonnette à côté du lit pour appeler l'infirmière.

L'infirmière et le médecin arrivèrent en courant...

Cường était encore plongé dans la terreur, hallucinant, marmonnant :

"Où est maman ? Où est maman ? Pourquoi je ne vois rien ?"

Le médecin souleva ses paupières, braqua une lampe de poche sur ses yeux. Les yeux de Cường étaient rouges et violets, comme du sang bouilli. Cường s'endormit à nouveau. Ils ont poussé le lit de Cường vers une autre chambre. Je courus après. On m'interdit d'entrer. La porte claqua en fermant devant moi.

Assise dehors à attendre, je pensais que ma poitrine allait éclater, éclater parce que mon cœur battait si fort. Le temps s'écoulait trop lentement. Plus vite. je priais. Souviens-toi de tout le monde, et prie tout le monde :

"Oh mon Dieu ! Ô Bouddha ! Parents ! Tatie... S'il vous plaît, bénissez Cường. S'il vous plaît, laissez Cường. vivre..."

La porte s'ouvrit brusquement et le médecin sortit. Je courus à nouveau. Le médecin dit que Cường. était éveillé et sorti du coma. Il ajouta "heureusement, il y reste encore suffisamment d'anesthésie pour lui permettre d'enlever la partie de la chair gâchée, pour éviter l'infection. "Gratter toute chair endommagée ! Cela semblait si horrible, j'avais mal au ventre, mon cœur me faisait mal."

Le médecin a dit qu'il devrait transférer Cường dans un autre hôpital spécialisé dans les "brûlures" Il y aura des équipements et des médecins spécialisés pour traiter les patients brûlés. Car Cường devra encore subir de nombreuses interventions chirurgicales pour relier les tendons et la peau, c'est-à-dire prélever de la peau à des endroits sains du corps pour recouvrir des endroits brûlés, et dépourvus de peau.

Le médecin m'a en outre expliqué que l'endroit où mon enfant est allongé n'est qu'un endroit temporaire pour cas d'urgence, de coma uniquement. Le traitement à long terme sera effectué ailleurs.

Traitement à long terme

Ainsi Cường fut transférc dans un hôpital de la ville de Torrance, spécialisé dans le traitement des brûlés. Ici, j'ai dû à nouveau remplir un tas de papiers avant d'être admise à l'hôpital. Ce n'est qu'à ce moment là que je sus que Cường n'avait pas d'assurance santé !

Depuis notre arrivée aux États-Unis, Tế et moi nous n'avions qu'une seule police d'assurance santé pour toute la famille. Maintenant, cette assurance n'est plus valide car Tế et moi nous ne vivions plus ensemble, d'autant plus que Cường ; âgé de plus de 21 ans ne pouvait plus bénéficier de l'assurance commune.

"Comment s'en tirer d'affaire ? Que devrais-je faire ?" ces questions retentisserent de plus en plus insistents dans mon esprit. Mais je me rendis soudain compte que la chose importante et pressante en ce moment était l'hospitalisation de Cường qui devait être traité immédiatement, avant que la plaie ne s'infectât. Je ne suis pas de ces gens qui comprennent bien les règlements, et ce n'était pas le moment de les découvrir...

Je compris que mon action immédiate était de signer les papiers et d'assumer l'entière responsabilité. J' étais confuse, j'avais peur pour ma situation actuelle. Mais, la plus grande préoccupation pour moi, c'était l'état de santé de Cường dans les jours à venir.

L'hôpital avait commencé à faire le "nettoyage généralisé". Les blessures, les zones brûlées, la chair furent grattées des endroits encore attachés. Je n'étais pas autorisée à rester dans cet hôpital. Toutefois, chaque jour pendant les heures de visite de 8h à 17h j'étais toujours présente là, suivant, à chaque étape, le progrès de la guérison de Cường.

Chaque jour je m'empresse de courir après l'équipe d'infirmiers qui roulent le lit de Cường depuis sa chambre jusqu'à la salle d'opération. À le voir dans cet état mes viscères étaient prêts à s'éclater.

Cường savait qu'on va l'emmener dans la "boucherie" Il me regarda d'un regard qui implore l'aide. Je me sens impuissante devant sa douleur car Je ne peux rien faire pour l'aider.

Avant que la porte de la salle d'opération ne se referme, je n'ai pu que lui chuchoter:

"Bon courage, mon fils, maman restera assise ici pour t'attendre."

Je me rappele avoir retenu de pleurer devant Cường.

Assise dehors à attendre, parfois je paniquai quand j'entendis Cường "crier" dans la salle d'opération. Je courus frénétiquement pour demander des renseignements aux responsables. Ils m'ont disait qu'ils feraient des greffes de peau. En entendant cela, peut-être paniquée par les cris de douleur de mon fils, j'ai eu des questions très bêtes:

"Quoi de neuf ? Quoi de neuf ? Y a-t-il une anesthésie ?"

Ils ont répondu:

"Il y a des moments où l'anesthésie se dissipe et le patient ressent la douleur..."

Apparemment ennuyée par ma façon de demander, une infirmière dit froidement:

Je vous rappelle qu'il s'agit d'un patient qui venait de se réveiller d'un coma qui a duré quatre jours..."

Ils veulent me rappeler que les patients dans le coma ne doivent pas être mis sous sédation, car ce faisant, le patient risqrait de ne pas reprendre conscience par la suite. Je me suis serrée la tête. Je ne sais pas quoi faire pour ne pas entendre Cường crier dans ma tête, dans mon cœur.

Le soir, en rentrant chez moi, je trouvai une maison froide et vide, à l'exception du petit chien Shih Tzu, que Cường avait surnommé Bogie, en l'honneur de l'acteur Humphrey Bogart qui jouait avec Ingrid Bergman dans le film Casablanca. Quand j'achetais le chien, il était minuscule, avec de longs poils couvrant son visage et son nez. Cường l'emmenait avec lui partout où il allait. En allant faire du shopping au Beverly Center, Cường portait un blouson avec une grande poche devant la poitrine. Quand Bogie sort sa tête de la poche de nombreuses personnes s'étaient arrêtées pour demander la permission à prendre sa photo. Plus tard, quand Bogie devenait un peu plus grand, et ne pouvait plus se tenir dans sa poche. Cường avait aménagea un sac qu'il porte en sangle sur son épaule, pour amener Bogie en promenade. Maître et chien affectent un air très bohème. Cường l'appelle Bogie ! Bogie ! Parfois je l'appelle Humphrey ! Humphrey !

Dès que j'ouvre la porte d'entrée le soir, Bogie se précipita à ma rencontre. s'enroulant autour de mes jambes, bloquant mes pas. Il me regarda comme si pour demander: "Où est Cường ?" Où est Cường ?

Je me penchais pour prendre Bogie dans mes bras et m'assis par terre à côté du piano de Cường.

"Bogie, Cường était blessé, brûlé, très gravement, très douloureux. Cường est à l'hôpital. Cường sera absent de chez nous pendant un certain temps. Seuls toi et moi resterons à la maison. Prie pour Cường, Bogie".

Je restais assise, avec Bogie immobile dans mes bras. Tout était calme, comme si toute vie s'était soudainement retirée de la maison.

Cette nuit-là, Bogie monta dans mon lit pour dormir à mes pieds. Je me réveillai au milieu de la nuit et je me glissai hors de la pièce, ne voulant pas déranger Bogie. J'entrai dans la chambre de Cường. Les draps sont toujours bien tirés. Tout est immobile. La guitare de Cường est toujours sur l'oreiller. Je lui ai parlé comme s'il était là, et j'ai attendu longtemps, pour qu'il m'entende:

"Cường, peux tu dormir? C'est douloureux, n'est-ce pas? Maman le sait. Je sais combien ça fait mal..."

Je me suis assise sur le lit, touchant involontairement les cordes de la guitare, rompant le silence. Bogie accourut et sauta le lit à côté de moi. Mes larmes coulèrent de nouveau. J'attends l'arrivée du matin, l'heure de visiter Cường.

Le matin, je donne à manger à Bogie et je prépare aussi un petit-déjeuner pour moi afin de pouvoir supporter une longue journée sans nourriture à l'hôpital ! J'emportai juste un café au lait chaud. Avant de quitter la maison, j'ajoutai de la nourriture et une bassine d'eau. Je lui parle comme au seul ami que j'aie pendant cette période infernale.

"Bogie, je suis désolée Bogie. Pauvre Bogie, on te laisse seul toute la journée à la maison sans personne avec qui jouer ! Cường n'est pas à la maison pour marcher avec Bogie tous les après-midi ! Nous devrons vivre ainsi pendant un certain temps. Je ne sais pas pour combien de temps. Je sais que Cường te manque. Moi aussi. Nous l'aimons..."

Je pense que Bogie comprenait ce que je voulais dire ! Bogie me regarda avec des yeux tristes et alourdis. Il me regarda sortir quand je verrouillais la porte.

Le choix difficile pour moi en ce moment, depuis le jour où Cường eut cet accident de voiture était la décision de démissionner de l'agence de bénévolat de l'USCC, où j'ai été déjà à admise comme employée permanente.

Le travail à cette agence me garantit tous les avantages à la retraite. je sais ça va être une décision difficile. mais je n'ai pas d'autre choix! Cường a besoin de moi tous les jours!

Le matin, je me précipitai à l'hôpital pour rendre visite à mon enfant. Cường dormait toujours, les yeux fermés. Je m' assis là, le regardant. Les mains et les pieds de Cường étaient bandés, blancs et serrés. Tout le corps de Cường ressemblait à une boule de coton géante, immobile. À le regarder, de nombreuses émotions contradictoires, déroutantes et étranges, traversèrent mon esprit. Je fermai les yeux et respirai régulièrement. Je voulais trouver un peu de sommeil, ne serait-ce que pour un instant, mais je ne pouvais pas. Dans l'entretemps, Cường appela: "Maman !"

Je tournai mon regard vers le côté du lit. Cường me regarda longuement, ses yeux furent beaucoup moins rouges. Je voulais lui tenir la main, mais elle était bandée de l'épaule jusqu'au bras. Ses jambes aussi, étaient bien bandées.

Avant que mère et fils puissent se dire un mot, l'infirmière transféra Cường au bloc opératoire, changea de pansement et prépara des médicaments... Je dus attendre encore.

Jour après jour, même procédure: une fois ses mains et jambes pansées, ells sont suspendues en l'air. En regardant son visage pâle et hagard, je ne ressentais que de la pitié dans mon coeur. Chaque jour Cường boit avec une paille immergée dans un verre d'eau que je tiens à la main. Je le nourrissai aussi de soupe quil prend par cuillerée. Voyant mon enfant incapable de s'occuper seul des choses normales, y compris l'hygiène, je me sentis tellement désolée. Je me souviens de mon Cường d'autrfois qui était plein de vie, jeune, agile, courant comme une navette sur le court de tennis, ou parcourant avec ses doigts agiles les touches du piano.

Pendant que mon esprit flottait, j'entendis la voix de Cường: "Maman, apporte-moi le lecteur de cassette, s'il te plaît..."

Je comprends que Cường ne supporte pas les longues journées passées ici.

"Demain Maman l'apportera, mais tu ne peux l'écouter que lorsque Maman est là. Parce que quand Maman s'en va, tu ne peux pas éteindre l'appareil tout seul!"

Les Mains palmées

Quelques jours plus tard, Cường fut transféré à la salle d'opération pour enlèvement du pansement, et évaluation des résultats de la greffe de peau. Assise à l'extérieur de la salle d'attente, je sursautais chaque fois que j'entendais Cường crier dans la pièce. Je me demandai: « Qu'est-ce qu'ils sont entrain de faire là-dedans? Pourquoi Cường a-t-il été gardé si longtemps dans la alle d'opération ? Y a-t-il des problèmes inattendus ? »

Jétais restée immobile. Plusieurs heures plus tard, la porte de la salle d'opération s'ouvrit. On poussa le lit dehors. Cường ne s'était pas encore réveillé. Ses yeux étaient toujours fermés et immobiles.

J'étais obligée d'arrêter le médecin pour me renseigner. Il déclara que les résultats des greffes de peau n' étaient pas satisfaisants. Les doigts ne pouvant pas toujours être séparés, restèrent encore collés les uns contre les autres et les mains devinrent palmées !

Le médecin me dit que Cường avait par inadvertence, vu la scène et se mit soudainement a crier, alors l'équipe de chirurgie avait demandé deux doses supplémentaires d'anesthésie pour Cường aux fins de séparer chaque doigt puis de le recoudre. Chaque fois que je l'entendis crier, mon cœur se resserra.

Assise dans la chambre je fixai du regard mon enfant encore inconscient. Je restais ainsi assise jusqu'à la fin des heures de visite. On me chassa à nouveau.

Quand je rentrais à la maison, Bogie était heureux et excité de me revoir. Je mis une laisse autour de son cou et le conduisis dehors. Depuis le jour où Cường avait l'accident, c'était la première fois aujourd'hui que Bogie était autorisé à me suivre dans la rue. Maîtresse et bête sortèrent ensemble, passant d'une rue à l'autre. Apparemment errant pour toujours. Je ne voulais pas rentrer à la maison ! j'ai peur du vide, j'ai peur de l' absence, je crains la solitude.

Cette nuit-là, j'étais restée éveillée, hantée par ce que le médecin me dit: Mains palmées. Les doigts qui ne peuvent pas être séparés les uns des autres... Couper, couper à nouveau et refaire, recoudre.... Le sang coule à nouveau. Cường! Mon fils !

Quelques jours plus tard, Cường devint plus taciturne et parlait peu. Il ne fallait rien lui demander. Cường était il trop fatigué ? Ou avait-t-il eu peur ?

Je choisis arbitrairement d'autres CD de musique que Cường aime jouer et chanter souvent, comme *Imagine* de John Lenon,

"Bridge Over Troubled Water" de Simon & Garfunkel, *Greenfields* des Brothers Four, *Magic Boulevard, Maman*... que Bogie et moi avons écouté en boucle hier soir chez nous, dans la chambre de Cường.

J'étais assise dans le coin de la chambre, Cường écouta en fermant les yeux. Après un long silence, je m'approchai de lui et je vis les larmes couler au coin de ses yeux. Je compris, Cường doit se demander: "Puis-je encore jouer du piano ou de la guitare avec cette main ?"

Les Factures et Transfert au LACMC

Un après-midi, en rentrant d'une longue journée fatigante, j'emmenai dans ma chambre une une boîte contenant une pile de courier que je n'avais pas regardé depuis des jours. Parmi les lettres "oubliées", je remarquai une enveloppe épaisse. C'étaient des "factures" de l'hôpital UCLA où Cường était resté dans le coma pendant quatre jours.

Je fus stupéfaite par le montant total de la facture qui s'élevait à 14.200 dollars, et me faisait des cheveux, pensant aux jours où Cường fut disséqué et subit la greffe de peau à l'hôpital de Torrance, Eh bien, mes inquiétudes ne tardèrent pas à se matérialiser lorsque la "facture" de l'hôpital de Torrance s'élevant à plus de 51.000 dollars. En tout et pour tout, les deux lourdes « factures » qui pesaient sur mes épaules, s'élevèrent à plus de 65.000 dollars à l'époque!

Après avoir raflé tous mes comptes d'épargne, plus le cachet pour un film réalisé aux Philippines, qui était proche de 10.000 dollars, je négociai avec les deux hôpitaux, promettant des versements mensuels, après versement d' un acompte de 10 % du montant total des factures.

Je compris que cette situation ne pourrait pas durer plus longtemps.

On me conseilla d'arrêter, de "lâcher prise" de Cường.

Cela signifie que Cường ayant plus de 25 ans, la mère n'est plus "responsable". Que la société et l'état "s'en chargent". Désormais, je ne signerai plus de papiers acceptant la responsabilité financière pour Cường.

Depuis lors, Cường était transféré dans un hôpital du gouvernement, un hôpital public, le Los Angeles County Medical Center (LACMC).

Puisque Cường avait déjà subi une intervention chirurgicale et une greffe de peau à l'hôpital de Torrance, il n'avait plus besoin de rester aux soins intensifs, mais disposait d'une chambre séparée. Cependant au LACMC, il a dû partager une grande salle très bondée avec d'autres patients, car cet endroit traitait toutes sortes de conditions médicales, et non pas seulement des brûlures. Cependant, Cường était toujours resté dans la section des brûlés.

Depuis le jour où Cường fut transféré dans ce nouvel hôpital, je remarquai des changements dans son traitement médical.

Pendant les jours, où je pouvais lui rendre visite, Cường manifesta sa joie lorsqu'il me vit entrer dans sa chambre. Je comprends l'anxiété et la nervosité d'un patient qui doit rester longtemps à l'hôpital, sans ou avec peu de visiteurs.

Je dis à Cường:

"Rassures- toi. Maman sera ici chaque jour avec toi".

A propos du "bain" pour les patients qui ne peuvent pas s'occuper d'eux-mêmes, tous les matins, il y a deux aides médicaux énergiques qui viennent déplacer Cường vers un petit lit, le poussent hors de la chambre, au long d' un long couloir, où il y avait beaucoup d'autres lits, poussés de la même manière, jusqu'à une zone appelée "salle de bain".

C'était une grande et longue salle de bain avec environ 20 baignoires rectangulaires, resemblant à ces vieilles citernes en ciment qu'on trouve autrefois dans notre ville natale, qui étaient utilisés pour conserver l'eau de pluie.

J'ai noté que pour chaque zone de douche, il y avait deux réservoirs l'un à côté de l'autre, un réservoir d'eau chaude, avec de la vapeur chaude qui montait et un réservoir d'eau froide, avec des glaçons flottants à la surface.

Le lit de Cường était poussé près d'un réservoir d'eau. En principe, je n'étais pas autorisée à entrer. Mais je suppliai l'infirmière, lui demandant d'imaginer une mère prenant soin de son enfant impliqué dans un grand accident de voiture. Enfin le médecin puis l'infirmière me permettaient de rester dans la salle, lorsque cette dernière s'était rendue compte, que le lit de Cường se trouva près de la porte et que je pouvais tranquillement rester dans le coin près du lit sans déranger personne. Le lit de Cường était poussé vers les deux premiers réservoirs d'eau près de la porte.

Ensuite, un drap blanc fut tiré. Cường ne portait pas de vêtements. Deux infirmiers costauds, l'un debout à la tête du lit tenant les bras de Cường, l'autre debout au pied du lit, tenant ses jambes. le soulevèrent, le sortirent du lit et le plongèrent dans l'eau chaude fumante ! Puis après un bout de de temps, ils le sortirent de la baignoire d'eau chaude pour l'immerger dans la baignoire d'eau froide. Seules la tête de Cường, et la moitié de son visage étaient hors de l'eau. Cường cria, se contorsionna et se débattat. Mais en vain., les deux hommes costauds, répétèrent cette routine d'une façon consciencieuse et méthodique. Ils ne semblaient pas manifester aucune émotion. A chaque manipulation Cường continua à lutter, à souffrir et à crier de plus belle. N'ayant presque plus de force pour lutter, il s'était tourné vers moi pour demander de l'aide:

"Maman, maman dis-leur d'arrêter. Arrêt !!!"

Je transpirai. Je me mordis les lèvres jusqu'à ce qu'elles saignassent.

Cường cria à nouveau:

"Maman! Arrête. Bon sang. Arrête."

J'ai supplié les deux infirmiers:

"Veuiller arrêter. Est ce que c'est assez pour le moment? Car Je suis sûr qu'il mon fils n'en peut plus..."

Mais, tout à coup, l'un des infirmiers me dit:

"Vous devez vous estimer contente qu'il se débatte encore et qu'il ait trop chaud ou trop froid. Parce que sans les nerfs la chair serait morte. Pas de sensation... Il n'y aurait plus d'espoir".

Après avoir été ainsi soulevé et abaissé à plusieurs reprises, Cường fut remis à son lit qui était ensuite poussé dans la salle "d'administration des médicaments". Me tenant à l'extérieur, je regardai à travers une cloison vitrée un infirmier assécher les zones osseuses et dépourvues de peau, avec une compresse de gaze. Bien qu'il ne semblait pas prêter attention, l'infirmier procéda avec prudence, se penchant en avant, poussant tout doucement centimètre par centimètre, Mais même s'il avançait avec précaution, chaque fois que l'infirmier avançait Cường commençça à crier tant la douleur était atroce. Une fois la chair épongée, elle fut enduite avec un onguent qui ressemble à du suif. Ensuite Cường fut entièredement recouvert d'un drap.

De retour dans sa chambre, Cường ne me regarda pas. Immobile, les yeux fermés, il ne disait rien. Je ne savais pas si Cường s'était fâché contre moi ou il était trop fatigué.

C'était un travail de "nettoyage" que Cường devait endurer chaque matin. Chaque matin, quand le lit était poussé dans le couloir vers la salle de bain, Cường me regardait comme un enfant, comme s'il demandait de l'aide. Moi-même, J'étais très désolée, mais je laissa entendre "silencieusement" à Cường et je crus que Cường avait compris: "Tu dois travailler dur, tu dois subir cela pour que ta santé s'améliore. Ce ne durera pas longtemps. Tu n'auras pas à te doucher comme ça pour toujours. Sois patient, mon enfant. Ça vaut la peine."

Les médecins m'ont expliqué que tous les jours il doit prendre un bain, pour être trempé dans de l'eau afin de stimuler les tendons de et en même temps permettre à certains produits comme la cire, le suif, appliqués la veille de fondre, facilitant ainsi le"nettoyage" et administrer de nouveaux médicaments. Chaque jour est une souffrance et une torture qui vous attendent!

Quelques semaines plus tard, Cường n'a plus besoin de prendre des bains chaud-froids. Bien que ses membres soient toujours couverts de pansement, ils ne sont plus requis d'être suspendus en l'air.

Début du traitement

Chaque matin, après le petit-déjeuner du patient, l'équipe qui s'occupe de Cường le pousse jusqu'à "la salle de gym". Cường est maintenant en fauteuil roulant et n'a plus besoin de s'allonger sur un lit roulant comme avant.

Le gymnase est un endroit où de nombreux patients de toutes catégories qui paraissent pitoyables, doivent s'entraîner.. leurs lèvres brûlaient. Un autre homme se faisait brûlér un œil tout entier. Et les enfants surtout. comment pouvaient-ils comprendre, comment cela pouvait être si douloureux, pourquoi ils devaient subir un supplice si terrible ?

L'infirmière principale du gymnase est une femme philippine, -forte et mignonne, mais aussi très stricte. Elle apporte une cuvette en aluminium, semblable à l'ancien bassinet d'autrefois à la maison. Dans le bassinet se trouvent des pinces en bois, comme des pinces à linge. Cường doit ramasser chaque pince dans le bassinet puis les pincer sur le rebord de la cuvette. Avec la main et les doigts de Cường dans cet état, je pense qu'il est difficile pour lui de ramasser la pince, et plus difficile encore quand il doit utiliser la force pour ouvrir la pince et la fixer sur le rebord de la cuvette. Par conséquent, Cường travaille très lentement. Lorsqu'il avait ramassé toutes les pinces dans le bassinet et les a serrées autour du bassinet, il a dû ouvrir chaque pince sur la paroi du pot et les remettre dans le bassinet. J'ai vu Cường froncer les sourcils chaque fois qu'une pince tombait. Je comprends que c'est à ce moment la que ses doigts deviennent douloureux et fatigués.

Après le "maniement des pinces", venait l'exercice de la fermeture éclair. Une corde est accrochée à un poteau comme à un cintre. Cường doit se servir de ses deux mains pour tirer sur la corde de haut en bas, avec un mouvement de va et vient.

Quand les choses sembllaient s'arranger et suivre une routine plus ou moins régulière, l'optimisme m'était peu à peu revenu.

Puis un jour Cường me disait: "Je ne peux plus pas rester ici plus longtemps. Je vais devenir fou ici. Maman, s'il te plaît, laisse-moi rentrer à la maison..."

Je lui donnai des explications et essayai de le conseiller, mais en vain, pas moyen de le dissuader. Cường insistait toujours en grognant:

"Je n'en peux plus, maman tu dois demander la permission pour me laisser partir."

En me renseignant, il s'avèrait que le lit de Cường se trouvait entre celui d'un jeune patient, qui écoute de la musique rap très bruyante à longueur de journée, et celui d'une vieille dame, à moitié folle, à moitié niaise, qui balbutiait, tantôt en riant, tantôt en pleurant.

Face à cette situation, j'ai dû faire appel à un médecin de mes amis pour demander à l'hôpital de laisser Cường rentrer chez lui pour se faire soigner à domicile. En fin de compte, ils ont accepté, mais avant que Cường puisse partir, l'hôpital envoie un vérificateur à la maison pour s'assurer que la maison est éligible. Est-elle propre? Est-elle climatisée? La salle de bains dispose-t-elle d'une baignoire, etc. Et aucun chien ou chat n'est autorisé dans la maison.

J'engage du personnel pour nettoyer la maison, la chambre, la salle de bain, la cuisine, le réfrigérateur... et ensuite je vais au marché pour faire des provisions pour les repas et accueillir Cường. Le réfrigérateur regorge de légumes pour la soupe quotidienne, sans oublier bien sûr du lait et des fruits de toutes sortes.

Sur le chemin du retour de l'hôpital, j'expliquai à Cường que j'avais dû faire héberger Bogie chez Mme Diệu Lê pendant un certain temps, jusqu'au jour où Cường se serait remis complètement de sa maladie. Bogie rentrerait chez nous.

Cường ne disait rien. Mais je savais qu'il l'accepterait parce qu'il ne supportait plus le séjour à l'hôpital.

Quand il rentra chez nous, Cường fut fou de joie. Il a son propre téléviseur dans sa chambre. Il peut écouter à volonté la musique de son choix.

En voyant Cường heureux, je me sentais heureuse moi aussi, comme si l'histoire de la mère et du fils vient de tourner une nouvelle page !

Dès lors, je ne sortais plus de la maison. Je passais 24 heures sur 24 à m'occuper d'un patient à domicile: bain, changement de pansements, préparations de médicaments, nourriture (ses mains n'ont pas encore regagné leur pleine faculté, il a encore besoin de quelqu'un pour l'aider à manger).

Quand Cường se repose ou dort, je prépare de la soupe pour le petit-déjeuner, le déjeuner et le dîner. Chaque jour, je passe beaucoup de temps à nettoyer la salle de bain, à laver les vêtements, les draps...

Pour parer à toute éventualité, ou lorsque Cường avait un besoin urgent pour quelque chose, j'avais l'intention de poser une couverture sur le plancher de sa chambre pour dormir, mais Cường ne m'avait pas laissée à le faire. J'ai donc pensé à une solution, installer une sonnette pour Cường puisse m'alerter quand il a besoin de moi, et quand il ne peut pas appeler, il suffit de tirer sur la sonnette. Je laisse la porte de la chambre ouverte pendant toute la nuit.

Une nuit, pendant que je dormais, je sursautai soudainement au bruit d'un grand fracas, je me précipitai dans la chambre de mon fils, et vis Cường allongé sur le sol, convulsant de douleur. Cường voulait aller aux toilettes, mais ne voulait pas me réveiller par peur de me déranger et me laissa dormir. Alors mère et fils s'affairèrent toute la nuit au nettoyage, et au bain...

Cependant, outre les événements inattendus difficiles à éviter, depuis que Cường est rentré à la maison, il m'a apporté des moments de réconfort dans l'amitié et dans l'amour. Grâce à ces douces sensations, je trouve que les journées passèrent plus vite, devinrent plus supportables, dans la consolation et le réconfort.

Je me souviens qu'une fois deux amis très chers, Mai Thảo et Đỗ Ngọc Yến vinrent me rendre visite et apportèrent un grand vase de fleurs pour Cường avec les mots "Bienvenue à la maison". Il n'avaient pas non plus oublié de m'apporter un bol de phở. Cela faisait longtemps que, je n'avais pas mangé un délicieux repas, Et voilà aujourd'hui, un bol de Bolsa phở ! "assaisonné" de fraternité et d'amitié.

Pendant longtemps, mettant tout de côté, y compris moi-même, consacrant tout mon temps et mon esprit dans la lutte pour la vie de Cường entre les mains de la mort, j'étais comme une autruche avec son cou enfoui dans le sable.

Mais ce qui devait arriver, est enfin arrivé: c'est la réalité de la vie sociale américaine! Ce fait n'exclut personne. Aucune exception !

Parce que je passe tout mon temps à m'occuper de mes enfants et à ne pas travailler, je n'ai pas pu payer l'hypothèque de la maison ces derniers mois. La facture d'électricité est trop élevée car le climatiseur tourne en continu.

Mon amie, Diệu Lê, dit qu'elle voulait payer l'hypothèque pour moi. Je ne l'acceptai pas. Elle proposa alors de me prêter de l'argent. Je n'acceptai pas non plus.

Enfin, avec tact, mon amie m'a dit:

"Khanh, mon mari, a fait des bonnes affaires ces jours-ci, il vient de décrocher un contrat pour nettoyer la pollution à l'aéroport. Je viens d'acheter une maison de plus d'un million de dollars, j'ai besoin de beaucoup de meubles, mais je ne suis pas aussi sûre de mon goût que Chinh... Pourrais tu me céder ce magnifique ensemble de salle à manger en acajou ?"

Donc, adieu à l'ensemble desalle à manger. Un mois plus tard, adieu salon. Le mois prochain, adieu au manteau d'angora et aux sacs à main de marque en cuir.

En fait, c'était juste comme ça que mon amie voulait m'aider, car je savais qu'elle n'avait pas besoin d'acheter ces choses là !

Avec le temps et l'amitié chaleureuse comme le soleil, la gentillesse et la douceur, comme la lune et les étoiles que mes mes amis ont manifesté pour moi, l'état de santé de Cường s'était progressivement rétabli. Maintenant, Cường peut se baigner, prendre des repas lui même et se promener tout seul dans la maison. Quelques amis proches de Cường lui avaient rendu visite et ont parlé. Tế et Brigitte avaient également rendu visite... À mon avis, ce sont des signes positifs, montrant notamment que la santé de Cường est en voie de redevenir normale. J'étais moins anxieuse qu'auparavant et je sentais l'espoir grandir en moi de jour en jour.

Puis, un soir après dîner, je dit à Cường de dormir, pendant que j'allais faire des courses en ville pour faire quelques achats, et chercher des médicaments à la pharmacie.

C'était la première fois depuis son retour de l'hôpital que je le laissais seul à la maison.

"Peux tu rester seul à la maison, mon enfant ?"

Il hocha la tête.

À mon retour à peu près une heure plus tard, j'ouvris la porte déjà déverrouillée. Je me précipitai dans la chambre de Cường. Il n'y avait personne, sauf les gouttes de sang et un verre brisé. Je courus frénétiquement autour de la maison. J'appelai son nom, Cường ! Cường ! mais aucune réponse n'est revenue, à l'exception d'un silence glacial et des furieux battements de mon propre cœur.

J'attrapai une lampe de poche et courus vers le jardin derrière la maison. Aucune trace de Cường ! Je me paniquai et me ruai dans la rue vers le nord. J'allumai la lampe de poche en appelant Cường. Toujours un silence inquiétant ! En me tournant vers le sud, je braquai les faisceaux de la lampe de poche sur chaque tronc d'arbre en pleurant et appelant Cường dans l'espoir que mes cris l'incitèrent à répondre. Mais seul le silence me répondit.

Au bout de cette rue au nord, avant d'arriver au Ventura Boulevard, qui est l'artère principale, un pont enjambe un petit ruisseau d'évacuation d'eau de pluie. Par hasard, je braquai la lampe de poche sur une paire de pieds, les pieds de Cường au pied du pont !

Toute tremblante, je m'empressai de le soulever et le ramener à la maison.

Je ne savais pas pourquoi Cường ne pouvait pas aller plus loin. Que voulait-il faire? Sur le chemin du retour, mon esprit ne cessait pas de se poser des question : Des gouttes de sang ? Pourquoi des gouttes de sang ? Combien de temps Cường est-il resté là au pied du pont ? Si je rentrais chez moi plus lentement, si j'aille dans une autre direction pour le chercher, Cường, respirerait-t-il encore à côté de moi maintenant ?

J'ai essayé de réprimer mes émotions et pour poser au moins deux questions à Cường, mais il est resté silencieux. Ce fut un autre immense silence pour moi, comme si tout m'avait tourné le dos.

Quand je suis rentrée, j'ai aidé Cường à entrer dans sa chambre.

"Cường, couche-toi. Allonge-toi et repose-toi bien. maman va te préparer de l'eau chaude à boire."

J'apporte une tasse de thé chaud et une nouvelle cassette que j'ai achetée à la pharmacie, dans la chambre de Cường. Je pansai et bandai sa main qui saignait. Mère et fils se turent, mon cœur et peut-être aussi celui de Cường même trembla au rythme lent de mes doigts qui pansent sa plaie.

Bien que l'état de santé de Cường soit amélioré de jour en jour, Cường devait prendre des analgésiques tous les jours. Et chaque jour, je devais encore le ramener à l'hôpital pour une séance de thérapie.

Lorsque les blessures de Cường étaient sur le point de se cica-

cicatrisr, je pensais à ramener Bogie à la maison, d'abord pour faire plaisir à Cường, ensuite pour réintroduire un troisième "personnage" en guise de lien d'amour commun entre mère fils.

Auparavant, chaque fois que je rencontrais Diệu Lê, je me renseignais toujours sur Bogie. À chaque fois, Diệu Lê m'assura que tout allait bien avec Bogie. Mais cette fois ci, quand je lui remerciais pour s'être occupée de Bogie dans le passé, et lui demandai de le ramèner à la maison maintenant que Cường va mieux, ... Diệu Lê ne pouvait plus cacher la vérité et devait avouer : Après un certain temps, Bogie s'enfuit de chez elle! Elle pensait que Bogie voulait "rentrer chez lui" mais ne connaîssait pas le chemin.

Où allait-il, Bogie ? Perdu où ? Quelqu'un l'a-t-il attrapé et ramené chez eux ? Ou ce petit corps qui courait dans la rue fut écrasé par une voiture ?

Je n'ai absolument pas parlé à Cường de la perte de Bogie, mais personnellement, ça me faisait mal au cœur. Parfois, je rêvais que Bogie rentrerait à la maison.

Ce fut la période où Cường retourna aux activités quotidiennes d'une personne normale. Chaque jour, il se rend à l'école en voiture, rentre à la maison pour s'occuper de tout, s'assoit au piano le soir, pour répéter les morceaux de musique ou les chansons préférées, ce qui est aussi une façon d'exercer ses doigts pour qu'ils puissent redevenir normaux comme auparavant. La nuit, dans ma maison, je peux m'asseoir près de la fenêtre ou près de la cheminée pour écouter Cường jouer du piano.

Cường est diplômé de l'université et a eu la chance d'être présenté par M. Phạm Bội Hoàn un de mes proches amis, pour travailler à la chaîne de télévision CBS. M. Phạm Bội Hoàn est un caméraman connu quinavait travaillé pour cette chaîne pendant de nombreuses années.

Quant à moi, ces derniers temps, je n'avais presque jamais vécu pour moi. Je m'oubliais complètement pour me concenter sur une seule chose: le bien-être de Cường. Pour moi, c'est Cường quand j'ouvre les yeux, c'est aussi Cường quand je les ferme. Sur la route c'est encore Cường. À la maison c'est toujours Cường il habite et domine mes rêves solitaires et désespérés !

J'avais le pressentiment imprécis que les tempêtes de ma vie ne se s'arrêtèrent pas ici. Ce sont des vagues souterraines, de plus en plus diaboliques, de plus en plus cruelles qui surgirent et s'élevèrent dans mon propre âme. Comment aurais-je pu prédire ou imaginer que, parallèlement aux efforts remarquables de Cường, pendant deux ans, Cường faisant de son mieux pour surmonter les jours les plus sombres de sa vie, c'est aussi le moment ou le fleuve de la vie me pousse tranquillement vers un autre courant violent.

Pourtant, je suis heureuse de voir Cường revenir à la vie, comme par un miracle, comme une grâce divine qui a finalement permis à mon fils et à moi de retrouver une vie saine après de longues périodes d'inquiétude et de désespoir, faisant face à d'insurmontables défis. Je suis infiniment heureuse de voir Cường se récupérer et essayer de retrouver son "moi" avant l'accident

Merci à Dieu, à Bouddha, aux parents tutélaires et défunts de m'avoir rendu la vie, et merci également aux médecins, aux infirmières et aides consciencieux qui avaient pris soin de Cường avec dévouement. Merci à tous !

À cette même époque, l'écrivain Mai Thảo proposa au musicien Hoài Bắc Phạm- Đình Chương d'organiser quelque chose pour honorer " les 25 ans de la carrière cinématographique de Kiều Chinh, pour la rendre heureuse". Avec l'apport de M. Phạm Chí Thành un programme spectaculaire intitulé "25 ans de cinéma Kiều Chinh" eut lieu à Washington, D.C.

M. Mai Thảo ajouta : "Il faut demander à Cường de monter sur scène et chanter pour sa mère! "

Cường se réjouit de cette idée. Il commença a répéter jour et nuit pour l'occasion, notamment le chant Maman et la musique française.

Le spectacle était soigneusement organisé avec succès, grâce à la contribution et le soutien de la presse et de nombreux artistes, dont la chanteuse Ý Lan, en particulier, qui interprétait *Và con tim đã vui trở lại* –(Et le cœur est redevenu heureux) du musicien Đức Huy. Je fus très touchée par la cordialité et l'affection de mes chers "amis fraternels" à mon égard.

Au cours de ce spectacle, Ý Lan et Cường se recontrèrent pour la première fois, puis il sembla qu'ils ne pourraient plus être séparés l'un de l'autre. Peu de temps après, Cường me demanda la permission de quitter la maison pour aller vivre avec Ý Lan.

Ainsi, après Mỹ Vân et Hùng, maintenant vient le tour de Cường, chacun d'eux avec son propre foyer. Je suis heureuse que tous mes enfants soient en sécurité et aient leur propre foyer, mais en même temps, j'éprouvai une mélancolie, étrange et indescriptible.

Le Suicide

Dans la maison il n'ya plus que moi, vivant avec... ma propre ombre dans le silence et la solitude. J'ai peur de la solitude, peur de prendre des repas seule le soir, à tel point que je dois dîner quand il fait encore jour, et qu'il y a encore des bruits dans la rue. J'ai peur des après-midi où le soleil se couche de bonne heure, le silence me couvre les yeux et me fait pleurer. J'ai peur du noir, peur des nuits tardives. Les yeux grands ouverts je regarde dehors dans le noir. Où est tout le monde ? Pourquoi n'y a-t-il qu'un espace vide autour de moi.

J'ai peur des nuits pluvieuses. Allongée dans mon lit j'écoute les gouttes de pluie frapper contre les vitres, le vent hurler dehors et le battement irrégulier de mon cœur. Je me sentis petite, faible, fragile. Pendant les nuits de fortes pluies, l'eau se déverse sur le toit comme une cascade, j'avais l'impression d'être enterrée au milieu de nulle part.

Il y avait des nuits où j'étais surprise d'entendre le bruit d'une porte qui s'ouvre, puis les pas de Cường sur le parquet, entrant dans la maison. Mais non, il n'y avait personne, personne, juste mon imagination obsessionnelle.

À partir de ce moment-là, j'avais l'impression de tomber dans le vide, sans rien savoir à quoi m'accrocher. J'avais l'impression que personne, personne n'aurait plus besoin de moi. Maintenant le plus jeune enfant que j'aime le plus, n'a plus besoin de moi. Il a trouvé sa propre direction dans la vie. Donc mon devoir de mère est fait ? Les trois oiselets ayant été complètement "emplumés", s'envolèrent, chacun vers leur prope nid.

Que Dieu vous bénisse avec une vie paisible et heureuse et la chance vous sourie toujours sur le chemin de la vie. Mon ex-mari est aussi paisible et heureux avec une autre femme. Maman et mon frère étaient décédés tôt. Papa et mon frère Lân dans quelque brume à l'horizon lointain!

Je me demandais ce que je ferais quand je n'aurais plus d'obligations.

J'ai parcouru des kilomètres de route épineuse, maintes fois succombant et me relevant maintes fois pour surmonter des obstacles incontournables, car je ne vis pas seulement pour moi-même, mais pour les autres.

Non seulement la douleur me donna envie de cogner ma tête contre le mur, mais aussi de crier car que je ne pouvais pas le supporter. Les voisins qui avaient remarqué ces changements inhabituels appelèrent d'emblée la police ou une ambulance, je n'en savais absolument rien du tout !

Je me souvins de l'arrivée d'un véhicule fermé. Deux grands hommes firent irruption dans la maison, emmenant avec eux une épaisse chemise en toile à manches très longues. Ils enroulèrent la chemise autour de mon torse, enfilèrent mes bras dans les deux manches, les ligotèrent derrière mon dos, avant de m'emmener dans le véhicule pour me transporter à l'hôpital.

À l'hôpital, je criai. J'avais tellement mal à la tête qu'on m'administrât une dose de morphine pour que je pusse dormir. Le soir, je me réveillai. Dans ma vision estompée je vis beaucoup de gens assis dans la salle qui me regardaient en silence. Mes yeux alourdis, devinrent douloureux, d'une douleur qui faisait rage auparavant s'avéra plus intense. Incapable de la supporter, je criai à nouveau. Hùng, mon fils aîné, tenait fermement ma main. Le docteur Nguyễn Gia Quỳnh et sa femme, Phương Lan qui m'est apparentée, me rendirent visite avec Hùng qui me regardait avec inquiétude. Hùng qui ne pouvait pas supporter de me voir suffrir, demanda à l'hôpital d'injecter plus de morphine pour que je pusse dormir à nouveau. Dr. Quỳnh déconseilla une injection supplémentaire de morphine qui est une substance nocive, et ajouta que dans cette situation il ne faut pas trop dormir en continu! Mais que faire, quel médicament prendre pour vaincre cette douleur. Les médecins et les infirmières de l'hôpital étaient venus parler au Dr. Quỳnh et à Hùng, tandis que Phuong Lan assise près du lit, tenait ma main en la frottant doucement. D'habitude, je dois prendre du Valiun pour dormir. Le Tylenol PM ayant cessé de marcher pour moi depuis longtemps. Faute de Valium, l'hôpital me donna de l'Excedrine pour soulager la douleur des maux de tête sévères, qu'ils appellent migraine. Fatiguée, je fermai les yeux et m'endormis.

Au début, je prenais une dose d' Excedrin tous les soirs, puis j'ai doublé la dose. Cependant, les migraines me rendent toujours folle! Quand l'Excedrin me manque, l'hôpital m'administra de la morphine denouveau. C'est pourquoi je ne suis plus éveillée, toujours léthargique et fatiguée. Lorsque je me rendis compte que ma vie entrait dans une phase où je devais compter entièrement sur les médicaments pour surmonter ma douleur, je devins plus désespérée et déprimée.

Après quelques jours de traitement, l'hôpital ayant dû estimer que ma condition s'était quelque peu stabilisée, me laissa sortir de l'hôpital.

Ce jour-là Je rentrai chez moi à la fin de l'année, ma maison sur la rue Farmdale est l'un des endroits les plus romantiques de

Studio City. Toutes les maisons aux alentours étaient illuminées pour Noël. Ici et là, la musique de Noël remplissait l'air. *Silent Night* résonnait dans mes oreilles. Silent Night, ma chanson de Noël préférée, rendit mon cœur agité et triste. Je me promenais dans la maison vide, et contrairement à chaque année, cette année il n'y avait pas d'arbre de Noël, rien, rien pour annoncer l'arrivée des vacances chaleureuses en famille. Je me tenais pendant longtemps près de la fenêtre, regardant dans la rue, puis je m'en détournai. Que faire maintenant? Que dire? À qui? Tout était silencieux.

Fatiguée et triste, j'avais envie de m'allonger tout le temps. Allongée mais incapable de dormir, je fermai les yeux. Mon cœur fut rempli de nostalgie pour mon père, pour Lân, pour Tinh... J'ai envie de revivre le bon vieux temps. J'ai hâte de retrouver mes proches. Hanoï me manque. Mon Hanoï, - à l'autre côté, est comme dans un autre monde. Comment est -il maintenant ? C'est là, que mes proches qui sont encore vivants, languissent dans le désespoir au rythme accablant des jours.
Je veux retourner là-bas. Je veux pouvoir appeler "Papa!" Je veux rentrer à la maison.

Je ne sais pas combien de jours et de nuits j'ai passé éveillée, agitée de panique et d'insécurité. Je ne veux pas que mes enfants soient au courant de mon humeur, de mon état d'esprit en ce moment. Je ne veux pas que ces pauvres êtres portent en vain le fardeau de l'inquiétude. Qu'ils jouissent en paix de leur bonheur. Il faut que je sorte au plus vite de cet état d'esprit. Je ne veux plus penser à rien, je ne veux plus me traîner jour après jour dans la solitude, perdue, et désorientée.

Un soir tard, et comme tous les autres soirs, je me tournai et me retournai dans mon lit. Je voulus dormir, dormir longtemps. Dans un moment de folie, comme dictée par mon inconscient, je pris tout le flacon des somnifères, une dizaine de somnifères dont je ne me souviens plus le nom, avec un verre plein d'eau. Je pris chaque pilule, une par une, jusqu'à ce que le flacon fut vide

Je m'étendais là, et très rapidement tout mon corps s'engourdit tandis que mon esprit s'agita très rapidement.

Que de choses je veux enseigner à mes enfants, que de travaux inachevés. Je ne me souviens pas avoir encore dit au revoir à personne ! Je pense que je dois appeler Hùng tout de suite. J'ai besoin d'entendre la voix de mon bébé. Je dois te dire un mot ! Bébé, j'ai besoin d'entendre ta voix. Mais quel est son numéro de téléphone ? je ne m'en souviens pas du tout. Les numéros de téléphone de mes enfants, Vân, Hùng, Cường je les connaissais par cœur mais maintenant je n'arrive plus à me les rappeler.

J'attrapai le téléphone près du lit. Mais je ne pouvais pas lever la main. Faire un effort! Faire un effort! Je ne peux toujours pas. Je soulevai mes jambes et donnai un coup de pied au lit pour incliner mon corps sur le côté, afin que ma main soit plus proche du téléphone.

Au moment où j'atteignis le téléphone, ma main lâcha prise, le téléphone glissa de ma main et se suspendit au bout de son cordon. J'essayai d'appeler, mais ne pus pas parler, pourtant mon esprit reste toujours éveillé !

Mes lèvres se bougèrent, mais je ne pus pas parler, juste murmurer des chuchotements : "Dieu, laisse-moi dire quelques mots de conseil à mes enfants... Mon fils ! Je suis désolée, mes enfants. Maman est partie. Finis les mères, les enfants. Aimons-nous et prenons soin les uns des autres. Vân et Hùng, l'état de Cường est comme ça, vous devriez aider votre mère à se sentir en sécurité. Vous savez aussi que je vous aime beaucoup. Je veux juste que vous soyez en bonne santé, que votre vie soit paisible et heureuse. Vivre une bonne vie. Bien vivre. Amour. Aimez vous les uns les autres. Que le Ciel vous bénisse. Maman vous aime. Maman vous embrasse..."

Je veux me retenir, je veux ouvrir les yeux, mais c'est trop tard, et je m'évanouis. S'en aller. Prémonition... perdue dans le vent...

Au milieu de mon désarroi, à la dérive dans un autre monde, je ressentis soudainement une douleur aiguë dans le pouce de ma main gauche, comme si quelqu'un appuya fortement au bout de l'ongle du pouce. Douleur aiguë, comme une si une aiguille perçait le cœur !

Je pouvais entendre la voix de Cường trembler de près et de loin:

"Maman, réveille-toi ! Réveille-toi maman !" La voix de Cường résonnait comme si elle venait de l'autre bout du monde. Cường appela encore sa mère, puis la voix d'un étranger s'immisça: "Elle ressent la douleur".

À qui appartient cette voix? Je voulais ouvrir les yeux, mais je ne pouvais pas. Tout mon corps resta immobile, comme s'il appartenait à quelqu'un d'autre, pas à moi. Je me retrouvai soulevée du lit.

J'entendis Cường dire "Elle a froid". Puis les sirènes d'ambulance se mirent à hurler et hurler...

Quelque part, quelqu'un me renversa la tête. Ils m'ouvrirent la bouche. Je ressentis une douleur très aiguë dans ma gorge, parce que quelque chose y fut enfoncé profondément. Ils poussèrent plus profondément, plus profondément encore. Je me penchai en avant, prenant quelque chose profondément dans mon corps. Je me recroquevillai dans la douleur et l'envie me prit de vomir !

Qu'est-ce qu'ils me font ? Je veux vraiment voir mais mes yeux ne peuvent pas s'ouvrir. Puis je sentis l'eau sortir de ma bouche, débit complet du cou jusqu'à la poitrine. Finalement, l'eau et les matières fécales sortirent du bas-ventre.

Encore une fois, beaucoup de gens chuchotèrent autour de moi, mais je ne pouvais pas entendre ce qu'ils disaient. Enfin, soudainement, j'ouvris les yeux. Cường se leva et me regarda attentivement. Ce n'est qu'alors que je me rendis compte que j'étais à l'hôpital, assise bien droit dans un grand fauteuil. Deux personnes en blouse blanche. Médecin ? Infirmière ? Quelqu'un tint ma tête et la pencha en arrière vers le dossier d'une chaise. Un homme tint une grande cruche d'eau et la versa dans un entonnoir. L'entonnoir s'enfonça dans un tube en caoutchouc qui rentra profondément dans ma gorge. Le dispositif pénétra profondément dans le cou. La douleur causa mes larmes à monter aux yeux. Cường tint ma main et me regarda. Il semblait partager ma douleur avec sympathie, me donnant du courage et priant pour moi.

J'ai commencé à remarquer l'agitation, les bruits, les voix des gens autour de moi. Quelqu'un a crié à haute voix. La personne en blouse blanche, probablement le médecin qui me soignait, a demanda à Cường de tenir la bouteille d'eau versée dans l'entonnoir. L'homme en blouse blanche courut vers une nouvelle civière qui a été poussée dans la salle. Cường a vidé la deuxième bouteille d'eau lorsque l'homme en blouse blanche revint et pour retirer l'entonnoir suivi du tube en caoutchouc de ma gorge et de ma bouche. L'eau de lavage sentit le poisson. Mes vêtements furent tous mouillés.

Puis je m'étais rendormie. Cette fois a mon réveil je me retrouvai couchée dans une salleé entourée de rideaux blancs. Hùng était assis sur une chaise à côté du lit et me regarda attentivement. Je ne sais pas depuis quand Hùng s'était assis là. Je ne sais pas non plus pendantcombien de temps j'avais dormi.

Voyant sa mère ouvrir les yeux, Hùng sauta joyeusement, me serra dans ses bras et posa sa tête à côté de la mienne.

Il y eut un moment de silence, les larmes me montaient aux yeux.

Je regrette d'avoir rendu mes enfants tristes et inquiets.

Hùng me regarda, avec le même regard et la même attitude que j'avais adoptés, s'asseyant même à l'endroit où j'avais l'habitude de m'asseoir quand je surveillais Cường, pendant les jours où il était dans le coma.

Hùng, mit ma main dans la sienne, la massa doucement : "Nous avons besoin de toi, Maman. Je t'aime! À mon tour, je lui serrai la sienne.

Je regrette d'avoir agi d'une façon si égoïste. Penser juste à moi. Penser à partir pour "alléger" la douleur, la tristesse, à agir comme une lâche, à m'enfuir sans réfléchir. Mes actions effrayèrent mes enfants. C'était un acte d'évasion à la responsabilité, ne pensant qu'à "s'évader" pour soi, abandonnant ses enfants. Voyant mes enfants inquiets et aimants, je me reprochai, disant à Hùng :

"Enfants! ... Maman est désolée..."

C'étaient les premiers mots que j'aie prononcés depuis le coma. La voix sortit lentement, ma gorge piquait encore de temps en temps.

Le rideau blanc s'écarta, deux personnes entrèrent dans la salle ; un jeune médecin et une infirmière. Ils regarderent Hùng et dirent: "Nous devons travailler."

Je tenai la main de Hùng et dis doucement:

"Maman ira bien. Ne vous inquiétez plus. Allez, retournons au travail."

Hùng se pencha pour m'embrasser.

L'infirmière posa un verre d'eau avec une paille sur la table avant de partir. Le psychiatre, tenant une planchette bloc-notes blanche, un stylo et du papier, tira une chaise et commença à travailler. Sa voix était froide et calme.

"Vous êtes Kieu Chinh Nguyen, 46 ans?"

J'ai hoché la tête.

« Pourquoi vous êtes-vous suicidée? »

Je regardai le jeune docteur sans répondre. Il continua comme une machine:

"Je dois connaître la raison pour que je puisse faire mon rapport."

En silence je m'étonnai: Pourquoi ? Pourquoi ? Ma vie ? D'où viens tu ? La vie d'un exilé !   Comment   pourriez vous comprendre !

Voyant mon silence, le médecin continua comme pour me donner un avertissement:

"En Amérique, les gens n'ont pas le droit de se suicider. C'est contre la loi! "

La loi ? Regardant tout droit dans les yeux du jeune docteur, je répondis

"Je n'ai rien à dire."

Le docteur repoussa la chaise et se leva.

"Vous devez savoir que si vous refusez de le dire, vous serez envoyé dans un hôpital psychiatrique, un asile d'aliénés ! À vous de choisir !"

J'ai regardai le plafond, tout était blanc. Le rideau blanc bougea et se referma.

Tippi était venue me rendre visite. Elle m'apporta un bouquet de roses jaunes et un exemplaire du Hollywood Reporter.

"Chinh! Rien n'est plus important que votre propre vie.

Nous nous embrassions.

"Vous n'appartenez pas ici. C'est beau là-bas."

Je ne sais pas ce que Tippy avait dit à qui que ce soit après sa visite, mais le lendemain, quand le médecin est venu me rendre visite, ce n'était pas le jeune médecin d'hier, mais un médecin plus âgé que moi, une femme belle et polie. Elle s'assoyait sur le bord du lit, douce comme une grande sœur, une mère. Elle caressa quelques mèches de cheveux sur mon front, me sourit en se présentant et ajouta : "Tu es belle. Je t'aime dans M.A.S.H., j'aime M.A.S.H. Alan Alda est formidable, n'est-ce pas ? "

Je la regardai et souris à sa dernière phrase.

Ces paroles et ses gestes me mirent a l'aise. On dirait une conversation intime entre deux amies qui se connaissent depuis longtemps.

Le lendemain, elle était revenue mais pas pour "travailler" à l'hôpital. Cette fois, elle vint me chercher et m'emmena dans son cabinet privé, non loin de l'hôpital, pour "bavarder". Son bureau est au dernier étage, le quatrième de l'immeuble. Ma surprise en ouvrant la porte, c'est de me trouver à l'entrée d'une forêt : Autour du mur et au plafond étaient des peintures de bonsaïs et de toutes sortes de verdure. Dehors, à travers la fenêtre, se profilaient des grands pins verts. Il y avait très peu de meuble dans la pièce. Elle me montra le banc près de la fenêtre et me dit de m'allonger. Elle mit la musique, une musique douce qui semblait venir de très loin. Elle m'apporta un verre d'eau glacée , avec un morceau de citron dedans et une petite feuille flottante. Elle tira une chaise à côté du canapé sur lequel j'étais allongée et me demanda la permission d'allumer le magnétophone pour enregistrer notre conversation. Cela lui permet de se mettre à l'aise, a-t-elle dit, sans avoir à prendre des notes.

Parlant d'abord d'elle, elle raconta :

"Quand j'étais jeune, je rêvais d'être acteur. Mais je n'avais pas la chance que tu as de vivre la vie d'une artiste. J'ai été violée et j'étais devenue folle! Après plusieurs jours à vivre bêtement, incapable de faire quoi que ce soit, après tant de trébuchements et d'échecs, je décidai de me raviser et de changer mon destin. J'ai décidé non seulement de vivre pour moi-même, mais de vivre avec beaucoup d'autres. Je suis retournée à l'école et j'obtins un doctorat en "psychologie". Depuis, je me suis plongée dans la vie de beaucoup d'autres personnes. Aujourd'hui, je peux vivre ta vie. Merci de la partager avec moi."

Je regardai à travers la fenêtre. Dehors les pins se balancèrent dans le vent, et la musique mélodieuse me berça vers le passé...

Le jour suivant elle vint me chercher pour prendre le petit-déjeuner dans un joli petit café, puis m'emmena à la plage. Nous errions sur le sable au rythme du clapotement de vagues.

"Notre vie est aussi petite qu'un grain de sable dans la mer, les vagues viennent nous couvrir, puis les vagues s'en vont... et reviendront. Vivez, respirez tant que vous le pouvez. Trouvez un sens à tout en humant la brise" m'a it t-elle avant de me ramener à la maison.

Merci à ceux qui font leur travail de tout leur cœur et de tout leur esprit.

(Je pense que je devrais raconter ici en détail ce qui s'était passé cette nuit-là. J'appris plus tard, que grâce a un concours de circonstances qui s'avèreraient fortuites, Cường se rendit à notre maison très tôt au petit matin. Voyant les lumières encore allumées dans ma chambre, Cường se précipita dans la maison et vit ma main pendant lâchement, le combiné du téléphone librement en ballade près du lit, le verre d'eau vide et le flacon de somnifère renversés. Il me secoua pour me réveiller mais en vain. Cường se hâta d'appeler une ambulance pour me conduire à l'hôpital. Cường m'a ainsi sauvée la vie, comme le voulait L'Être Suprême).

Une nuit d'hiver, bien qu'il ne fasse pas très froid, j'allumai la cheminée. Assise à regarder le feu vaciller, avec un verre de vin rouge à la main, je compris que désormais je serai la seule à vivre dans cette maison. Accepte-le, tourne une nouvelle page du Livre de la Vie. Puis je me levai, décidai de me "batailler " à nouveau.

Retour en Asie du Sud-Est

Le 24 janvier 1980, avec l'équipe de tournage des *Enfants d'An Lạc,* je m'envolai pour les Philippines. Cinq ans après la chute de Saïgon, c'était la première fois, que j'avais l'opportunité de quitter les États-Unis et de retourner en Asie du Sud-Est.

Avant l'arrivée de l'avion aux Philippines, le pilote informa les passagers que l'avion se trouvait dans l'espace aérien de Saigon. J'ai regardai rapidement à travers le hublot et ne voyais que des nuages.

Patrie juste en dessous du voile des nuages, patrie sans retour.

Manille, la capitale des Philippines, est un endroit qui m'a laissé de nombreux souvenirs inoubliables. En 1968, alors que j'étais actrice de cinéma du Vietnam, j'avais été accueillie deux fois à Manille, lorsque je partageai la vedette avec Leopoldo Salsedo dans le film *Destination Vietnam.* Puisque c'était le premier film réalisé par le studio américain Paramount aux Philippines les acteurs furent chaleureusement accueillis. Le tournage du film venait de se terminer au Vietnam, Tế et moi avions pris un vol de Saigon à Manille pour en lancer la publicité avec le réalisateur Roft Bayer. À la première du film, je vins en invitée du ministère de la Défense. À Manille, je fus accueillie par un défilé militaire, avec des hélicoptères lançant des tracts de bienvenue. Avec Leopoldo Salsedo, je me tenais debout dans une jeep de l'armée, muni d'un canon, allant de l'aéroport à la ville. sur les deux côtés de la route., les gens nous applaudisèrent et saluèrent.

Moins de 12 ans plus tard, je retourne à Manille cette fois en simple actrice en exil. L'équipe de tournage du film *Les enfants d'Anlac* arriva tranquillement, sans tambour ni trompette.

Les enfants d'Anlac est un film d'Ina Balin, retraçant sa visite dans un orphelinat appelé camp d' An Lạc au Vietnam pendant la guerre. C'était elle qui était venue là pour adopter trois enfants orphelins, nommés Nguyệt, Kim et Ba Nhi. Mon rôle dans l'équipe de tournage est celui d'une simple ordinaire, doublé de conseillère technique. Le temps de tournage a été très émouvant car chaque jour je reviens avec la réalité de ce qui s'était passé avant 1975 avec les orphelins. Dans le film, en plus d'Ina Baélin, il y avait aussi Shirley Jones, Beulha Quo...

Voici quelques extraits de mon journal, sur retour à Manille après avril 1975.

Les misérables du camp José Fabella

Le 28 janvier 1980

Avant de retourner à Manille, j'ai entendu dire qu'il y avait des milliers de Vietnamiens vivant au camp de José Fabella. Dans mon esprit, j'ai décidé que je devrais passer une journée à visiter ces compatriotes à moi. L'occasion s'est présentée jeudi, après quatre jours de travail avec l'équipe de tournage, j'eus mon premier jour de congé et je passai une journée entière à visiter le camp de José Fabella.

C'est alors que j'appris que José Fabella n'était en fait qu'un quartier pauvre et délabré situé à la périphérie de la ville. Au moment de ma visite, le camp comptait environ un millier de Vietnamiens dont la plupart sont des femmes vivant dans la pauvreté. Ces personnes n'avaient droit à aucune prestation spéciale, car elles n'étaient pas venues eomme réfugiés. C' étaient les femmes de soldats et spécialistes philippins combattant au sud Vietnam pendant la guerre avant 1975, et elles les avaient suivis pour s'enfuir du Vietnam.

Ces femmes furent ensuite abandonnées pour de nombreuses raisons: circonstances familiales, difficultés pécuniaires ou ''virement sentimental'' , etc...

Sans travail, sans logis, sans argent et sans documents légaux, ces femmes vietnamiennes abandonnées n'étaient pas autorisées à vivre dans la ville et s'agglomérèrent dans le quartier José Fabella. Pour subvenir à leurs besoins, à ceux des enfants ou des parents âgés qu'elles avaient amenés avec elles, certaines femmes ont dû faire toutes sortes de travaux, y compris des plus indignes, pourvu qu'il y ait de l'argent à gagner pour survivre !

J'étais éberluée à la vue de cette soi-disant "ville". Sous le soleil chaud des tropiques, les huttes de fortune délabrées et bondées de monde révèlèrent des signes de vies en lambeaux, échevelées et démunies; les bébés maigres rampant sur le sol, quelques personnes âgées, immobiles et sans défense.

Pendant ce temps, une jeune mère tenant un nouveau-né dans ses bras, me vit et se rua vers moi:

"Madame, ayez pitié de mon enfant. Je n'ai pas un centime pour acheter du lait pour mon bébé, Madame..."

Puis un vieil homme joignit ses deux mains en s'inclinant:

"Madame, c'est misérable d'être vieux, sans un sou pour acheter des médicaments! Ayez pitié de moi et aidez moi.

Je poussais un billet de 20 dollars dans sa main. Le vieil homme continua de s'incliner. Je l'aidai à se redresser, puis il éclata en sanglots. J'essayai de l'arrêter mais en vain. Je regrette de ne pas savoir à l'avance pour emmener un peu plus d'argent,... même si cette somme complémentaire ne serait qu'un grain de sel jeté à la mer !

Le 29 janvier 1980

Le lendemain, après une journée de travail acharné avec l'équipe de tournage, à 17h30, je me précipitai vers le camp José Fabella car la veille au soir il y avait eu un meurtre dans le camp: Un garçon vietnamien de 16 ans fut abattu par deux Philippins.

Je rendis visite à la famille de la victime, je l'écoutai et je sympathisai avec son sort, ainsi qu'avec celui de nombreux des milliers d'autres familles vietnamiennes, parce que la guerre les a éarpillés à la dérive partout sur cette terre.

J'entendis dire qu'il y avait deux Philippins qui entrèrent dans le camp pour "acheter des fleurs". Après l'achat, ils partirent sans payer. Voyant cela le fils, âgé de 16 ans, de la femme "misérable" courut après eux, brandissa un bâton en criant et demanda qu'ils payassent. Les deux hommes s'enfuirent, mais un instant plus tard, ils revinrent avec une arme à feu et l'abattèrent.

J'embrassai la femme qui pleurait parce qu'elle perdit son enfant et je commençai à pleurer moi aussi. Avec le peu d'énergie et d'argent à ma disposition, je sais que je ne pouvais pas aider les malheureux parents de José Fabella. Ce qui rendit mon cœur encore plus amer ! Sans le dire à haute voix, je ne pense pas que beaucoup de gens sachent que des acteurs comme moi qui jouent loin des studios, en plus du salaire officiel à toucher après le tournage, je ne gagnais que 75 dollars d'allocation par jour, juste pour couvrir le coût de trois repas: 15 dollars pour le petit déjeuner, 25 dollars pour le déjeuner et 35 dollars pour le dîner. D'habitude je prends le petit déjeuner à l'hôtel avant d'aller au travail, s'il reste des morceaux de pain, je les garde toujours pour le dîner. Sur le plateau où le déjeuner est gratuit, je peux manger à ma guise, et n'ai pas oublié de prendre des morceaux de gâteau et des bananes supplémentaires à rapporter à l'hôtel pour le dîner.

L'argent ainsi épargné je le garde pour donner aux personnes âgées ou acheter des cadeaux, comme il a été promis, a l'intention de certains enfants, lors de mes prochaines visites de week-end au camp.

En tant que conseillère technique de l'équipe de production de *The Children of An Lạc*, je suggérai au producteur Jay Benson que de vrais Vietnamiens soient embauchés pour jouer les figurants. J'ai également parlé à Jay du camp José Fabella et proposa d'aider certaines personnes du camp à trouver des emplois temporaires suivant les besoins de film.

Avec l'accord de Jay, je contactai le général Tobias (que j'ai eu l'occasion de connaître lors du tournage de Destination Vietnam il y a douze ans), il est actuellement en charge des affaires des réfugiés et est un général proche de Mme Imelda Marcos, la Première Dame des Philippines. Je lui demandai son aide et intervention pour l'obtention des permis de travail. Jay et moi étions retournés au camp pour recruter des gens. Tous les matins le studio envoya un bus pour prendre les candidats sélectionnés pour le film, dans l'après-midi, le bus les ramena au camp. Ceux qui furent selectionnés se rendaient au travail avec joie, ils étaient reconnaissants d'être payés et de pouvoir manger et boire gratuitement.

Parmi les personnes sélectionnées dans le camp José Fabella pour jouer dans le film, il y avait une fille de 12 ans nommée Lai. Chaque jour sur le plateau, Lai est toujours avec moi. Elle était très intelligente, agile, laborieuse, mignonne. Sur le plateau, nous étions toujours assises l'une à côté de l'autre et Lai était devenue mon amie proche tout au long du tournage.

Au cours des deux dernières semaines de tournage, Lai m'a supplié de l'adopter et de l'amener aux États-Unis pour qu'elle puisse aller à l'école. J'ai essayé d'expliquer à Lai qu'il est extrêmement difficile de passer par les procédures d'adoption pour retourner aux États-Unis. Il est d'autant plus difficile du fait que j'étais encore une réfugiée sans nationalité américaine.

Avant le jour où je dois dire au revoir à ma petite amie, je savais qu'il était difficile pour nous de prendre un repas ensemble. Elle était triste, je l'étais moi aussi. Je la regardai timidement et priai pour qu'elle ait la possibilité d'étudier et de grandir dans un meilleur endroit que José Fabella, ce pays de misère.

L'Île des Boat People de Bataan

Le dimanche 24 février 1980, j'ai été invitée à visiter le camp Bataan avec la délégation de Mme Imelda Marcos, épouse du président des Philippines.

Pendant cette période, plus de 7.000 boat people vietnamiens s'étaient rassemblés à Bataan, une petite île située à plus de 70 milles de Manille. Le général Tobias du palais présidentiel des Philippines était l'organisateur de la visite et il m'avait aimablement invitée à accompagner la délégation. Il a dit que les gens du camp furent informés de la visite de la Première Dame des Philippines et aussi de ma présence. Toujours selon lui, le nombre de boat people vietnamiens venant aux Philippines augmentait de jour en jour, et se trouvèrent dans une situation difficile. C'était la raison pour laquelle Mme Marcos voulait leur rendre visite et offrir plus d'assistance.

Dans l'hélicoptère privé de Mme Marcos, nous sommes arrivâmes vers 15h. avec la Première Dame des Philippines au camp des réfugiés de Bataan. Le soleil était rouge.

Vue d'en haut, la petite île au milieu de l'océan ressembla à un navire en feu, brillant de mille flammes. L'hélicoptère se rapprocha, et je me rendis compte que ces pièces scintillantes étaient des milliers de toits de tente en tôle ondulée ou en tissu, temporairement érigés dans la zone des réfugiés.

L'hélicoptère se posa au milieu du camp, soulevant une envolée de poussière rouge. Des milliers de compatriotes se précipitèrent vers nous. Beaucoup de gens me reconnaissaient et ont crié mon nom. Les gens se rassemblèrent et nous entourèrent. Les gardes protégeant Mme Marcos avaient dû les stopper. Je m'étais séparée de Mme Marcos pour être proche de mes compatriotes. Des gens se tenaient par la main, ils s'étreignirent, pleurèrent, à la fois heureux et tristes avec des centaines de questions à l'esprit. Beaucoup de gens me demandèrent de transmettre leur désidérata à Mme Marcos.

D'autres me confièrent des lettres qu'ils avaient écrites, que j'allais emporter avec moi et essayer de les envoyer à leurs proches. Juste comme ça ; chaque fois que nous passions devant un camp, plus de monde accourut. Des gens qui me suivirent devinrent de plus en plus nombreux.

Dans une tente du camp, une femme appela mon nom avec un voix qui retentit jusqu' au ciel et agita sa main fébrilement. Entendant le cri, Mme Marcos s'était arrêtée pour s'enquérir. La femme est restée assise dans la tente, ne se levant pas. (Tout le monde a été requis de se lever avant que la première dame ne vienne lui rendre visite, de se lever et de dire bonjour) .

L'assistante de Mme Marcos et un journaliste m'ont demandé de dire à la femme de se lever. En écoutant mon interprétation, la femme expliqua maladroitement en se levant:

"Madame, j'ai mes règles; et n'ai pas de tampons pour éponger le sang. Je suis tellement sale que je n'ose pas..."

Lorsque la femme se leva, un essaim de mouches vertes la suivit. Les mouches continuèrent à foncer sur le vieux journal couvert de sang sur lequel la femme était assise.

Après la distribution des cadeaux et des vêtements, on toucha déjà à la fin de l'après-midi.

Sur le chemin du retour vers l'héliport il y avait un homme maigre et décharné qui se tenait seul. Quand je me suis approchée pour le voir, il prit un air perplexe, puis m'a soudainement étreinte en pleurant et en répétant:

"Chérie, pardonne-moi, pardonne-moi..."

Une personne était venue m'aider à retirer sa main. Une autre personne s'était approchée et expliqua:

"Chère madame", cet homme est un peu dérangé, tout le monde dans le camp le sait. On dit qu'il était un ancien soldat avec une femme enceinte qui craignait les voyages en mer. Le soldat insista toutefois d'amener sa femme avec lui dans sa fuite par voie maritime. Aux parages des eaux thaïlandaises le navire fit naufrage et des pirates l'attaquèrent. Sa femme fut violée et en mourut ! D'habitude, il est taciturne. Mais parfois, il passe par une crise, quand il rencontre une femme qu'il pensait être la sienne, il revient en courant pour l'embrasser, pleurer et s'excuser... "

Je regardai l'homme au cœur brisé marcher avec nonchalance.

Après trois heures de visite, les représentants du camp de Bataan m'ont remis une note en vietnamien, avec les demandes et pétitions des compatriotes, et m'ont demandé de les transmettre à Mme Marcos. Les compatriotes m'ont aussi confié un grand nombre de lettres, destinées à leurs parents, qu'ils me demandent d'envoyer. Ces lettres remplissaient à ras bord un sac très lourd.

Le soleil s'était couché, la délégation quitta le camp. L'hélicoptère s'éleva dans une brume de poussière rouge. Baissant les yeux, je vis mes compatriotes courir après moi, essayant de me dire au revoir. Petit à petit la foule s'appetissait.

J'eus le cœur gros quand je me rendis compte que je volais vers la terre ferme, et que mes compatriotes restaient sur l'île, comme des prisonniers sur une île déserte !

M'accompagnant dans l'hélicoptère était le sac de courrier des compatriotes à envoyer. Les sacs à main sont lourds, mais ce qui était plus lourd ce n'était pas le sac mais ma tête, lourde des images tristes que je venais de voir, des sons qui semblaient me transpercer le cœur. Le bruit des hélices de l'appareil "explosa", mais mes oreilles pouvaient encore entendre les paroles des compatriotes me disant au revoir et le cri du malheureux fou. Mes larmes coulèrent sur la pile de lettres de mes compatriotes que je tenais dans mes bras.

Comme promis à mes compatriotes et à Mme Marcos, je faisais une liste d'articles essentiels pour soutenir le camp de Bataan, même avec une longue liste, je n'ai pas oublié d'ajouter des serviettes hygiéniques pour les femmes.

Retour à la patrie, terre des aïeux

La voici, la terre que je foule à mes pieds, ma patrie. Il faisait si chaud, c'était comme entrer dans un sauna. Mais en descendant les marches de l'avion, je retrouvai en moi la joie de pouvoir me baigner dans la chère chaleur, la chaleur familière du jour.

Dès mon arrivée à l'aéroport Nội Bài de Hà Nội - d'où j'étais partie il y a 41 ans, je reconnus tout de suite mon frère absent depuis quarante et un ans parmi la foule accueillant les passagers à la sortie de l'aéroport. En même temps, j'ai eu le sentiment de revoir à la fois mon père et mon frère tant il lui ressemblait. Chaque cellule de mon corps explosa à la vue que je n'avais aperçue que dans un rêve.

Il est vieux, bien sûr, ses cheveux sont "couverts de rosée", son visage est plus fin qu'avant, de nombreuses rides lui donnent une apparence austère, mais c'est toujours lui - mon frère Lân.

Chemise blanche, cravate, bouquet de roses rouges à la main, il se précipita vers moi, me serra dans ses bras, son corps trembla comme submergé par l'émotion, il me souleva, m'embrassa. Frère et soeur se cramponnaient l'un à l'autre, comme s'ils avaient peur de se perdre à nouveau.

"Oh mon Dieu! Anh Lân! Anh Lân! murmurai-je sur son épaule.

"Chinh! Je t'attendais depuis si longtemps!" Je l'ai entendu sangloter.

Je ne sais pas si je dois rire ou pleurer. Il me tenait la main et ne la lâcha pas. J'étais si heureuse de voir qu'après de nombreuses années de souffrance et d'épreuves, même si ses cheveux furent devenus sel et poivre, la main du vieux frère reste toujours ferme, la même main qui me conduit sur cette terre depuis l'enfance.

Il était allé à l'aéroport avec sa femme et ses filles pour me chercher.

Dans la voiture, Lan, la femme de Lân, et Loan, sa première fille, se taisaient, personne ne prononçait un mot, respectant les moments d'émotion du frère et de la soeur.

Nous nous parlions à la hâte, parlions de toutes sortes de choses qui avaient été refoulées pendant tant d'années de séparation. Comme moi, il attendait un jour comme celui-ci. Et ce jour est venu.

Dès que j'ai décidé de revenir, je lui ai indiqué en détail les endroits où je veux aller, les gens que je veux rencontrer. "Ne t'en fais pas" m'a-t-il dit en quittant l'hôtel. "Tout a été arrangé exactement comme tu le souhaitais. Je reviendrai demain matin à huit heures, nous irons à Sơn Tây pour rendre visiter à la tombe de papa"

Au milieu de la nuit, le bruit de la pluie qui tombe me réveilla. Je regarde l'horloge: il n'est que trois heures du matin. Le bruit des gouttes de pluie frappant la fenêtre m'a fait sursauter. C'est bien ça la pluie de Hà Nội. Elle se différe de toutes les autres pluies que j'aie connues partout ailleurs où je voyageais, traversais, mais cette pluie est tellement familière.

De la fenêtre de l'hôtel Sofitel regardant la route glissante en contrebas, j'eus un choc : Suis-je vraiment à Hanoï ? Non, je ne rêve pas, je suis éveillée.

Une ombre d'antan m'est apparue... une soirée pluvieuse comme celle-ci, mon père m'emmenait voir le film *Les plus belles années de notre vie* au cinéma Philharmonique situé au bord du lac Hoàn Kiếm. Une autre vision m'est apparue, celle de la vieille maison au numéro 10 rue Lê Trực, avec l'ombrage parfumé du ylang-ylang de jadis... Je ne sais pas ce qu'il est arrivé à tout cela maintenant.

Des souvenirs comme un film muet me ramenèrent vers mon enfance, vivant dans le confort de la maison à Kim Mã Gia Trang jusqu'à la dernière nuit où Lân quitta la maison au numéro 10 rue Lê Trực pour se rendre dans la zone de guerre, et seuls le père et la fillle étaient restés ensemble dans un chambre vide, éveillés toute la nuit ils attendaient l'heure du départ pour un voyage fatidique.

Au cimetière

C'est Aujourd'hui le jour de la visite des tombes. Loan, ma nièce et Truyền, son mari, sont chargés d'amener de toutes sortes d'encens, des lampes et de fruits. Le cimetière de Yên Kỳ est situé dans une région montagneuse de la province de Sơn Tây, à plus de 60 kilomètres au nord-ouest de Hanoï. Les tombes de mes parents et de mon petit frère, sont toutes là. Pendant le trajet, mon cœur était mal à l'aise et agité. Je vais revoir mon père, même si ce n'est qu'une tombe. Mais c'était la tombe, la dernière demeure de notre père, que je n'avais jamais vue.

Le cimetière est très grand, les tombes sont allongées les unes à côté des autres, et s'étendent à perte de vue. À première vue, c'était sombre, très sombre. L'herbe sèche est brûlée en morceaux, friable, sans tache. Il y a des pierres tombales penchées, qui se bousculent ; pas une seule trace d'encens. Je me suis dit que les proches des defunts dans ces tombes en lambeaux avaient dû errer quelque part. Ou était-ce un destin cruel qui les rejetait sur la terre, dans un endroit si lointain que ces âmes ne pouvaient pas reconnaître. Je pense à un dicton métaphysique selon lequel les vivants et les morts sont encore vaguement liés, liés par une certaine intuition spirituelle. Mais à cette heure, ici, devant le triste paysage du cimetière, je vois autrement. Je vois que la séparation a pris fin. Il n'y a pas corde invisible. Tout est oubli. Douleur tragique.. C'est comme ne pas vivre mais mourir!

La tombe de mon père vient d'être reconstruite, m'a dit Lân : "Quand mon père mourut, notre famille était très démunie, la tombe n'était qu'un monticule de terre surmonté d'une stèle de fortune." La tombe venait d'être reconstruite deux semaines avant mon retour. Il ne voulait pas que je voie la tombe de notre père en désordre

Je cheminai rapidement vers la tombe de mon père. Une fois arrivée j'appuyai mes deux mains sur la stèle. J'avais l'impression de voir mon père juste devant moi et je le serrai dans mes bras.

"Papa, me voilà. Chinh est là, papa!" Je m'agenouillai et les larmes me montèrent aux yeux. "Je suis là, papa !" je m'étouffe. S'il te plaît, pardonne-moi de ne pas avoir été là pour toi quand tu avais le plus besoin de moi".

Lân posa sa main sur mon épaule :

"Nous sommes tous coupables envers papa, Chinh. Je suis plus coupable que toi."

Jétais restée ainsi pendant je ne sais combien de temps. Les images du passé refluèrent comme une cascade. J'éprouve une vive douleur dans mon cœur, j'avais l'impression qu'il était resserré par des battements irréguliers. Sanglots. désintégration. Et ça ne s'explique pas.

Sur le chemin du retour, Lân m'a fait passer devant la prison Hỏa Lò, il disait:
"Papa a passé deux ans ici," et puis une petite pause avant de continuer "Après on l'a transferé ailleurs".

J'ai regardé la célèbre prison surnommée "Hanoi Hilton" par la presse américaine et les prisonniers dans les articles ou les mémoires qu'ils ont écrits. Cet endroit a également accueilli deux célèbres prisonniers américains, John McCain et Pete Peterson.

Après son retour aux États-Unis, M. McCain poursuivit une carrière politique et devint un sénateur bien connu, tandis que M. Peterson fut nommé le premier ambassadeur américain au Vietnam après la guerre lorsque les deux pays normalisèrent leurs relations.. J'ai la chance de les avoir connus tous les deux.

Enfant, je n'ai jamais rien su ni entendu à propos de cette prison. Devant mes yeux était un haut mur de pierre, surmonté d'une longue criniere en fil de fer barbelé, chaque coin du mur a une haute tour de garde, la porte... sombre, froide. La prison dans laquelle vivait mon père est en train d'être démolie pour construire un hôtel international, dit-on. Il semble que les gens gardent encore quelques vieilles cellules comme reliques pour les visites touristiques.

"Puis-je entrer et voir, frère ?" Je tirais sur la manche de la chemise de Lân. "Je veux voir où papa était détenu."
Lân secoua la tête et dit doucement:
''Ils ont gardé quelques cellules . Mais nous ne savons pas dans laquelle il était détenu. Et ils ne permettent à personne d'y entrer pour le moment.   "Maintenant, je te ramène visiter l'ancienne maison de notre père"

La voiture était déjà bien loin de la prison, mais le fracas des "marteaux" asséna toujours après moi.

Notre ancienne maison

Dans l'après-midi, nous retrouvâmes l'ancienne maison.
"La voici, la maison numéro 10, rue Lê Trực. La reconnais-tu ?"
 anh Lân me demanda quand nous nous étions arrêtés au bord d'une rue bordée d'étalages et de restaurants où une vieille femme vendait des vermicelles.

"Tiens, regarde bien." dit Lân. Je regardai mais ne remarquai rien de familier jusqu'à ce qu'il m'ait montré le coin arrière des petites boutiques. Encore une fois, il demanda : "As tu vu le vieux portail en fer ?"

Oh mon Dieu ! Le portail en fer forgé où on s'était séparé, mon frère et moi il y avait 41 ans. Mes yeux piquent quand je vois le grillage en fer. Il est toujours là, déformé, rouillé, inerte et ancien. Il est toujours là, mais ce n'est plus ce qu'il était. La façade de la villa à deux étages du passé a été remplacée par une rangée de sept ou huit maisons au rez-de chaussée avec toutes sortes de magasins vendant de tout, depuis les chaussures jusqu'aux cages à oiseaux... Comment puis-je l'oublier, notre ancienne maison !. "Après mon départ, la maison a été confisquée, Chinh. Ils ont installé des dizaines de familles" . Lân disait d'une voix égale, pas triste, comme s'il ne s'agissait que d'une petite vérité triviale, un destin humiliant contre lequel on ne pourrait rien faire.

En franchissant la porte de fer menant à la cour, je m'arrêtai soudain, surprise, comme si je voyais la vieille scène. La table de ping-pong au milieu de la cour, le va et vient d'une balle, puis la voix. Mais cette personne est revenue aujourd'hui.

Est-ce que l'ombre sur le mur me reconnaît?

"Oui!" L'ombre répondit: "Nous sommes un."

Oui, les souvenirs ne sont jamais perdus, ils se cachent dans la mémoire du cœur - un bunker caché et sûr.

Je ne me souviens pas combien de temps jétais restée là pour laisser mon esprit vagabonder vers un souvenir lointain, mais il était temps pour moi de partir. Je vais devoir repartir de cet endroit, car il ne m'appartient plus. Peut-être n'est-ce qu'un souvenir ?

Une petite fille qui occupe maintenant mon ancienne maison vint se tenir derrière moi depuis je ne savais quand. J'e lui ai demandé où elle dort dans cette chambre. De façon inattendue, l'endroit où elle se trouvait était le même endroit où je me trouvais autrefois. Du lit, je regardais souvent par la grande fenêtre, la cime du l'ylang-ylang s'élèver jusqu'au ciel bleu, où je laissais mon âme s'envoler avec mes rêves d'enfant.

C'est de la vieille fenêtre à la peinture, qui maintenant s'écaille, que je vivais heureuse avec les matins paisibles pleins de chants d'oiseaux dans les arbres, comme s'ils voulaient m'inviter à courir hors de la chambre. Ils veulent que je sois "baignée" de soleil du matin, et le parfum des fleurs d'ylang-ylang flottait encore dans l'air, quand les gouttes de rosée de la nuit se volatilisèrent des feuilles. J'avais le sentiment que le parfum du ylang-ylapng ne se dissoudrait pas avant de remplir ma poitrine d'un parfum doux et familier.

A cette époque, j'étais trop jeune pour comprendre que le rêve et la réalité étaient des chemins qui ne se croisaient pas souvent. Pour les pays avec de nombreuses guerres comme le mien, ces voies ne sont pas seulement de mauvaises routes, mais aussi des chemins du désastre et de la mort. Avant de me retirer, de quitter la chambre de mon enfance, Je la regarde encore une fois comme si je regarde l'ombre de mon enfance.

En silence, je souhaite la paix pour les rêves de la petite fille!

Le vieil ami de papa

Aujourd'hui, je rendis visite à mon parrain, M. Ngọc Giao - un écrivain vietnamien de premier rang, qui était aussi un vieil ami de mon père.

Un an avant la division du pays, l'ancienne maison de ma famille à Hanoï était autrefois un lieu où les amis de mon père, dont de nombreux écrivains et poètes, avaient l'habitude de se retrouver. Parmi ceux-ci, le plus proche de son père était l'écrivain Ngọc Giao, auteur de nombreux ouvrages littéraires à succès de Hanoï à cette époque. Après la prise du nord par les communistes, l'écrivain Ngọc Giao n'avait plus le droit même de tenir un stylo.

Il vit actuellement dans une maison à deux étages cachée dans une petite ruelle. Le fils aîné de M. Ngọc Ngoc m'accueilla sur le perron de la porte. Lorsque nous étions entrés ensemble dans le salon, il se tourna vers moi et me dit:

" Très tôt ce matin le vieil homme avait sorti ses vêtements de grandes occasions, pour s'habiller, était entré et ressorti en attendant Chinh."

M. Ngọc Giao, 86 ans, apparut dans l'escalier en costume et cravate, élégant, avec de longs cheveux argentés. L'écrivain ouvrit ses bras pour m'embrasser en pleurant.

"Chinh, ça fait déja des années que je t'attends" dit-il en me regardant. "Tiens, tu vois." Il sortit de sa poche une vieille photo de moi, prise quand j'avais 14 ans. Au verso de la photo se trouve l'inscription "Oncle Ngọc Giao, cher ami de papa".

Après quelques minutes de jubilation, il m'emmena au premier étage, dans sa propre chambre, et me montra une planche en acajou à côté de la fenêtre.

"C'est là que ton père avait l'habitude de s'allonger." Il me dit : "Quand je suis sorti de prison, j'errais partout... j'avais faim...
Par une nuit pluvieuse, ton père vint en cachette pour mendier de la nourriture. Il pointa du doigt: "Ton père se couchait en cachette de ce côté, quant à moi je me suis couché de ce côté..."

Assise, j'appuyai ma main sur la planche de bois froid, où mon père s'était étendu, je ressentis une vive douleur dans mon cœur et des larmes commencèrent à couler, ruisselant sur la planche en bois.

En silence Tonton posa sa main sur la mienne.

Je levai les yeux vers lui et demandai :

"Savez-vous pourquoi mon père était en prison ?"

D'un air triste l'oncle raconta : "À cette époque, la vie était très difficile, très triste. De nombreuses personnes étaient au chômage. Également au chômage, père et fils, furent parfois embauchés. pour travailler dans les champs, et souvent dans les chantiers. Un après-midi à la fin d'une très longue journée de travail, papa et quelques amis s' étaient assis pour manger à un restaurant. Du trottoir des petits enfants remarquèrent quelques grandes banderoles tendues au-dessus de la rue, proclamant "Rien n'est plus précieux que l'Indépendance - Liberté - Bonheur". Tous les gens s'unissent pour construire une vie prospère". Ton père dit à ses amis: "Quelle liberté, quel bonheur ! ! Les gens ont faim et sont pauvres, Sacré Bleu ! mais pour quelle raison sont-ils heureux !» Le restaurateur l'entendit et signala la police. Père et fils furent arrêtés et emmenés. je ne savais pas où pendant des années."

L'oncle Ngọc Giao raconte qu'après sa sortie de prison, mon père n'avait qu'un petit coin au pied de l'escalier de la maison de la rue Le Truc pour s'allonger, et n'avait rien pour manger, car à cette époque, des bons de rationement furent requis pour se ravitailler. Mais ces bons sont délivrés sur attestation de domicile. Or comme ton père sortit de prison, il n'avait pas de domicile à déclarer et ne savait vers qui se tourner...

'' C'était une période incroyablement difficile, ma fille. Votre tante et oncle devaient préparer du riz gluant et le vendre chaque matin pour subvenir aux besoins de la famille. Tonton dit à mon père: " À partir de ce moment, je vais laisser un paquet de riz gluant dans la ruelle, tu peux venir le chercher." M. Ngọc Giao ajouta :
"Le matin, ton père avait dû marcher quelques kilomètres jusqu'à notre maison, prit à la hâte le paquet de riz gluant qui était laissée dans l'allée derrière la maison, à l'endroit convenu, et fut reparti immédiatement, n'osant laisser personne le voir de peur d'impliquer le propriétaire." Je me tus, il continua comme pour me consoler:

"La chose la plus importante que tu dois savoir, c'est que ton père est un homme honnête et respectable. Je suis tellement fier d'être son ami."

Mon parrain me prit la main et dit: « Au bout d'un moment, je n'ai plus vu ton père venir chercher du riz gluant... » Il continuait en disant qu'il regrettait de ne pas pouvoir être avec son ami, quand il mourût en 1978.

'' Ton père m'a toujours dit qu'il t'aimait, sa fille cadette. Il dit qu'il comprenait ton âme, depuis que tu es une enfant, il devinait que tu devrais être une personne qui vit avec l'art, car tu aimes la beauté, tu aimes l'art depuis l'enfance. La dernière fois que nous nous sommes rencontrés avant sa mort, ton père disait qu'il espérait vivre jusqu'au jour où il reverrait sa fille, mais craigna qu'il ne pourrait pas surmonter la douleur de sa maladie... que s'il ne pourrait pas vivre jusqu'à ce jour, *"S'il vous plaît, dites a ma fille que j'ai essayé de vivre une vie propre et bonne parce que je pense à elle... Je lui ai dit d'écrire toutes les choses qui lui sont arrivées. toutes les choses qui sont arrivées à sa famille, à notre génération.."*

"J'attendais que tu reviennes depuis de nombreuses années.", mon parrain reprit la parole. "Maintenant que je peux te dire ce que ton père m'a dit, je peux être assuré que j'attendrai le jour pour fermer les yeux et revoir ton père dans un autre royaume. "

Frère et soeur

J'ai passé la toute dernière soirée à Hanoï avec ma famille: Rencontre chez le couple Loan et Truyền. Loan est la fille aînée de Lân et de sa femme. Ils ont également une fille, ma deuxième nièce, Liên, qui vit à Saigon.

Plusieurs fois, je comptais d'interroger Lân directement sur les choses qui me hantaient depuis de nombreuses années à propos de mon père et de lui. Mais encore une fois. Frère et soeur, heureux de se rencontrer, n'avaient pas pu trouver le temps de rouvrir la plaie. En attendant une autre occasion.

Comme il a été prévu, demain, Lân ira avec moi (et James Kimsey) à Quảng Trị, Huế et à Sài Gòn. A Quảng Trị, nous allons rejoindre la délégation de VCF, composée notamment de Terry

Anderson en provenance de New York, et de Sam Russell, représentant de l'association au Vietnam, pour assister à l'inauguration de l'école du 17è parallèle.

Adieu Hanoï pour la dernière fois, quand j'ai dû quitter Hanoï, je n'avais ni père, ni frère. Cette fois, lorsque l'avion décolla, frère et soeur furent assis l'un à côté de l'autre, se tenant la main, regardant le ciel de Hanoï à travers le hublot. Les émotions montèrent dans leurs cœurs, tous deux se souvenant des anciennes silhouettes. Si 41 ans auparavant, au départ de Hanoï, il y avait papa, frère et soeur. nos vies auraient tout autrement changé.

Arrivés à Đông Hà, frère et seur ont été assignés à partager une chambre double dans une maison d'hôte locale. Tard dans la nuit, après une réunion d'affaires conjointe avec la délégation du VCF, j'étaie retournée dans ma chambre, mon cœur battait la chamade de voir Lân dormir, les mains croisées sur son front. Cette image est exactement celle de mon père dans le passé.

À sept heures du matin, avec nos compagnons, nous assistâmes à la cérémonie d'ouverture de la nouvelle école. L'école à deux étages avec 12 salles de classes, fut construite près de la "zone démilitarisée" pour commémorer ceux qui sont morts pendant la guerre.

La délégation du VCF qui assistait à la cérémonie comprenait le journaliste américain Terry Anderson, qui était pris en otage au Moyen-Orient. Avec moi, il est le co-fondateur, co-président du VCF. Était également présent ce jour-là James V. Kimsey, un vétéran américain qui avait combattu au Vietnam, ainsi que d'autres membres de l'association VCF.

La nouvelle école fut nommé en l'honneur de Lewis B.Puller Jr. Non loin de l'école, avait eu lieu la bataille féroce qui prit les deux jambes de Lewis.

Je pensais devoir dire quelque chose à propos de Lewis B. Puller Jr., une légende des vétérans américains. Fils du général le plus décoré de l'armée américaine, le lieutenant de Marine Lewis

B. Puller Jr. s' était porté volontaire pour combattre au Vietnam. Au cours d'une bataille à Đông Hà, Quảng Trị, il a été touché par une mine terrestre, qui amputa complètement ses deux jambes et endommagea sérieusement ses deux bras. Soldat handicapé, vivant dans un fauteuil roulant, Lewis obtint son diplôme d'avocat et écrivit le livre *Fortunate Son: The Healing of a Vietnam Vet*. L'oeuvre se vit décerner le prix Pulitzer en 1992. (Le président Bill Clinton avait personnellement félicité et invité Lewis à une cérémonie en son honneur à la Maison Blanche, mais il refusa, préférant consacrer tout son temps aux projets des anciens combattants.)

Après avoir participé à la fondation du Vietnam Children's Fund, Lewis lui-même se porta volontaire pour se rendre au Vietnam en fauteuil roulant, et est retourné sur l'ancien champ de bataille de Đông Hà, puis, avec ses amis, décida de construire ici la première école de VCF.

Un événement horrible auquel personne ne pouvait s'attendre était survenu alors que le projet entama la construction à Quảng Trị. En Virginie, le 12 mai 1994, Lewis se tira une balle dans la tête chez lui pour se soustraire de la vie. Lewis décéda à l'âge de 48 ans.

Après passé 26 ans à combattre la vieille blessure douloureuse qui était toujours sur le point de se réveiller et déchirer son cœur, le moment était venu où il ne pouvait plus la supporter.

Revenant à la cérémonie d'ouverture de l'école, plus de 200 villageois, des responsables locaux et des élèves en uniforme bleu et blanc se sont rassemblés pour attendre, prêts à assister à la cérémonie d'ouverture. Prenant la parole lors de cette cérémonie, apres avoir coupe le ruban et plante des arbres dans la cour de l'école, je formulai :

"Pour moi, vous êtes l'image typique de l'espoir d'un futur Vietnam. Je vous souhaite du succès dans les études, de la liberté et du bonheur dans un monde en paix".

Je priai pour que ce souhait soit exaucé. Je me sentais vraiment émue à la vue de l'école spacieuse construite au dessus du terrain qui était autrefois la frontière séparant le nord et le sud. Je n'oublie pas non plus de remercier les patrons de l'école, amis d'autrefois qui se sont battus ici et qui reviennent aujourd'hui apporter une brique pour l'avenir des enfants.

Après l'inauguration de l'école, la délégation retourna dans l'ancienne capitale de Huế. En fin d'après-midi, je visitais la pagode Thiên Mụ, où autrefois je jouai le rôle d'une nonne dans le premier film de ma carrière cinématographique, il y avait 38 ans.

"Êtes-vous Kiều Chinh dans un film ?"

L'homme qui vendait de l'encens et des lampes votifs devant la porte du temple me demanda, alors que je descendais les escaliers de la tour jusqu'à la rue. Voyant ma surprise, il sourit.

"Je me souviens de vous. Je vous connaissais depuis que vous tourniez un film dans le temple. Tous les jours vous achetiez l'encens que je vendais"

Le film dont l'homme parle ici est le *"Hồi Chuông Thiên Mụ"* réalisé en 1957, il y a presque quarante ans. Il s'est avéré que cet homme, ainsi que sa famille, avaient toujours vécu depuis un demi-siècle, de la vente d'encens et des cierges devant la porte du temple

Hier soir à Huế, avec nos compagnons, nous assistions à un spectacle de musique traditionnelle de Huế chantant, récitant de la poésie sur une embarcation qui flotte sur la rivière des Parfums. Assis à côté de moi, Lân éait touché par l'ambiance de la poésie et de la musique, car peut-être il n'avait jamais pu en profiter de toute sa vie.

À la fin de la croisière fluviale, chaque invité reçoit un bateau en papier contenant une petite bougie, pour l'allumer soi même de ses propres mains et déposer le bateau sur la rivière en formulant un souhait. Frère et soeur allumèrent ensemble les bougies et larguèrent leur bateau.

"Qu'est-ce que tu vienss de souhaiter, Lân ?" Je demandai.

En regardant les bateaux en papier avec des chandelles scintillantes , flottant sur la rivière la nuit, Lân me dit gentiment : "Je souhaite qu'après cette fois ci, tu reviennes et restes ici plus longtemps."

À onze heures du matin, nous arrivâmes à l'aéroport de Tan Son Nhat, Saigon. J'avais quitté la ville il ya 20 ans, tant de choses ont changé. Il n'y a plus de terrain vague. Intercalées avec les vieux toits gris, se trouvent les nouvelles maisons aux toits de tuiles rouges. Au-dessus, des panneaux publicitaires de tous genres se disputent du terrain, Sur la route, les véhicules de toutes sortes encombrèrent chaque pouce de terrain. Le centre de Saigon est rempli de bruit et de fumée, les rues sont bondées de monde, de costumes de toutes sortes, de nombreuses personnes marchant dans la rue tenant des téléphones portables.

Marchant sur le trottoir bondé de Saigon, tout à coup un homme sans jambes assis sur un fauteuil roulant improvisè avec de planches et des roues de velo, se dirigea vers moi.

"Sœur." Dit il. "Je suis un vétéran de l'ancienne République, merci de bien vouloir m'aider." Mon cœur me faisait mal.

L'image du soldat mutilé me tourmenta à jamais sur le chemin qui me menait à l'hôtel.

Je retournai à mon ancienne maison près de l'hippodrome de Phú Thọ mais le nouveau propriétaire ne me permetta pas de la visiter. Il en ferma la porte, quand il apprit que j'étais l'ancienne propriétaire de la maison, revenant des États-Unis. Je voulais tout simplement revisiter de vieux souvenirs.

Le dernier jour à Saigon, Liên và Luân avaient préparé un repas en offrande à nos grands-parents défunts pour que frère et sœur saluent leurs parents. C'était aussi un repas pour m'accompagner en Amérique. Il est temps pour que frère et sœur de s'asseoir seuls et de revisiter les vieilles histoires. Lân était venu seul me chercher et m'emmener dans une petite mansarde au dernier étage de la maion à trois étages sur la rue Pasteur qui appartient à Liên. la fille cadette de Lân, et à son mari Luân.

« J'ai vécu seul ici depuis longtemps. Cette pièce est mon univers à moi" disait Lân, avec juste assez de place pour un petit lit et une armoire. Il y a une petite terrasse avec suffsamment d'espace pour permettre d'admirer la ville.

Frère et soeur étaient assis sur le lit, feuilletant trois vieux albums de photos de famille. L'histoire commença par une une photo de Lân quand il était enfant, vêtu d'un costume en velours, coiffé d'un béret, tenu dans les bras par son père. La photo était prise à Kim Ma Gia Trang.

"Je me demande depuis des décennies, après que mon frère et moi étions séparés, où as-tu fait du vélo, où avais-tu dormi cette nuit-là, comment étais-tu le lendermain?" lui avais-je demandé doucement.

"Hiệp "le grand" et moi nous étions allés à bicyclette à Bắc Ninh, avions suivi le mouvement des étudiants patriotes à Hà Nội pour mener une guerre de résistance." Lân me répondit.

"Papa resta à Hanoi pour essayer de me trouver, tu sais ? '' Je demandai, "Combien itde temps lui faudra-t-il avant de revoir papa ? "

"Près d'un an plus tard, en octobre 1955, je retourne dans notre ancienne maison de la rue Lê Trực pour voir papa...". Il hésite. "Mais la situation avait complètement changé, ma chère. Tinh a dû vous dire qu'à mon retour, que papa et moi nous fûmes jetés en prison..."

Frère et soeur restèrent silencieux. Au bout d'un moment, je le regardai:

"As tu rejoint l'armée, étais tu allé à la guerre ou es tu devenu membre du Parti?"

" Tu dois comprendre que tout le monde ne peut pas devenir membre du Parti ou devenir soldat."

Anh Lân et moi avons ouvert l'album sur une page avec une photo de notrre père portant une chemise blanche, montant sur le cheval Phi Ma, à côté d'une photo de papa portant un manteau en visite à la baie d'Ha Long avec des amis. Je demandai à Lân:

"Après deux ans dans la prison de Hỏa Lò, lorsque père était transféré dans le nouveau camp de prisonniers de Lào Kay, Yên Bái,, as tu pu lui rendre visite?"

" Je ne pouvais le visiter qu'une seule fois."

Je lui ai posé des questions sur l'apparence de papa et sur le travail qu'il faisait en prison.

« La dernière fois que je rendais visite à papa, il était très maigre, ses yeux s'étaient enfoncés... ses doigts couverts d'égratignures... Papa travaillait dans "l'équipe bambou", effilochant du bambou pour tresser des paniers et des corbeilles. C'est tout ce que je sais. Puis ce fut à mon tour d'être arrêté. Papa était resté à Hỏa Lò pendant un an. Je devais travailler encore pendant trois ans.

Soudainement, Lân prit ma main et son visage sembla avoir vieilli de dix ans.

"Je t'en prie, Chinh ! je ne puis plus répondre. Pendant la guerre, de nombreuses catastrophes sont arrivées à de nombreuses personnes, pas seulement à notre famille. Quarante ans de douleur ne se résument pas d'un coup". Je ne lui pose plus de questions. Tout est fini. Je suis de retour, l'essentiel est que frère et sœur s'aiment toujours."

Je laissai ma main dans la sienne et lui dis d'une voix calme:

"Je te comprends, cher frère. Permets-moi simplement de te poser deux autres questions. Tu dois savoir comment il meurt. Qui était avec lui quand il mourut ? Qu'est ce qu'il disait avant de mourir ?"

"Je ne peux pas te raconter toutes les années difficiles et changeantes... Papa souffrait, Il était malade, très, très malade et... affamé... je sortis de prison et revenais de loin La vie était très difficile, je devais faire toutes sortes de choses pour survivre, pousser des chars à bœufs... Parfois, je devais vendre du sang pour me nourrir. Puis, quand Hanoï fut bombardée par les États-

Unis, la famille a dû évacuer loin de la ville... C'était si dur, ma chérie. En 1978, papa est mort de dysenterie... il n'y avait pas de médicaments... il n'y avait personne. Papa était malade. Tôt le matin j'étais sorti dans la rue pour acheter du sucre candi pour ajouter à son potage. Quand je suis revenu, papa est parti."

Après un long silence, Lân baissa la tête, attendant ma deuxième question. J'essayai de contrôler mes émotions et calmement, je demandai :

"Et en prison, qu'est-ce que tu dois faire?"

"On fait toutes sortes de choses pour rester en vie. Parfois faire des sandales. Parfois faire bouillir de la cire pour fabriquer des bougies..."

Je me suis soudain souvenue des bougies sur le bateau en papier transportant mes souhaits et ceux de Lân, largués dans l'eau de la rivière des Parfums. Je retirai ma main de la sienne, je l'étreignis, puis l'embrassai. Des larmes coulèrent sur ses joues.

"Je reviendrai encore. Espérons que la prochaine fois Tinh et les enfants puissent nous rejoindre. Nous trois, frère et sœurs, allons visiter la tombe pour brûler de l'encens et célébrer l'anniversaire de la mort de nos parents. Nos enfants, frère et sœurs nous nous rencontrerons".

À deux heures du matin, j'étais encore éveillée, seule à faire ma valise. À cinq heures du matin, rendez-vous à l'aéroport pour rentrer aux Etats-Unis. Une fois entrée dans la zone séparée, réservée aux passagers en partance, je me retournai et vis Lân courir dehors, essayant de me poursuivre. Je courus vers lui. Frère et soeur pressèrent leurs mains de part et d'autre de la cloison vitrée qui les séparait. Je regardai Lân, Des larmes me montèrent aux yeux...

En 2004, anh Lân est décédé

Cette nuit-là, j'étais à New York. Après une longue journée de travail avec la VCF, un repas intime fut servi en fin de journée avant de nous séparer. Pendant que tout le monde trinquait aux bonnes nouvelles et au succès de l'Association, mon téléphone sonna, je m'excusai pour prendre l'appel. Après avoir pris conscience de la teneur du coup de téléphone, je pâlis. Tremblante, je posai mon verre et me levai de la table. Terry me demanda ce qui n'allait pas. Je me mets a pleurer : "Frère Lân, mon frère au Vietnam vient de décéder."

Terry me serra dans ses bras: "Je te raccompagne." Terry prit mon bras et quitta le lieu de réunion pour retourner à l'hôtel au bout de de la rue où toute l'association VCF était descendue.

"O Lân! O Lân!" Après les retrouvailles en France pour nous trois, toi, Tinh et moi, tu m'as dit que tu voulais aller une fois en Amérique. J'ai fait toutes les démarches et rempli toutes les formalités nécessaires. c'était juste une question d'attente. Puis tu es parti. O mon frère! O mon frère!

Rencontre avec des vieux amis

Aussi lors de mon premier voyage de retour au Vietnam 20 ans après la fin de la guerre, je volai du nord au sud pour visiter Saigon, la vieille ville et les amis proches. Le premier repas de famille à Saigon avait eu lieu chez le peintre Đặng Giao et sa femme, Đặng Giao, ou Chu Vị Thúy, la fille de l'écrivain Chu Tử. Merci Đặng Giao/Chu Vị Thúy pour un délicieux repas de viande braisée avec des cornichons et bien d'autres plats cuisinés par vos mains habiles. Leur maison est très belle avec de peintures à la laque de Dang Giao. Mais surtout, je retrouve mes amis après plus de 20 ans de séparation. Il y avait le peintre Choé Nguyễn

Hải Trí, l'écrivain Nguyễn Đình Toàn et l'écrivain militaire Văn quân.

La rencontre était très touchante, il y a beaucoup de choses à se dire, à se raconter, des questions à se poser, certaines personnes sont décédées. Je me souviens encore quand je suis parti, M. Choé, grincheux, m'accompagna jusqu'au bout de l'allée.

De retour aux États-Unis, six mois plus tard, je recevai un cadeau de M. Choe, une peinture plus grande qu'un dessus de table. L'image n'est pas claire, à l'exception des grands yeux recouverts de blocs de peinture comme si l'artiste jetait des taches de peinture colorée sur la toile. L'artiste déclara: "Elle est partie, il ne reste que ses yeux et ses émotions mélangées."

Quelques années plus tard, Choe devint aveugle. Après beaucoup de démarches, sa famille lui demanda de se rendre aux États-Unis pour se faire soigner. Il annonça la nouvelle avec plaisir ; une fois l'opération chirurgicale terminée, qund ses yeux brilleraient à nouveau, il rendrait visite aux amis et reprendrait le pinceau.

Quelle miséricorde, Mme Chóe accompagna son mari aux États-Unis, mais quelques jours seulement avant qu'il ne se rende sur la table d'opération, il décéda. Impossible de voir des amis.
Si triste ! Mme Chóe ramena les dépouilles de son mari au Vietnam. Au départ il était encore en vie, à son retour, il est déjà voué à l'éternité.

Un an après que M. Chóe ait dit adieu à sa femme, ses enfants, ses amis et à sa vie, j'eus l'occasion de retourner au Vietnam pour allumer de l'encens à l'occasion du premier anniversaire de sa mort avec Mme Choé et les petits-enfants.

Les vingt ans du film The Joy Luck Club

The Joy Luck Club est un film basé sur le roman de l'écrivaine sino-américaine Amy Tan, qui le remania en scénario de film du même nom en collaboration avec Ronald Bass, scénariste du film oscarisé *Rain Man. The Joy Luck Club* est une production de Disney, d'une durée de 130 minutes, a été réalisée par Wayne Wang. C'était le premier grand film hollywoodien à mettre en scène le chaos de la séparation pendant la Seconde Guerre mondiale sur le sol chinois, à Guilin, Canton, la province limithrophe du Nord Vietnam.

À cette époque la région était encore cachée derrière un rideau de bambou.

Le livre et le film sont, à ce jour, considérés comme l'œuvre littéraire et cinématographique américano-asiatique la plus réussie. Le livre est devenu un "best-seller" dès sa première année, traduit en 35 langues et mis en scène dans de nombreux théâtres. Le film, dans sa première semaine de sortie aux États-Unis, a rapporté 17 millions de dollars. Ensuite, il a été reconnu par le National Board of Review Awards, dans la liste des dix meilleurs films mondiaux en 1993. Lorsque le film est sorti en vidéo, le nombre de distributions avait également atteint un nouveau record. La grande diffusion des films et des vidéos de *The Joy Luck Club*, m'offrait souvent l'occasion de nombreuses rencontres inattendues au cours de mes voyages.

Des "récompenses vivantes"

En 2007, lors de la foire internationale du livre, West Virginia Book Fair, qui s'est tenue à Martinsburg, West Virginia, site historique de la guerre de Sécession américaine, j'ai été invitée à titre de conférencière principale de la cérémonie d'ouverture. Dans la section Q&A (Questions & Réponses), j'ai reçu de nombreuses questions sur le film *The Joy Luck Club*.

Pendant que je visitais les stands de livres, une grande personne noire s'était tout à coup arrêtée sur mon chemin, me souria et... me gratta l'oreille. Il m'a dit qu'il s'appelle Ringo et continua: "Je tiens à vous remercier d'avoir répondu à une question que je me posais depuis longtemps quand je regardais le film." La question qu'il a posée dans le Q&A (Questions & Réponses) était de savoir comment je pouvais jouer le rôle de la mère Suyuan lorsqu'elle devait quitter ses deux jeunes enfants.

Par la suite, Ringo a déclaré qu'il était un étudiant étranger, âgé de 20 ans, tout juste arrivé d'Afrique, pour fréquenter la célèbre école de cinéma et de théâtre de Martinsburg. Il déclara que c'était le film Joy Luck Club qui lui avait fait choisir cette majeure. Il s'est avéré que ce jeune homme noir avait une mère chinoise. Depuis l'enfance, il regardait souvent des vidéos avec sa mère. Une fois devenu adulte, Ringo voulait écrire, faire des films autobiographiques, sur sa mère, sur luison fils et sur sa famille. Ainsi, lorsqu'il était allé en West Virginia pour étudier le cinéma. Ayant vu la personage de Mme Suyuan en chair et en os, il hasarda le risque en me bloquer la route.

L'histoire de Ringo montre que non seulement pour les Chinois de la Chine continentale ou pour les peuples d'Asie, la vitalité du Joy Luck Club a transcendé toutes les frontières des nations, des races et du temps. Pour moi, transmettre l'inspiration aux jeunes de demain est la réalisation la plus remarquable des oeuvres artistiques. Le sourire charmant du jeune homme venu d'Afrique, et de beaucoup d'autres jeunes que j'ai rencontrés, sont les "récompenses vivantes" du film *The Joy Luck Club.*

L'Entainement Weekly, dans son numéro du 28 octobre 2004, annonçait: The Joy Luck Club a été élu au 22è rang sur les 50 films de l'histoire du cinéma mondial des plus lucratifs.....en larmes! Et The trophy of tears (Le Trophée de Larmes) - a été décernée à Kiều Chinh.

La Camaraderie parmi l'équipe du Joy Luck club

C'est une façon de dire que l'intimité provient du film. Avec un casting de 64 personnages, 16 acteurs et actrices principaux, il est rare de voir une équipe de tournage aussi plus cohérente dans l'entente cordiale et la coopération intime que celle de *The Joy Luck Club*, depuis le tournage du film même jusqu'à sa projection par la suite sur les écrans.

Un jour de septembre 1993, cher Joy Luck Club m'a offert un anniversaire inoubliable. C'était le moment où toute l'équipe s'était réunie pour la présentation du film au Telluride Film Festival. À midi, un vieil ami du nom de Frank Vrecheck, président de Pacific Rim Films, Ltd., un célèbre cinéaste à Hong Kong, était venu au festival du film. Il invita les artistes de The Joy Luck Club à en profiter du plaisir de l'équitation.

Des cavaliers erraient dans les belles montagnes du Colorado. Au milieu de l'excursion, il y a eu un moment où je m'étais séparée du groupe, montant seule à cheval sur la colline. Le vent qui souffle dans mes cheveux et dans ma chemise me rappellent le bon vieux temps, quand jeune, je montais à cheval avec mon père et l'oncle Phúc dans l'immense orangeraie de Bố Hạ. À rappeler que j'avais aussi joué le rôle d'une princesse indienne en fuite lorsque la capitale était attaquée par des rebelles, dans le film The Devil Within, tourné en Inde en 1972. À se souvenir aussi du cheval familier qui était délaissé au Cercle Hippique sise à la rue Nguyễn Du à Saigon en avril 1975. Saigon me manque.

J'arrêtai mon cheval sur la colline et contemplai le ciel bleu et les nuages blancs. Je me souris en silence parce qu'aujourd'hui, artiste errante, je fête un autre anniversaire loin de chez Moi, mais je ne le révélai à personne.

Le soir, alors que toute l'équipe de tournage était à l'hôtel pour une fête intime, le réalisateur Wayne Wang avait soudainement demandé à tous les membres du groupe de s'asseoir les uns à côté des autres. Il y avait quatre mères, quatre filles. Il y avait les auteurs Amy Tan et son mari l'avocat Louis De Mattei dans un coin, en plus du réalisateur Wayne Wang, il y avait aussi le scénariste Ron Bass, ainsi que la productrice Janet Yang... Tout le monde était au complet. On fait sortir un gâteau d'anniversaire et tout le monde chanta "Joyeux anniversaire à Kiều Chinh ". Puis il y eut des embassades et des baisers.

Mes deux mains tenaient une assiette avec un morceau de gâteau, les yeux fixés sur la bougie vacillante. Un an de plus, mon cœur rempli d'émotions, j'étais reconnaissante envers tous, reconnaissante à l'art et à la vie.

The Joy Luck Club était également présenté dans de nombreuses premières de films, organisées sur une grande échelle dans de nombreux endroits différents. Dans la région de Los Angeles, le lieu choisi pour lancer officiellement le film est Santa Monica, la ville où chaque bout de terrain équivaut un tael d'or. La projection du film eut lieu dans un grand théâtre avec une armée de télévision et de presse attendant au bord de la route pour l'enregistrement et les interviews. Ensuite, il y avait eu une réception dans un club privé, avec la présence de grands noms de Hollywood tels que la réalisateur Oliver Stone, l'acteur Richard Gere. L'hôte de la réception n'était autre que Annette Benning, l'actrice charmante et courtoise, épouse de l'acteur et réalisateur Waren Beatty, 15 fois nommée pour un Oscar. Elle avait accordé une attention particulière à l'équipe du *Joy Luck Club*.

Après Los Angeles, c'est le comté d'Orange, qui comprend Little Saigon, la capitale spirituelle des Vietnamiens aux États-Unis. Ici la première du film ici a été officiallement annoncée pour honorer l'actrice d'origine vietnamienne. Le jour de la projection du film, le quotidien The Orange County Register dans son numéro du 1er octobre 1993 a consacré une page entière au portrait de Kiều Chinh réalisé par le photographe Bruce Strong.

Après les avant-premières américaines du film, *The Joy Luck Club* rapporta 17 millions lors de sa première semaine, les studios Disney offrirent à l'auteur Amy Tan, et aux actresses Ming Na Wen et Kiều Chinh un voyage de luxe en Europe. pour présenter le film dans la salle de conférence du Ritz qui porte le nom de la reine de la mode Coco Chanel.

Le groupe s'était ensuite envolée vers la Belgique pour assister au Festival Internationale du Film de Bruxelles.

À notre arrivée à l'aéroport Charles de Gaulle, le représentant de Disney à Paris nous accueilla et nous emmena à l'hôtel Ritz. L'hôtel ne compte que quelques suites, chacune portant un nom célèbre, comme L'Opéra, Chaplin ou Chopin. J'ai choisi la chambre Chopin parce que quand j'étais jeune, rêvant à Hanoi, étudiant le piano, j'aimais la musique de Chopin, j'adorais les livres sur la vie et l'amour de Chopin et de l'écrivain George Sand.

Le lendemain était un jour de "travail". Assises à côté de moi a la table d'honneur étaient Amy Tan et Ming Na Wen, qui représentent Les films Disney et la secrétaire. La réunion a duré deux heures avec de nombreuses questions auxquelles nous avons répondu. Après une pause déjeuner, nous prîmes un goûter avec la presse, puis au rendez-vous dans la salle voisine pour des interviews télévisées. L'interview de chaque personne, puis l'interview des trois, avait duré jusqu'à 17 heures juste avant la clôture.

Le lendemain, Ming Na était sortie seule, Amy Tan et moi nous étions invitées à visiter le musée du Louvre, également à proximité de l'hôtel Ritz. Mais Amy Tan ne disposait que de deux heures, mais je restais jusqu'à la fermeture car j'ai toujours senti qu'une visite d'une journée au Louvre ne suffisait pas. Le Louvre est un ancien musée, construit en 1793, contenant de nombreuses antiquités, peintures et statues parmi les plus précieuses au monde.

Bien sûr, il est impossible de ne visiter ce musée sans passer par la Joconde, le tableau légendaire du peintre italien Léonard de Vinci. Et ne pas oublier, sur le chemin du retour, d'acheter une petite statue de Chopin, avec l'intention de la poser sur le piano dans le coin de la petite maison "Mon royame" à Studio City.

Au Ritz Hotel, mon endroit préféré pour s'asseoir est probablement The Hemingway Bar, un petit pub à l'ambiance très spéciale, véritable "Hemingway". Le pub était créé en l'honneur de l'écrivain Ernest Hemingway: dans un petit coin se trouve une ancienne machine à écrire Corona, jetée à côté d'un vieux journal avec sa photo en première page; l'autre coin était un vieux phonographe jouant un disque, un grand cadre avec de nombreuses photos d'Hemingway à différentes époques de sa vie. Au fond de la pièce, loin du bar, dans un coin légèrement peu éclairé, il y avait une petite table et deux fauteuils en cuir noir, au mur était accrochée une photo de l'écrivain dans sa vieillesse.

J'étais entrée dans le pub. L"hôte, un vieil homme, voyant que j'étais seule, m'a demandé si je voulais m'asseoir seule au bar. Je regarde autour Toutes les tables ont été déjà prises. Seule la table dans le coin le plus éloigné était vide. Je demandai, "Puis-je m'asseoir là-bas ?" "D'accord ! Bien sûr!" Il m'emmenait là-bas en disant: "C'est là que M. Hemingway s'assoyait chaque fois qu'il venait ici."

Il m'a tendu la carte des vins. Le menu a une photo d'Hemingway à gauche, une photo prise vers la fin de la vie avec une barbe, une image particulièrement belle, très virile, très artistique d'Hemingway dont les gens se souviennent encore, c'est aussi une peinture sur le mur. Au menu: Hemingway White Russian Cocktail, Hemingway Scotch Whiskey, Cognac... Je commande un Dry Martini!

Du verre qui contient mon Martini jusqu'aux dessous de
verres en passant par les serviettes, tous portaient le nom
d'Hemingway. La salle n'était pas bondée, mais il n'y avait pas
de table vide non plus; tout le monde était poli, ne riait fort, ni
parlait fort, mais nous donnait également une ambiance de
conversation chaleureuse. Siroter un Martini dans cette
ambiance me rappelle les personnages des romans
d'Hemingway interprétés au cinéma, par Spencer Tracy dans
The Old man and The Sea (Le vieil homme et la mer); par Tyrone
Power dans *The Sun Also Rises* (Le soleil se lève aussi); par Rock
Hudson et Jennifer Jones dans *A Farewell to Arms* (Adieu aux
armes); par Gregory Peck et Ava Gardner dans *The Snow of
Kilimanjaro* (Les neiges du Kilimandjaro. Les héros qu'il a créés
ont été interprétés par des acteurs dans des films dont j'étais
tombée amoureuse il y avait un temps. Je m'attendrissais sur le
destin d'un Ernest Hemingway de talent, qui s'était suicidé à
l'âge de 60 ans. Je quittais le bar, comptant y revenir un jour.

Pendant mon voyage à Paris, j'ai également visité le village
de Martell au cognac de réputation mondiale, sur l'invitation de
Patrick Martell, le propriétaire. J'ai rencontré Patrick plusieurs
fois à Los Angeles il y a dix ans, et depuis, chaque année, il
m'envoie toujours une carte de Noël.

Comme prévu, le matin du 10 janvier 1996, une grande Citroën
noire spéciale, conduite par un chauffeur en livrée et casquette
noires était venue me chercher à l'hôtel Ritz. La voiture sortait
de la ville; la magnifique route goudronnée qui menait au village
Martell était bordée de beaux arbres plantés avec soin. Sur les
deux côtés elle longeait des champs verts et lisses.

Un grand panneau indiquant Martell Village signale l'approche
du lieu.

La voiture se garait devant un grand manoir, et un homme en
costume s'avança pour ouvrir la portière de la voiture et prendre
le sac de voyage dans ma main. Une femme dans la quarantaine

vêtue d'une robe noire allant de la tête jusqu'aux pieds vint pour me saluer. Puis Patrick Martell s' étaitt avancé au milieu derrière les marches, content de me revoir. Il se tourna vers la femme et disait qu'elle sera mon guide pendant mon séjour. Je ne suis ici que pour deux jours. Elle me conduisit jusqu'à ma chambre privée, en montant de beaux escaliers en bois. La grande pièce avait une grande fenêtre donnant sur le jardin arrière. Comme il faisait déjà nuit je ne pouvais rien voir dehors. Rendez-vous à 19h, elle viendra me chercher en bas de l'escalier, pour m'emmener à la salle de l'apéritif. Un serveur a sorti un plateau avec de belles bouteilles et verre en crystal, sans oublier du bon vin.

Après le dîner à deux (juste Martell et moi), nous retournâmes dans la salle de "dégustation". Les vins ont de nouveau été proposés. Rendez-vous demain matin à 8h pour le petit déjeuner puis visiter le domaine Martell.

Descendue de ma chambre le lendemain à 8 heures pour le petit déjeuner, je voyais que Patrick était déjà là avec trois autres hommes, qu'il me présenta comme ses employés.

Après le petit déjeuner, j'étais allée visiter le village. Il y a environ trois mille employés qui travaillent ici, sans compter les members de leur famille. Des champs on passait à l'usine à souffler des bouteilles en verre; aux bouteilles de vin, puis à la fabrication du vin... et enfin à la visite de la cave. C'était une grande cave avec de grands fûts, un serveur tenait un plateau avec de nombreux petits verres pour goûter aux vins des différents fûts. Ici, l'air est frais et doux. Un léger parfum flottait dans l'air lorsque nous levâmes un verre de vin pour le humer. Le bouquet était merveilleux.

Avant mon départ, on m'offrit un grand coffret cadeau avec de nombreuses bouteilles de vin différentes. Mais il y avait un paquet que Patrick me tendit ; une boîte en velours bleu clair contenant une bouteille en or antique sur laquelle est inscrit

"À Kieu Chinh - 11 janvier 1994 avec compliment." Signé: Patrick Martell. Bouteille de vin avec passeport: Cognac L'Or de Martell.

Après trois jours à Paris, nous étions de nouveau en route pour le Brésil afin d'assister au Festival du film brésilien, ou The Joy Luck Club sera projeté.

Merci à la famille Joy Luck Club.

Merci Disney Film de nous avoir offert un voyage rempli de beaux souvenirs.

Chez les mamans, quatre ans après la sortie du film, célébrant les 40 ans du cinéma Kiều Chinh, France Nguyen était encore venue se joindre à la fête, Lisa Lu a apporté des bijoux précieux.

Pour les plus jeunes amis, 13 ans plus tard, Kiều Chinh et "sa fille" s'étaient également envolées pour San Francisco afin d'assister à une cérémonie honnorant Amy Tan, qui autrefois considérait Kiều Chinh comme sa deuxième mère. Dans la même année quand le Festival d'Asie de San Diego 2006, honorait Kiều Chinh avec le Lifetime Achievement Award, Ming Na Wen fut invitée à parler de Kiều Chinh. L'appelant toujours "Maman" comme la première fois quand elles s'étaient rencontrées, elle déclara :

"Merci pour avoir partagé vos talents et pour avoir ouvert la voie à des actrices asiatiques comme moi".

Personnages et acteurs

Le Joy Luck Club est une histoire de quatre mères et quatre enfants, mais il faut 16 acteurs principaux pour recréer l'histoire entrelacée. Pour avoir les rôles principaux, le casting des acteurs a eu lieu dans de nombreux endroits, de New York, San Francisco, Los Angeles à Hong Kong et à Shanghai. Plus de cinq mille personnes, dont des acteurs célèbres, ont été pressenties.

Quant à Kiều Chinh, après avoir été sélectionnée, il y a eu une rencontre avec toute l'équipe de production comprenant le réalisateur Wayne Wang, deux scénaristes Amy Tan, Ronald Bass et le producteur Patrick Markey des studios Disney.

Je ne me suis jamais assise à une table de mahjong, et je ne comprends ni ne parle le chinois. Mais je dois parler des dialogues chinois que j'avais à apprendre à la va vite comme des nouilles instantanées. Je pensais que c'était un obstacle qui serait mentionné lors de la réunion. Mais non. Le réalisateur Wayne Wang a dit avec joie que nous tous connaissons bien Kiều Chinh.

Quelqu'un a même mentionné l'article de Richard Bernstein qui a interviewé Kiều Chinh dans son rôle d'une mère cambodgienne hurlante dans *Welcome Home*, le dernier film du réalisateur Franklin Shaffner. L'article de Bernstein met l'accent sur l'élément tragique de la vie d'une actrice réfugiée d'origine sud-vietnamienne qui a perdu sa mère et son père à cause de la guerre. L'article et les photos, intitulés L'art à la rencontre de la vie pour un artiste vietnamien, considère Kiều Chinh comme la personne qui apporte des émotions réelles à l'écran, occupait toute une page du numéro de New York Times de la fin de 1989, la même année de parution de The Joy Luck Club. Au cours de la réunion, lorsqu'on m'interrogea sur le rôle de quatre mères - trois vivantes, une morte - si j'avais le choix, quel rôle vais-je choisir. Je dis chaque femme est différente mais le personnage que j'aime le plus, qui me correspond le plus, c'est le rôle de la défunte mère Suyuan Woo. En entendant cela, Amy Tan sourit à tout le monde et tout le monde hocha la tête.

Les acteurs jouant les mères sont tous des acteurs asiatiques devenus mondialement connus. Avec une solide distribution d'acteurs travaillant sans interruption pendant quatre semaines, la majeure partie a été la mise en scène et filmée à

San Francisco. Adieu à la paisible San Francisco, le film ne comporte que deux scènes de la mère et de la fille de Suyuan, mais c'est la partie la plus épineuse, car elle doit se faire en Chine continentale, derrière le rideau de bambou.

Selon le calendrier de tournage, une équipe avancée de production devait arriver en premier lieu. Kiều Chinh devait se rendre à Guilin pour jouer seule dans la scène de Mme Suyuan courant partout. Après cela, l'équipe s'envolera pour Shanghai pour filmer la scène finale: Ming Na qui joue le rôle de Miss June va venir des États-Unis, et les trois sœurs qui ne se sont jamais rencontrées se reconnaissent, grâce à l'ombre de leur mère décédée.

Le vol a rencontré une tempête

Le vol qui m'avait emmenée de Hong Kong à Guilin se trouva au milieu d'une tempête et dut atterrir à un certain aéroport de Guangzhou pour attendre des nouvelles. L'aéroport provincial est petit, vide, quelques agents de sécurité portant des uniformes militaires, leur regard incommode, austère et froid s'éparpillèrent dans tous les coins. Après de nombreuses heures d'attente, les passagers ont été appelés à faire la queue pour recevoir un paquet de nouilles instantanées, puis à faire uneautre queue pour pour recevoir à faire la queue pour recevoir un verre d'eau. L'eau n'est pas encore chauffée, juste tiède, il faut tremper les nouilles, essayer de manger pour avoir des forces car je ne sais pas combien de temps je dois rester assise ici. Il faisait tard dans la nuit quand on m'apprit que je devais passer la nuit dans cet endroit étrange.

Les passagers ont reçu l'ordre de faire à nouveau la queue, en attendant l'appel de leur nom par la sécurité de l'aéroport pour monter dans la voiture, nous amenant à un hébergement éloigné et solitaire. Il s'agit d'une rangée de maisons avec de nombreuses petites pièces, faiblement éclairées.

C' était ma première nuit passée seule dans l'étrange pays de la Chine rouge. La pluie monta à l'assaut dehors, le vent hurlant martela la fenêtre. La pluie glaciale qui tombait sur le toit me rappelle beaucoup les choses de jadis.. Papa me manque, maman aussi et puis mon enfance. Je me souviens de mon enfance. Papa! Papa! La nuit dans le vent et dans la pluie. Je me surprends en train d'appeler mon père, je l'entends, il m'appelle. Parfois, j'ai l'impression de vivre encore dans une maison confortable avec mon père et ma mère à Kim Mã Gia Trang. Parfois, je me vois dans des nuits orageuses, seule, effrayée, tantôt proche, tantôt lointaine. C'est comme ça par intermittence. Jusqu'à ce que je me réveillasse aux coups frappés à la porte, me sommant à monter dans la voiture pour l'aéroport. Il faisait jour et l'orage s'accalma.

Le tournage d'un film

Le vol continua. Le passager qui est assis à côté de moi est un jeune homme, vêtu d'un blouson rouge avec les mots Film Crew imprimés dessus. Voyant que je ne comprenais pas le chinois, il est immédiatement passé à l'anglais. il ma dit qu'il est en route vers Guilin pour faire un film, puis m'a demandé si je voulais jouer dans ce film, car il pourrait m' embaucher. Il a dit qu'il touche une solde en plus des trois repas par jour; un petit déjeuner, un déjeuner et un dîner. Le studio doit embaucher jusqu'à 2.000 figurants pour jouer. Ne soyez pas timide. Les travaux commenceront demain matin. Avant l'atterrissage, l'aimable équipier du film m'a également donné un bout de papier indiquant le lieu de rendez-vous pour le tournage, ajoutant qu'il sera là demain matin. Je l'ai remercié, lui ai formulé le meilleur de mes souhaits, et exprimé l'espoir de nous revoir.

Tout le monde était content d'avoir pu amener l'actrice de l'aéroport à l'hôtel en toute sécurité. Après un copieux déjeuner-réunion en compagnie d'une importante délégation de tournage venue des USA. J'étais la seule actrice à jouer à Guilin pendant les jours a venir. De Amy Tan, Patrick Markey, Wayne Wang, à l'équipe d'experts, tous ont travaillé dur pour préparer la mise en oeuvre demain. Wayne Wang passait en revue tous les détails depuis les grands aux tout petits, avant la fin de la réunion, il prend soin de rappeler à tout le monde de s'habiller convenablement.

J'ai dû apporter des couvertures très moelleuses, des coussins chauffants, pour m'enrouler autour du corps en guise de protection, car je passerai toute la journée à filmer à l'extérieur, dans la montagne où le vent sera très froid.

Le lendemain matin, sur les lieux de tournage, il y avait de la fumée, il y avait du feu. Des convois de camions militaires transportant des troupes armées japonaises attendaient. Des milliers de figurants en costume des années 40 étaient assis sur le bord de la route. L'équipier en chemise rouge, rencontré hier dans l'avion, s'occupait maintenant à organiser les figurants. Quand il me reconnaissait, debout de l'autre côté de la rue, il a levé la main pour me faire signe. Me voyant immobile, il s'était accouru, mais les réalisateurs-adjoints l'ont devancé. Ils me tendaient une charrette en bois pour pousser les jumeaux. Le réalisateur Wayne Wang s'approcha pour me serrer dans ses bras, nous nous souhaitons une bonne journée. J'espère que l'équipier de tournage en chemise rouge avait compris ce qui s'était passé et ne m'en voulais pas, car vraiment, je n'avais pas eu l'occasion de m'expliquer.

Parce que c'était une grande scène avec une foule nombreuse, Wayne Wang a dû utiliser quatre équipes de tounage avec quatre caméras différentes pour enregistrer des angles de vue différents. Alors que le feu et la fumée s'élevaient, les camions ont commencé à gronder sur la route, le réalisateur cria: Action! J'ai poussé le lourd chariot en bois transportant les jumeaux et je courus dans la foule. Le convoi des soldats japonais percute violemment. Des deux côtés de la route, les meubles s'étaient éparpillés et une maison pritt feu.

La scène d'émeute reconstituée était plus grande que ce à quoi je m'attendais. Il y avait du feu, il y avait de la fumée, il y avait un convoi de troupes japonaises armées de fusils menaçants. Il y avait des milliers de figurants. Il y a une scène supplémentaire qui ne peut être érigée par aucune force, c'est la toile de fond spectaculaire des pics calcaires déchiquetés qui s'élevèrent vers le ciel. Regardant l'ensemble du champ de bataille dans un froid sans précédent, je compris pourquoi cette scène devait se produire ici et nulle part ailleurs.

La grande scène de guerre est terminée, je félicite le réalisateur d'avoir terminé la grande scène la plus difficile comme prévu. Wayne me remercia mais dit "pas encore". La chose la plus difficile à faire ce n'est pas avec la foule mais avec le silence. C'était la scène où Mme Suyuan avait dû abandonner ses deux enfants. Il va falloir aller plus loin, plus tôt pour attraper le lever du soleil, filmer sera plus dur et jouer plus dur.

Donc selon le programme prévu, le lendemain il fallait se lever tôt, partir tôt, apporter un appareil de chauffage portatif pour se protéger du froid et une bâche en nylon en guise d'abat-vent. La voiture qui devait faire un long trajet était arrivée à 5 heures du matin, le soleil ne s'était pas encore levé. Voyant que l'équipe d'experts qui est allée quelques heures plustôt était assise au même endroit, disant qu'elle ne pouvait rien faire. La raison en est qu'au niveau du vieil arbre, le lieu choisi pour le tournage, était entouré d'un rassembllement de villageois avec des bâtons empêchant ainsi l'équipe de tournage de travailler. Des huées bruyantes résonnaient au loin. Le producteur Patrick est sorti de ce côté et montra le permis de tournage délivré par le district et la province, convenablement signé et scellé, mais ils n'est pas précisé là où il faut aller ensuite pour obtenir la licence pour filmer. C'est un arbre appatenant à un village qui est habilité à accorder l'autorisation. Ces gens veulent juste de l'argent, quelques milliers de dollars. Beaucoup de gens ont même demandé encore plus d'argent pour les voitures de l'équipe de tournage garées devant leur maison.

Les négociations entre les deux parties n' étaient pas encore terminées. Le soleil s'était déjà levé trop haut pour le tournage. il était temps de capter les rayons du petit matin tombant sur la souche d'arbre où Mme Suyuan dit au revoir à ses enfants jumeaux, dont le directeur avait besoin. Wayne a dit qu'il n'y avait pas de lumière, donc pas de tournage.

Le temps a soudainement changé, ce nouveau soleil a soudainement disparu, des nuages sombres apparurent, la pluie tomba à verse. Patrick m'enveloppa dans une bâche en plastique et m'aida à sortir du chemin de terre détrempé par la pluie jusqu'au parking. Tout le groupe s'était retiré dans le vent froid et la pluie qui leur transperçaient la peau.

Après une autre journée passée à négocier le prix, l'équipe va revenir tôt le lendemain matin.

Seulement deux exclamations

Patrick m'a de nouveau conduit à travers le petit chemin jusqu'au point de tournage. Des deux côtés de la route, des gens regardaient à travers les fenêtres des maisons.

Au pied de l'arbre, tout est prêt, la caméra est en place. On peut jouer maintenant. Mais pas encore. Attendez que la lumière atteigne le bon endroit. J'ai regardé la souche d'arbre, rejouant le rôle de la mère de Suyuan dans mon esprit.

La guerre approche, les bombes tombèrent partout. Bébés jumeaux, mis dans la poussette. La mère seule poussait la poussette pour emmener le bébé. Courir partout. Le chariot est tombé en panne sur le bord de la route. La mère ètreignit ses deux jeunes enfants et courut vers l'arbre. Épuisée, elle savait qu'elle était sur le point de s'effondrer. Un monsieur avec une mallette est apparu près de l'arbre. La mère souleva deux bébés dans ses bras vers lui, appelant à l'aide. Il est parti. Mère se tourna vers l'arbre. L'arbre ne s'en va pas. Avant de s'effondrer, elle lui donna son bébé.

C'est le flash-back de la mère de Suyuan. C'est tout. Afin de faire quelques minutes du film, nous avons dû passer beaucoup de temps de travail acharné. Quant aux acteurs, il n'y a pas eu de conversations difficiles. Seulement deux paroles. Appelez à l'aide et dites-moi au revoir. Le cri de la mère de Suyuan en cantonais, je l'ai mémorisé depuis longtemps et je viens de le pousser.

Un autre vent glacial souffla. Ce n'est pas encore le moment. Mais comment déterminer le moment où le rayon de lumière frappe sur le bon endroit ? Il n'y a aucun moyen pour évaluer ces choses là. Le réalisateur devait donc venir ici lui même, pour attendre, observer, et évaluer. Pourquoi ce faisceau-éclair de lumière fugace est-il si important ? Je me souviens des mots de Wayne l'autre jour, la chose la plus difficile ne consiste pas à filmer la foule bruyante, mais le silence.

J'ai demandai au réalisateur comment il voulait que je joue cette scène. Il dit "Kiều Chinh le sait, agissons à sa manière". Puis il a solennellement ajouté, le dernier cri n'a pas besoin d'être en cantonais. Parlez dans la langue que vous voulez. Wayne a ajouté: La caméra sera prête, la lumière sera allumée pour commencer à jouer, je ne crierai pas "Action".

Tout le monde autour était silencieux. Wayne est silencieux. Je garde le silence. Vous pouviez presque entendre votre cœur battre, votre souffle sortir de la fumée et du froid.

De derrière les montagnes calcaires au lointain, soudain une lumière est apparue.

Sur les feuilles d'un vieil arbre, un rayon de lumière clignota. Jouant le rôle de Mme Suyuan, je tenai mes deux enfants dans mes bras. Un homme est venu avec une mallette, je lui ai amené mes deux jeunes enfants, j'ai crié au secours en cantonais. Il est parti. Je levai les yeux vers la lumière à travers la voûte d'arbres, et priai pour la securité de mes enfants. Quand je les déposais sur l'arbre, j'entendis mon père m'appeler, puis des larmes coulèrent sur mes joues et un cri plein de larmes sortit aussi de mon cœur, "ma fille!"

Je tremblais toujours, mes mains serrant la souche d'arbre, mes yeux grands ouverts, essayaient de voir les larmes à travers le brouillard. Puisque je n'entendais pas le mot "Coupez!" comme à l'habitude, je restai juste là, comme ça, immobile, jusqu'à ce que deux bras s'enroulèrent tranquillement autour de mes épaules. Me rendant compte que c'était le réalisateur, je lui demandai doucement si j'avais besoin de tourner des prises supplémentaires ? Wayne disait "non, non". Il n'ya pas moyen de faire mieux. Apparemment, Wayne ne s'adressait pas à moi, mais à lui-même.

Fin de journée

Je ne sais pas quelle heure il est. Somnolente, je me suis réveillée quand on frappa à la porte. La porte s'ouvrit, seul est apparue le sourire amical d'Amy Tan. Dans un câlin heureux, elle a demandé pourquoi je n'étais pas au bar la veille quand, toute l'équipe avait trinqué du vin pour célébrer, en attendant mon arrivee pendant toute une éternité. Fatiguée, disais-je. Amy me tient la main, allons au restaurant, tout le monde attend. Allez, repas d'adieu avec Guilin. Fatiguée, dis-je en secouant la tête.

Amy s'arrêta, me regarda et posa sa main sur mon front. "Pourquoi es tu si chaude? La fièvre est forte."

"Ouais, de la fièvre depuis la nuit dernière, parfois chaude, parfois froide, je n'ai pas pu dormir toute de la nuit."

"Pourquoi ne me dis-tu pas d'appeler un médecin? Cependant, ce matin, je suis encore allé filmer tôt.

Qu'est-ce que je devrais dire. Après tant de choses urgentes, comment peut-on regarder Wayne, Patrick dans les yeux et dire '' je suis malade, je ne peux pas travailler, j'ai besoin d'un jour de congé. Des milliers de personnes s'étaient mobilisées, l'équipe de tournage composée de centaines de personnes qui s'était déjà affairée afin de mener les préparatifs à bout. Si Mme Suyuan doit prendre un jour de congé alors tout va s'arrêter. L'horaire des vols, le prochain horaire de tournage. Comment s'arranger ? Je dois être en bonne santé, il n'y a pas d'autre choix.

Amy Tan dit qu'elle appellerait un médecin.

J'essaie de rire, et disais non. Ne pas appeler. C'est bon. J'ai pris du Tylenol. J'ai besoin de dormir pour reprendre des forces. Dites à tout le monde de se rassurer, de bien manger. J'irai à Shanghai demain.

Le Film Vượt Sóng / L'exode après la chute

Depuis mon départ du pays en 1975, ce n'est qu'en 2005 - 30 ans plus tard - que j'aie pu jouer dans un film vietnamien tourné à l'étranger par une jeune équipe de tournage, le film *Vượt Sóng* (Franchir les vagues) ou L'exode après la chute (Traduit de son titre en anglais).

Vượt Sóng était réalisé par Trần Hàm et Nguyễn Lâm, et produit par Alan Vo Ford. Le film était tourné en Thaïlande avec certaines scènes d'intérieur réalisées en Californie. Dans le film, je joue le rôle d'une vieille grand-mère aux dents noires, avec son petit-fils (interprété par Nguyễn Thái Nguyên) et sa belle-fille (interprétée par Diễm Liên). Ils traversent l'océan en quête de liberté. Le fils (joué par Nguyễn Long) a été envoyé dans une prison de rééducation, puis est mort au Vietnam avec son codétenu (Mai Thế Hiệp).

Pendant le tournage en Thaïlande, je n'ai pas pu m'empêcher de penser à la scène de prison de mon père et de mon frère Lân, et les scènes où je flottais sur la mer orageuse m'ont rappelé les millions de personnes qui devaient franchir les frontières, et traverser les mers; les "boat people" vietnamiens.

Vượt Sóng est un film vietnamien à succès à l'étranger, qui a été bien accueilli par les compatriotes vietnamiens du monde entier. Le film a remporté de nombreux prix de grande valeur (28 prix en tout) au Festival du film de Sundance. Avec le réalisateur Trần Hàm, nous avons accompagné Vượt Sóng dans les festivals de cinéma tels que Sundance, Utah; C.A.A.M, Californie; Calgary, Canada...

Je suis fière de pouvoir travai*ller a*vec la jeune génération. Ils ont tellement de talent, ont suivi des formations spécialisées. ils me donnent beaucoup d'espoir pour l'avenir du cinéma vietnamien.

Au Festival du film de San Diego, Kiều Chinh reçut le Lifetime Achievement Award. Le film Vượt Sóng avait aussi remporté le prix du Meilleur film.

Les Vingt cinq ans au cinéma de Kiều Chinh

Peu de temps après, ou plus précisément en 1983, des amis parisiens organisèrent les "25 ans de cinéma Kiều Chinh". Revenir à Paris cette fois, c'était pour moi très émouvant. J'ai rencontré des amis du monde du cinéma que je n'ai pas vus depuis 1975 comme Gilberte Lợi, propriétaire de Cosunam Films, M. Quách Thoại Huấn, propriétaire d'Orient Cinéma, du restaurant et du Night Club Palais d'Argent à Saigon, et quelques amis dont le réalisateur et l'acteur Eric Lê Hùng, Long Cương, le violoniste Lê Thành Đông, etc....

En particulier, le programme culturel fut dirigé par le musicien ethnocologue Trần Quang Hải avec la participation de l'artiste chevronnée Bích Thuận, M. Michel My jouait de la cithare, aux côtés d'autres artistes et peintres célèbres de Paris tels que M. Lê Tài Điển, Phạm Tăng...

J'ai été touchée lorsqu'on me décerna la plaque de bronze commémorant "les 25 ans de cinéma Kiều Chinh". Cette plaque était présentée avec des mots sincères par Nguyễn Long Cương au nom du comité d'organisation. J'ai également été surprise et touchée par la grande participation de nombreux Parisiens. Et la joie immense de revoir tant de parents après tant d'années de séparation, comme les Đức-Tuyết, le frère Chương, Brigitte Kwan et bien d'autres que je regrette de ne pas pouvoir tout énumérer

A cette occasion, j'ai retrouvé ma famille, Tinh ma soeur ainée et mon oncle, le docteur Nghị qui m'a présentée à un médecin du nom de Đ. L'oncle Nghị n'a pas épargné d'éloges pour son jeune médecin qui est aussi son élève et son associé. Il m'a dit qu'il voulait que j'épouse le docteur Đ., un intellectuel célibataire tout de douceur.

Quant à l'oncle, il s'occuperait de mon mariage et m'offrirait une maison à Paris. Il dit qu'il voulait que sa nièce ait une vie plus digne et plus confortable !

Peu de temps après, le Dr. Đ vint me rendre visite aux États Unis. Il m'a également demandé officiellement de m'épouser et m'a proposé de vivre à Paris six mois par an, puis de revenir aux États-Unis pendant six mois pour vivre avec mes enfants et petits-enfants.

Les conditions et les circonstances étaient très bonnes, mais malheureusement mon cœur n'y trouvait pas d'asile !

Plus tard, Tĩnh me raconta que l'oncle Nghị s'était fâché avec moi parce que j'avais obstinément refusé de l'écouter. Peut-être qu'il ne comprenait pas ce que je voulais.

LES PHOTOS
DE LA TROISIÈME PARTIE
L'Exil

Autel des ancêtres dans la maison avec des photos des parents biologiques et des beaux-parents.

Famille, le premier Noël, le temps de s'installer en Amérique dans un immeuble à North Hollywood.

La cérémonie du marriage de la fille aînée *Nguyễn Mỹ Vân* avec
Đào Đức Sơn, le fils aîné du docteur Đào Đức Hoành.

Le mariage du fils aîné, *Nguyễn Hoàng Hùng,*
avec *Nguyễn Bích Trang, la deuxième fille du*
pharmacien Nguyễn Hùng Chất.

Avec 3 enfants et deux chiens (Polo et Bogie)
dans le jardin arrière de la maison de Studio City.

Avec le docteur Nguyễn Văn Ngịi, le frère de ma mère, qui est venu de France pour me rendre visite à la maison de Studio City.

Avec ma soeur Tĩnh après tant d'années de séparation

David et Lisa, les deux enfants de Tinh,
sont allés à la gare de Marseille chercher tante Chinh.

Dîner en famille chez ma soeur Tinh. De gauche à droite : Jean Claude,
David et sa femme, Christian, Chinh, Lysa et Pauline Tinh.

Lân, Tĩnh et Chinh. Pour la première fois frère et sœurs se donnent rendez-vous à Marseille France

Mon fils Hoàng Hùng s'est envolé pour la France depuis la Californie pour rencontrer l'oncle Lân et Tĩnh (frères et sœurs de sa mère) pour la première fois

Tînh et Chinh avec les quatre enfants de l'oncle Nghi:
les docteurs Luc, Johan, Patrick et Christine.

Retrouvailles en France avec les enfants de Mme Tinh et de
l'oncle Nghi à l'occasion du mariage de David, le fils de Mme Tinh.

Avec frère Lân, après 41 ans de séparation.

Pleine d'émotion, Kieu Chinh posa sa main sur la tombe de père Cửu.

Un coin de la prison Hỏa Lò.

*Regard à travers une fenêtre à barreaux
dans une cellule de prison Hỏa Lò.*

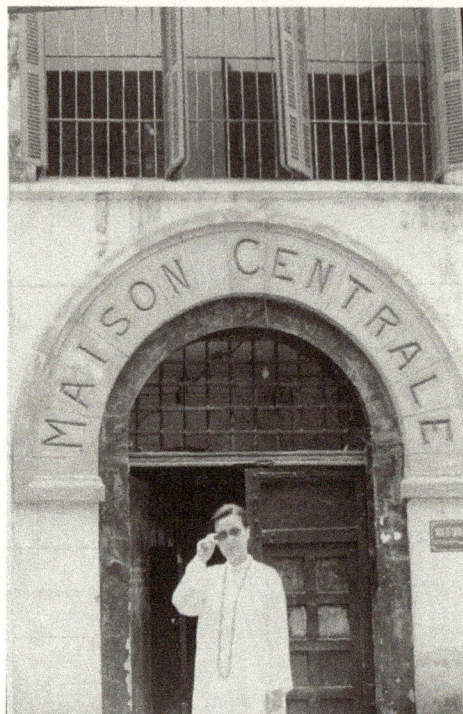

Devant la prison Hỏa Lò (Hanoi Hilton).
Autrefois, Père Cửu et frère Lân furent emprisonnés ici.

À l'ancienne maison, 10 Lê Trực, Hà Nội,
maintenant complètement changée.

Avec mon père adoptif, l'écrivain Ngoc Giao, ami proche de mon père.

Avec mon oncle, l'ambassadeur Nguyễn Văn Quang,
retrouvé en 2000.

Visite chez mon oncle, le docteur Nguyễn Văn Thành à Hà Nội
(Photo: Daniel A. Anderson, OC Register).

Avec la poètesse Ngan Giang

La voiture accidentéee de Cường a brûlé.

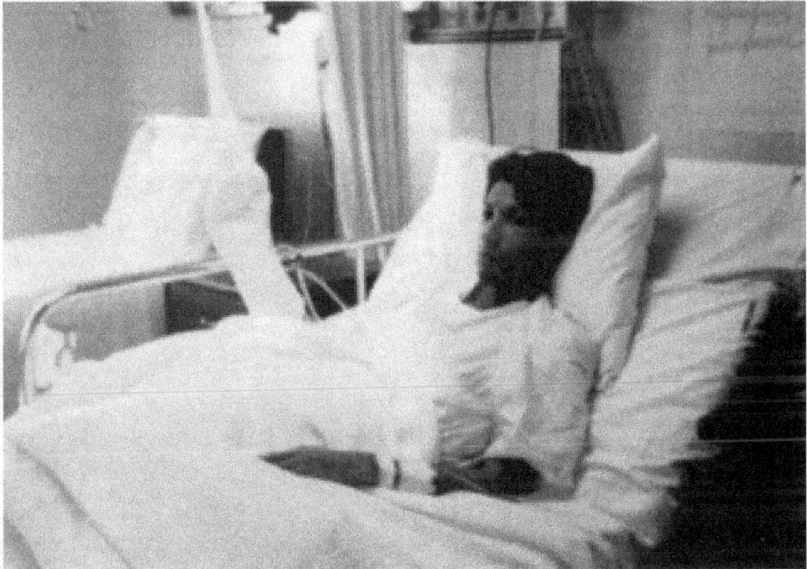

*Pendant de longues journées, Cường est allongé sur son lit d'hôpital
pour se faire soigner avec le bras droit suspendu.*

Tuan Cuong et Kieu Chinh rendent visite au maître zen Thich Nhat Hanh à Loc Uyen.

Tuấn Cường, Kiều Chinh, Ý Lan et le petit fils TouTou, Nguyễn Lê Nam.

Avec mon fils Hoang Hung près du feu chaud de la saison de Noël

*Tuan Cuong a pris une photo de son fils, Nguyen Le Nam a étreint
sa grand-mère Kieu Chinh*

Couple Luan et Lien. Lien est la fille de Lan qui est venue en Amérique rendre visite à la famille de Kieu Chinh. De gauche à droite Cuong, Van, Lien, Chinh, Luan et Hung, se tiennent devant la maison à Huntington Beach.

À l'anniversaire de Tuan Cuong, il y avait l'oncle Tony Lam Quang, Te et sa femme Tuyet, petit-fils Luong Minh Chau, Y Lan et ses enfants.

Réunion de famille chez Kieu Chinh:
Le beau-frère Nguyen Giap Ty, la belle-sœur Mao et ses enfants venus
de Toronto, Te-Tuyet, la famillende Kieu, Nguyen Chi Ton.

La grande famille se réunit pour fêter les 80 ans de Nguyen Nang Te.

Avec quatre petits-enfants bien-aimés:
Stephen Đào, Aimée Nguyễn, Nguyễn Lê Nam , Jean-Paul Nguyễn.

Pratique du tir à l'arc pendant les vacances avec le petit-fils Jean-Paul.
Il est mon entraîneur.

Sur le terrain de tir à l'arc.

Stephen Đào (petit-fils), est diplômé de l'Université Chapman

Jean-Paul Nguyen (petit-fils) est diplômé de l'Université MSOE.

Père, Paul Hung Nguyen et mère, Jan Bich Trang Nguyen et grand-mère Chinh célèbrent la journée de Jean Paul Nguyen, diplômé en tant qu'ingénieur de l'Université MSOE

Tuấn Cường et Ý Lan félicitent leur fils Nguyen Le Nam pour l'obtention de son diplôme en présence de sa grand-mère, Kieu Chinh.

Père et fille dans le jour de la remise
des diplômes: Paul Hung Nguyen et Aimée Nguyen

Dr. Aimée Nguyen, grande fille, diplômée de la faculté de médicine de l'université de Tufts

Carrière Cinématographique À L'étranger

La chaise portant le nom de Kieu Chinh sur le studio Hollywood.

*Une photo spéciale: Avec acteurs et actrices de la minorité à Hollywood
(Kieu Chinh assis au premier rang à gauche)*

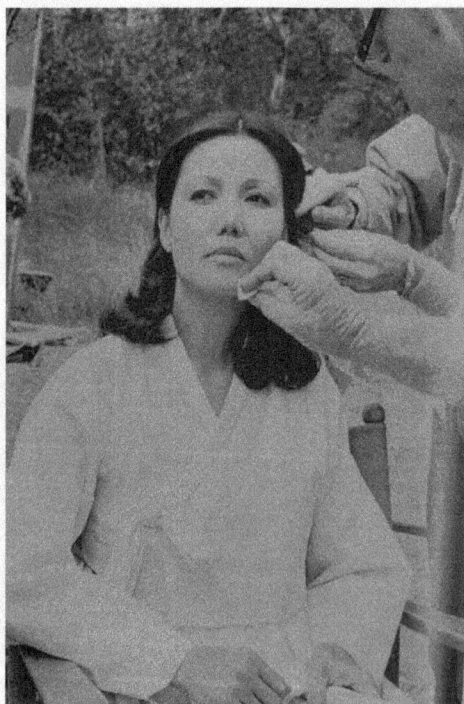

*Sur un plateau de cinéma Hollywood
pour l'émission télévisée M.A.S.H.*

M*A*S*H, 1977. With Alan Alda.

Avec l'acteur Alan Alda dans la série télévisée M.A.S.H., 1977.

Une scène du film "The Letter" avec actrice Lee Remick.

Avec l'acteur Ed Ashner, le temps de faire la série télé "Fly Away Home"

Avec James Hong, un acteur d'origine chinoise, un Asiatique qui joue dans la plupart des films à Hollywood

Avec l'acteur Ricardo Montalban dans la série télévisée Fantasy Island.

Avec l'acteur John Forsythe dans la série télé Dynasty

Avec Gurinder Chadly, réalisatrice de What's Cooking

Entretien télévisé avec Richard Chamberlain

Conseillère technique sur le plateau de tournage de Hamburger Hill.

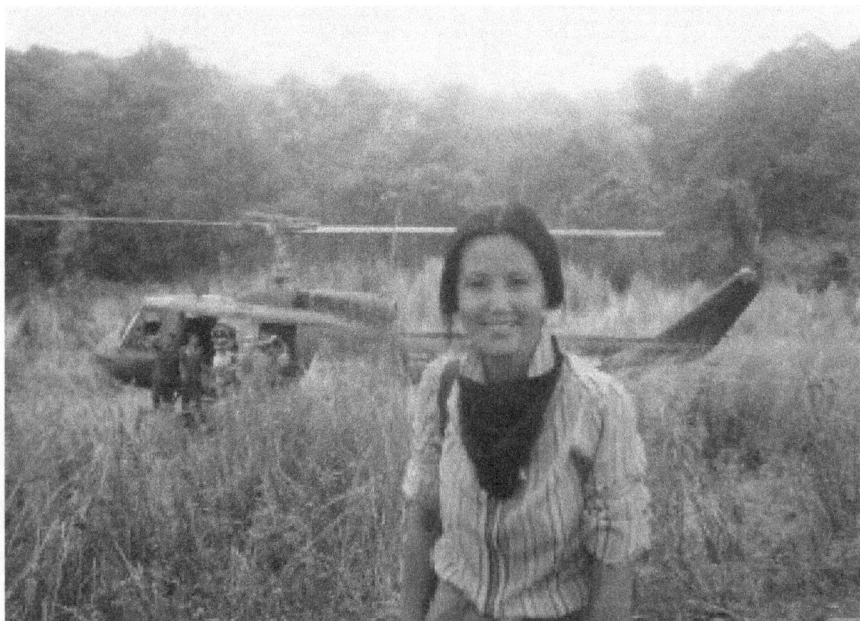

Sur le terrain de tournage de Hamburger Hill. (Getty Images)

Dans "Call to Glory" produit par ABC Television, Kieu Chinh joue Mme Ngo Dinh Nhu. La Première Dame de la République du Vietnam, l'acteur japonaise S. Shimoto, en tant que président Ngo Dinh Diem et Greg Nelson, en tant qu'officier américain

Dans la rôle d'une mère laotienne, conduisant ses enfants sur la route d'évacuation dans le film The Girl Who Spells Freedom.

Avec l'acteur Nicolas Cage dans le film City of Angels

Avec l' acteur cambodgien Haing S. Ngor. Les deux jouent le rôle d'un couple dans de nombreux films et émissions de télévision. Dans la vie réelle, Ils sont deux amis proches. Médecin de profession, Ngor, remporta un Oscar pour son son rôle dans le film The Killing Field.

Une scène du film Welcome Home, réalisé par Franklin J. Schaffner, tourné en Malaisie.

Avec l'acteur Kris Kristofferson dans le film "Welcome Home", filmé en Malaisie par le célèbre réalisateur Franklin Shaffner.

Avec le réalisateur Franklin J. Schaffner sur le plateau de tournage de Welcome Home.

Affiche du film First Daughter realisé par Anne Madden.

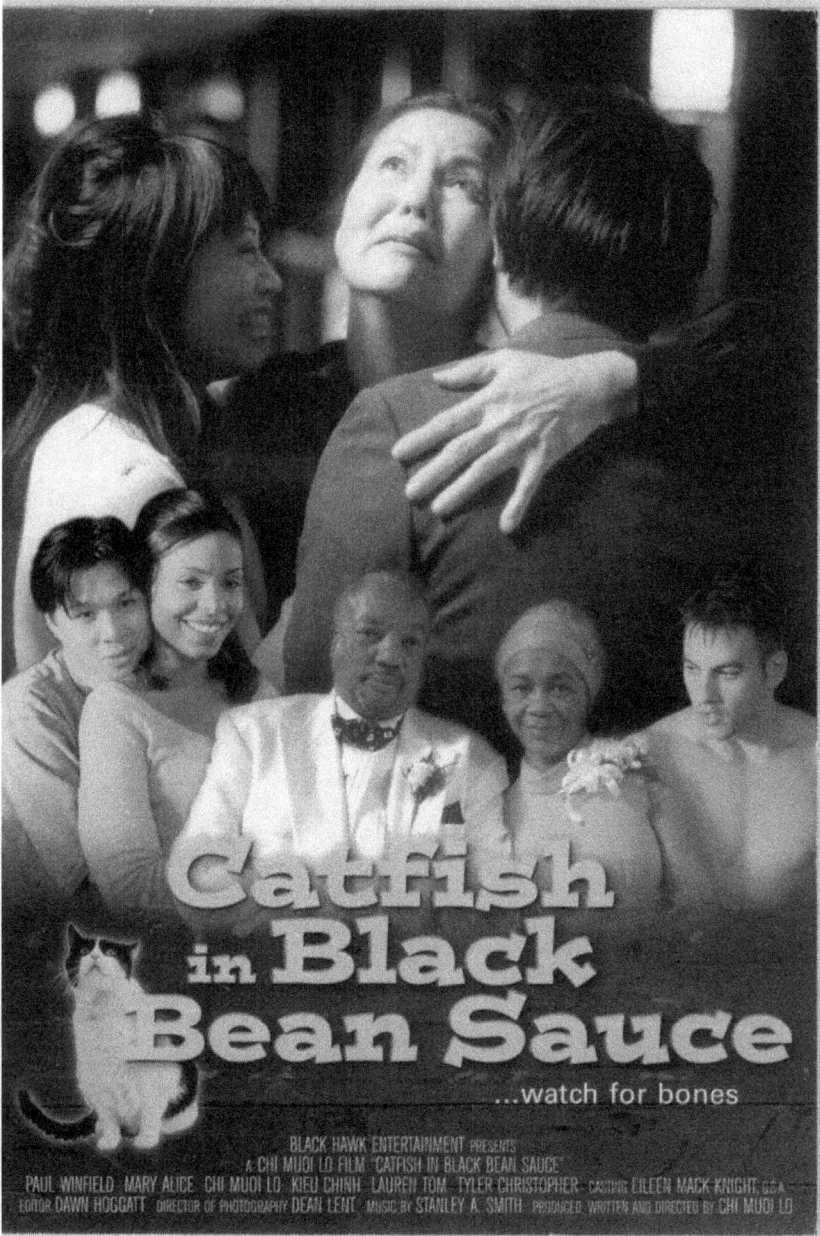

Affiche du film Catfish in Black Bean Sauce réalisé par Chí Mười Lô.

Affiche du film Face réalisé par Bertha Bay-Sa Pan

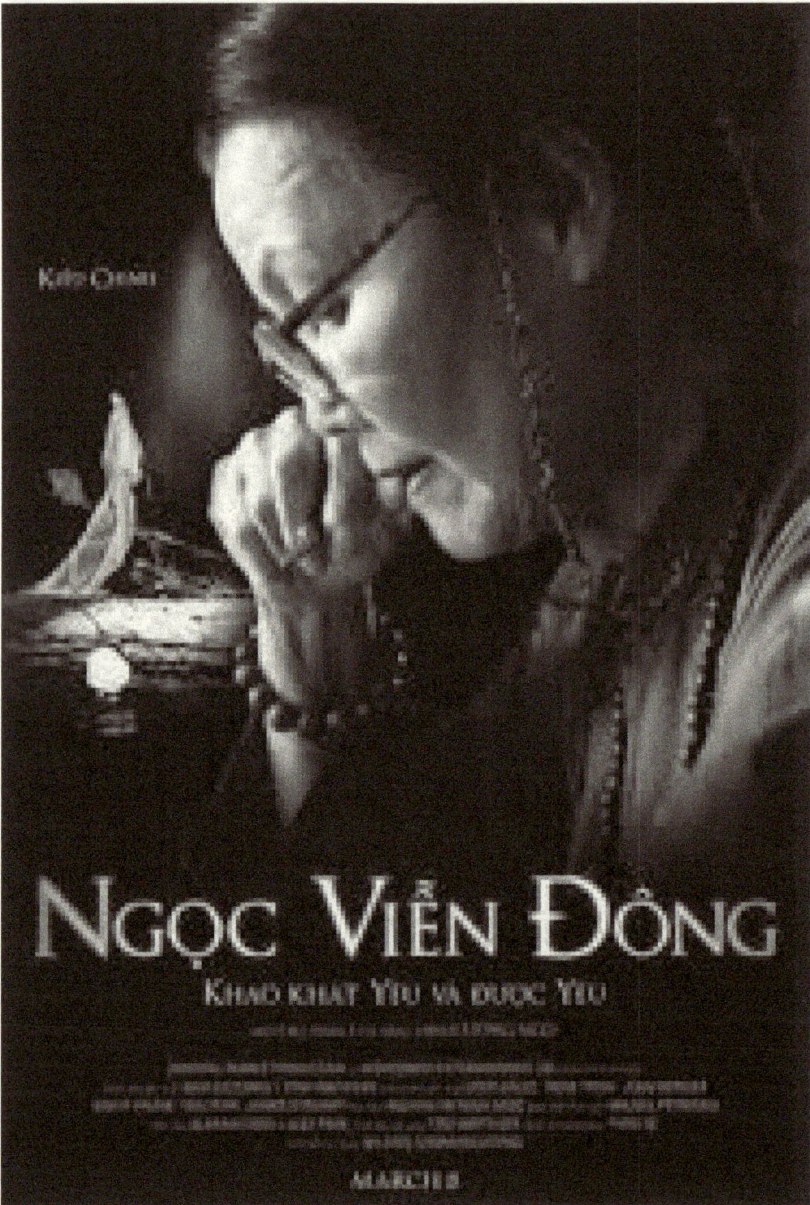

Affiche du film Ngọc Viễn Đông

Avec le réalisateur Wayne Wang sur le lieu de tournage de The Joy Luck Club à Guilin, en Chine.

Une scène du film Joy Luck Club: Kieu Chinh joue le rôle de Suyuan, une mère qui dut abandonner ses deux jeunes enfants sur la route.

Les quatre paires , mère-fille, du film The Joy Luck Club.
De gauche à droite: Kieu Chinh, Ming-Na-Wen, Tamlyn Tomita, Tsai
Chin, France Nuyen, Lauren Tom, Lisa Lu, Rosalind Chao.

L'équipe du Joy Luck Club, au Sundance Film Festival, qui
organiza un anniversaire-surprise pour Kieu Chinh.

Ming Na-Wen, Amy Tan et Kieu Chinh tiennent une conférence de presse dans la salle Coco Chanel, Hôtel Ritz, Paris.

Avec Amy Tan, l'auteur du roman The Joy Luck Club, au Musée du Louvre, Paris

Avec l'actrice Tippi Hedren à la première du film
The Joy Luck Club à Hollywood.

Avec Richard Gere au
Armand Hammer
Museum, Westwood,
après la première de The
Joy Luck Club.

Janet Yang (productrice de The Joy Luck Club), Kieu Chinh
Et l'actrice France Nuyen

Avec Ming-Na Wen jouant la fille de Kieu Chinh
dans le film The Joy Luck Club

Sur scène au TIFF Film Festival avec Ron Bass

Une partie de la famille de The Joy Luck Club, de gauche à droite: Janet Yang (productrice), 1 amie, Russel Wong (acteur), Amy Tan (femme auteur), Kieu Chinh, Lauren Tom (actrce), Ron Bass, Wayne Wang (réalisateur)

Un article du People Magazine disait: Loin de Hanoï, le film The Joy Luck Club simulait de près la vie de Kieu Chinh.

Le film The Joy Luck Club a été remarqué par de nombreux journaux tels que NY Times, LA Times, etc.

Kieu Chinh joue Suyuan, une mère chinoise pendant la Seconde Guerre mondiale, qui a dû abandonner ses deux enfants alors qu'elle était en fuite.

22 The Joy Luck Club

Kieu Chinh, Ming-Na Wen (1993, Hollywood) The stories of four Chinese women and their difficult relationships with their daughters are explored in director Wayne Wang's relentlessly emotional adaptation of Amy Tan's novel. A chick flick through and through, the movie switches between the mothers' early lives in restrictive Chinese society—dealing with child marriage, domestic abuse, and infanticide—and the Asian-American daughters' present-day lives as they face loveless marriages, racist in-laws, and a major lack of connection with their moms. **KLEENEX MOMENT** The trophy of tears goes to the deceased Suyuan (Chinh), as a flashback shows how she had to abandon her twin baby girls by the road while fleeing the invasion of Kweilin.

Avec le réalisateur très célèbre Andrzej Wajda, dans la pièce Sansho The Bailif sur la scène de la Brooklyn Academy of Music, Broadway, New York.

Avec des acteurs et actrices qui jouent dans la pièce Sansho The Bailif, mise en scène par Andrzej Wajda.

Affiche du film Vượt Sóng *du réalisateur Trần Hàm.*

Kieu Chinh joue une grand-mère aux dents noires dans le film
Vượt Sóng.

Dérivant sur le vaste océan dans le film Vượt Sóng.

Avec le réalisateur Trần Hàm sur le plateau en Thái Lan.

Kieu Chinh dans le film « Pearl » du réalisateur Cuong Ngo

Avec l'acteur Jason Momoa dans Tempted, tourné en Australie.
Réalisé par Maggie Greenwald

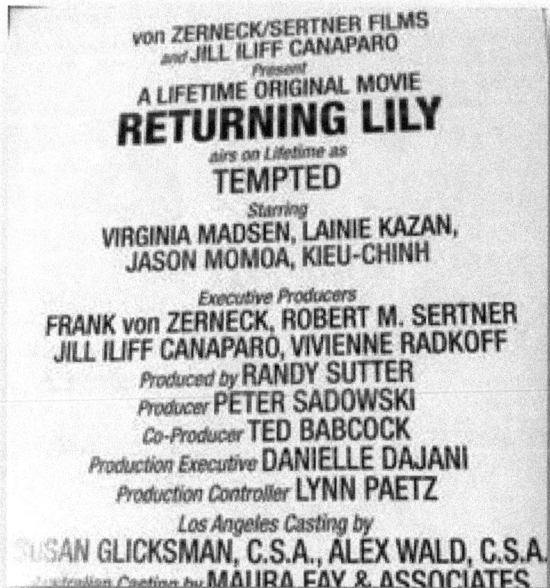

Affiche du film
Tempted,
alias "Returning
Lily".

von ZERNECK/SERTNER FILMS
and JILL ILIFF CANAPARO
Present
A LIFETIME ORIGINAL MOVIE
RETURNING LILY
airs on Lifetime as
TEMPTED
Starring
VIRGINIA MADSEN, LAINIE KAZAN,
JASON MOMOA, KIEU-CHINH
Executive Producers
FRANK von ZERNECK, ROBERT M. SERTNER
JILL ILIFF CANAPARO, VIVIENNE RADKOFF
Produced by RANDY SUTTER
Producer PETER SADOWSKI
Co-Producer TED BABCOCK
Production Executive DANIELLE DAJANI
Production Controller LYNN PAETZ
Los Angeles Casting by
SUSAN GLICKSMAN, C.S.A., ALEX WALD, C.S.A.
Australian Casting by MAURA FAY & ASSOCIATES

Kieu Chinh sur le plateau à Hawaï avec le réalisateur, le producteur et le casting de Ride The Thunder.

Avec Richard Bolkin, producteur et auteur du livre Ride The Thunder

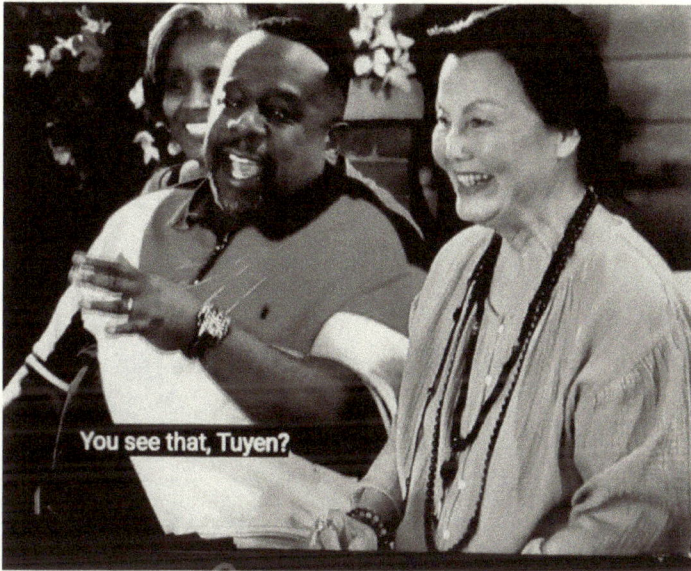

Avec Cedric The Entertainer dans l'émission The Neighborhood

Kieu Chinh dans le drama NCIS LA avec acteur et actrice:
Eric Christian Olsen & Daniela Ruah.

Avec Robert Downey Jr., producteur exécutif et acteur principal, lors de la première sur le tapis rouge de la série HBO - A24: The Sympathizer (basé sur le livre de Viet Thanh Nguyen qui a reçu le Prix Pulitzer en 2015), à New York, 2023-2024

Producteur, réalisateur et casting de The Sympathizer de HBO - A 24

Lors de la première de Dope Thief sur Apple TV+, à New York, 2023-2024

Lors de la première de Dope Thief sur Apple TV+, à New York, avec Peter Craig, notre créateur, scénariste, réalisateur et producteur exécutif, nominé aux Oscars.

Lors de la première de Dope Thief sur Apple TV+, à New York, avec Brian Tyree Henry (acteur et producteur exécutif, nominé aux Oscars), Peter Craig (notre créateur, scénariste, réalisateur et producteur exécutif, nominé aux Oscars)

Sur le tournage de la série Dope Thief d'ApplesTV+ avec le réalisateur Peter Craig et l'acteur Dustin Nguyen

Photo de famille de Chrysalis, un film de WS Productions:
- *Rangée du haut, de gauche à droite: Alex Bonelli (directeur de la photographie), J. Robert Schulz (réalisateur), Le Huy (acteur),*
- *Rangée du milieu: Randal J. Slavin (producteur exécutif), Truong Ngoc Anh (producteur/acteur), Tien Pham (producteur/acteur), Samuel An (acteur).*
- *Rangée du bas: Sir Daniel K. Winn (producteur exécutif/acteur), Nguyen Vu Uy Nhan (acteur), et Kieu Chinh (actrice).*

Kieu Chinh et Sir Daniel K. Winn dans le film "Chrysalis",
un film de WS Productions

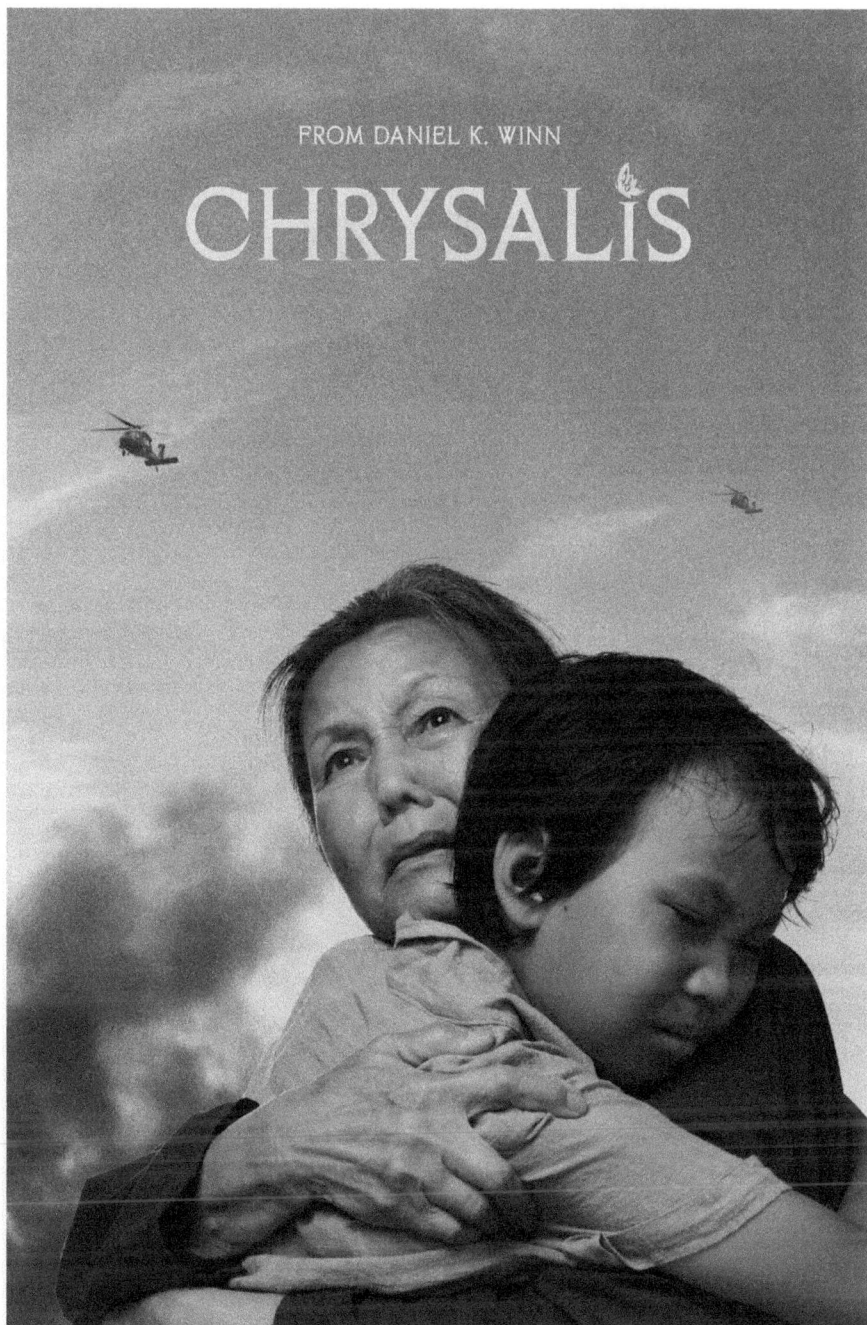

*Grand-mère et petit-fils: Kieu chinh et Uy Nhan
dans le film "Chrysalis"*

Au Toronto International Film Festival
(photo par Getty Images)

Au Sundance Film Festival

À l'Asian World Film Festival
(photo par Getty Images)

Prix: Woman Warrior Award.

Prononçant un discours lors de la remise du prix du Réfugié de l'année 1990, au Congrès des États-Unis, Washington DC.

Recevant le prix du réfugié de l'année 1990, au Congrèse des États-Unis, Washington DC

Des amis ont célébré les trente ans de carrière cinématographique de Kieu Chinh sur la scène du Performing Art Center, Costa Mesa, Californie.

Nguyễn Long Cương, acteur dans le film Chúng Tôi Muốn Sống. Il est devenu le célèbre monteur de film français, qui remet la plaque 25ème anniversaire du Cinéma Kieu Chinh à Paris.

Avec Patrick Perez, réalisateur du documentaire: « KIEU CHINH, A Journey Home »

Kieu Chinh reçut le prix du patrimoine américain 2005 décerné par l'American Immigration Law Foundation.

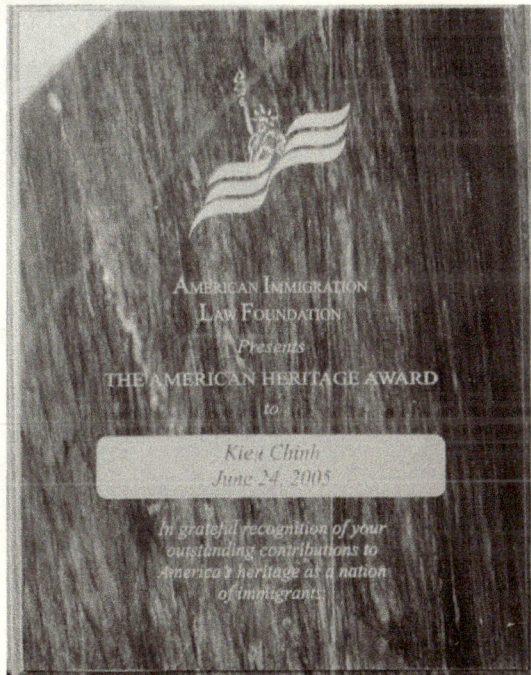

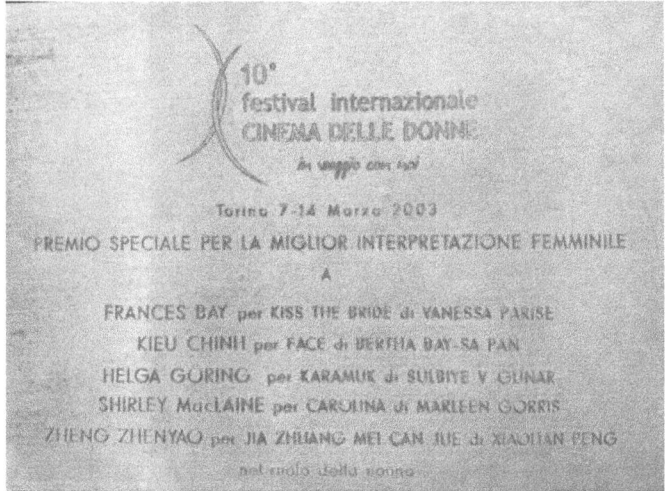

Kieu Chinh fit partie des cinq acteurs et actrices internationaux qui ont reçu le prix spécial du Festival du film Internazionale Delle Donne, en Italie.

À l'Emmys Award

Réalisateur Patrick Perez et Kieu Chinh reçoivent le Emmy Award pour le documentaire « Kieu Chinh: A Journey Home » réalisé par Patrik Perez de Fox Television « Priez pour la réunion de toutes les familles séparées par la guerre sur la terre ».

MCI Telephone Company a félicité le Documentaire Kieu Chinh: A Journey Home » - réalisé par Patrick Perez, Fox TV - a remporté les Emmys

Au Festival du film de San Diego, Kieu Chinh a reçu le Lifetime Achievement Award et le film Vượt Sóng a remporté le prix de la meilleure image. De gauche à droite: Tuan Cuong, acteur; Kieu Chinh; Lam Nguyen, producteur; Tran Ham, directeur; et Alan Vo Ford, producteur.

Kiều Chinh reçoit Lifetime Achievement Award de San Diego Asian Film Festival en 2006. De gauche à droite: Stephen Dao, Kiều Chinh, Grace Park, Paul Hùng Nguyễn, Ming Na Wen, Tuấn Cường.

Le sénateur Lou Correa rend hommage à Kieu Chinh avec un Congressional Record Award.

Recevant le prix Pioneer de JTC pour les femmes de couleur.

Kieu Chinh est l'un des cinq acteurs & actrices à avoir reçu le prix Fog Awards Lifetime Achievement Award. De gauche Jackie Chan, Sonil Thapa, Kieu Chinh, Bappi Lahri, Martin Sheen.

Avec George Jojo Chamchoum, président du Festival des films du monde asiatiques (AWFF) lors de la cérémonie de remise du Life Achievement Award pour Kieu Chinh.

Avec l'ancien ambassadeur Bui Diem, producteur du film "Hồi Chuông Thiên Mụ"

Je suis extrêmement honorée d'avoir été intronisée dans l'Ordre équestre de l'Archange Michel par SAR le Prince Gharios El Chemorof Ghassan.

*Comme l'a déclaré le Prince Gharios lors de la cérémonie d'investiture,
je suis la première femme à recevoir cette distinction suprême pour ma
contribution aux arts et à l'action humanitaire.
J'en suis profondément touchée.*

QUATRIÈME PARTIE
Les Étapes De Ma Vie:

1. *Conférencière*

2. *Les médias*

3. *Activités caritatives*

Discours prononcé devant le mur de granit noir à Washington DC

À la cérémonie de la Journée des Anciens Combattants du novembre 1993, M. Jan Scruggs - président et fondateur du Vietnam Veterans Memorial Fund – m'invita à prononcer une allocution pour la célébration de cette journée et à lire les noms d'un certain nombre combattants américains tués au Vietnam qui figurent sur la liste des 58.000 personnes dont les noms sont gravées sur le mur de granit noir à Washington, D.C.

La cérémonie s'est déroulée solennellement, avec drapeaux, garde d'honneur, orchestre, trompettes majestueuses et tambours, représentent toutes les armes. Toute une forêt de gens était présente, se tenant debout solennellement et se recueillant. Les invités, du président aux invités d'honneur furent conviés à prononcer un bref discours et chacun à lire un certain nombre de noms gravés sur le mur de granit noir.

Dans l'interview avec la presse on me demanda :

"Dites-moi ce que vous avez ressenti lorsque vous prononcé le discours et qu'une larme est sortie."

Je répondis:

"En prononcant les noms Johnson, Smith... dans mon cœur, je ne peux m'empêcher de penser aux Trần, aux Lê, aux Nguyễn ... Plus de deux millions de Vietnamiens étaient également tombés pendant la plus longue guerre de l'histoire américaine. J'espère qu'un jour je pourrai faire quelque chose pour les honorer, en particulier les enfants innocents."

Quand j'étais descendue de l'estrade, de nombreux anciens américains étaient venus me prendre dans leurs bras. Quelqu'un pleura. j'étais à la fois touchée et impressionnée par ces soldats blessés aux cheveux maintenant devenus blancs, certains en fauteuil roulant, d'autres s'appuyant sur des cannes, ... des amputés... toujours en tenue militaire.

On me présenta à deux personnalités : La première, Lewis B. Puller Jr. *(le jeune)* un célèbre vétéran du Corps des Marines (fusilliers marins) qui a été amputé des deux jambes. Il est en fauteuil roulant et plusieurs doigts lui manquaient de ses deux mains . Il est également l'auteur d'une biographie, *Fortunate Son* (Le fils chanceux) qui a reçu le prix Pulitzer.

Lewis B. Puller Jr.est le fils d'un célèbre officier supérieur de l'armée américaine - le général Lewis B. (Chesty) Puller qui a reçu le plus de médailles dans l'histoire de l'armée américaine.

La deuxième, le célèbre journaliste Terry Anderson qui fut pris en otage et mis en prison pendant plus de six ans de guerre au Proche-Orient. Sorti de prison, de retour aux Etats Unies, il écrivit un livre intitulé *Den of Lions* (Le repaire des lions).

Ensuite je pris rendez-vous pour les rencontrer individu-ellement afin de leur présenter mon desiderata: Faites quelque chose pour honorer plus de deux millions de Vietnamiens qui ont été tués pendant la guerre du Vietnam.

Texte Supplémentaire

(Ci-dessous, est la tradution du texte intégral en anglais du discours a prononcé par Kiều Chinh au Mur de Pierre Noire):

Américaine d'origine vietnamienne, à deux reprises réfugiée, je perdis mes parents, mes frères et sœurs, presque tous à cause de la guerre. Ayant débattu avec d'innombrables questions et pensées contradictoires, permettez-moi de partager avec vous quelques-reflexions sur la guerre du Vietnam – à partir de ce mur de granit noir qui se tourne vers le passé.

En me joignant à la célebration du 10ème anniversaire du mur, je récitais les noms des morts, les noms des soldats tombés sur le champ de bataille, je me tiens ici, devant le mur, gravé des noms de plus de 58.000 soldats américains morts pendant la guerre, et me suis rendue compte que toutes les raisons menant à la guerre avaient disparu.

Je lève les yeux vers le mur et je vois toute l'humanité sur cete terre comme une seule entité. Cette entité commune à l'humanité, est comme une personne qui grandit pas à pas, tantôt saine et sage, tantôt malade et imprudente, souffrant d'une douleur auto-infligée.

L'une des blessures de cette souffrance auto-infligée a été la guerre du Vietnam.

Cette blessure n'est pas petite. Regardez les deux côtés de l'océan Pacifique. D'un côté, un pays d'à peine 320.000 kilomètres carrés qui avait souffert tant de ravage, et de division. Et à l'autre côté, de nombreuses générations américaines divisées, elles aussi. Plus de 58.000 soldats américains sont tombés et plus de deux millions de personnes - soldats, civils, personnes de tout âge sont mortes dans le malheureux pays, choisi par l'histoire pour être le champ de bataille. Cette blessure est encore douloureuse pour des millions de personnes, des décennies après que le silence a prévalu sur les armes à feu.

Les vétérans du Vietnam, de retour du champ de bataille avec des blessures physiques ou mentales, poursuivent leurs combats, non pour en infliger davantage mais pour les panser en participant avec des civils américains à la construction du Mur du Mémorial des Vétérans du Vietnam.

En une décennie, cinq millions de visiteurs s'y étaient rendus. Et sûrement des millions d'autres viendront.

Le Mur des Vétérans du Vietnam n'est jamais un monument aux morts, mais à l'espoir que la blessure va se guérir. C'est là à où les morts rappellent aux vivants leur espoir pour un monde plus pacifique.

L'histoire montre que tous les murs érigés dans l'intention de diviser et blesser l'humanité ont fini par s' effondrer. Mais le Mur qui rassemble les gens pour les guérir, au sens du Mémorial des Vétérans du Vietnam, restera pour toujours car il est fait non seulement de pierre mais aussi d'esprit, non seulement pour rester sur terre mais aussi pour vivre dans le cœur des humains.

La terre, notre maison commune, n'est pas encore exempte de péril. Elle est de plus en plus menacée par des armes encore plus terribles.

Puisse le message du mur sur la guerre du Vietnam rappeler aux générations futures à apprendre, à protéger la terre pour que l'humanité grandisse dans un corps intact, sain et pacifique.

Vers l'établissement du Fonds pour l'enfance du Vietnam (VCF)

Faire quelque chose pour honorer plus de deux millions de Vietnamiens qui sont morts pendant la guerre du Vietnam.

Pour trouver la réponse à cette question, la première personne à qui je m'étais adressée était Lewis B. Puller, Jr.

Par un après-midi d"hiver, je rendis visite à Lewis à Fairfax, en Virginie. La maison à un étage est située sur un grand terrain avec de nombreux grands arbres. En hiver, les arbres s'endorment. Les feuilles mortes couvrent le chemin.

Une femme ouvre la porte et m'a invitée à entrer. Lewis était assis sur fauteuil roulant, au milieu du salon, une grande pièce, avec un parquet, mais très peu de meubles. Le fauteuil roulant est arrivé, Lewis me salua et me présenta sa sœur ainée, qui vientt l'aider et lui apporter les repas. Sur la petite table en bois devant la cheminée j'ai vu une bouteille de vin, une assiette de cracquelins au fromage, des raisins... Il n'y avait qu'une seule chaise detinée aux invités .

La sœur aînée demanda à Lewis s'il avait besoin d'autre chose avant de partir. Lewis lui a demandé de déboucher la bouteille pour moi, d'apporter deux verres et son livre, *Fortunate Son,* pour me dédicacer .

Je demandai à sa soeur de nous prendre en photo ensemble. Aprés elle est sortie en fermant la porte. Nous étions assis près de la cheminée, crépite un feu de bois. Les deux verres de vin sont posés sur la table.

Après avoir posé des questions sur la santé de chacun, notre discussion se tourna vers le Vietnam, le pays où Lewis avait laissé deux jambes et de nombreux doigts. Mais ces blessures physiques n'étaient pas aussi graves que les blessures morales qui ont transformé sa vie.

Au cours de la conversation, il nous arrive a parler de nos pères; celui de Lewis et le mien. Bien sûr, le père Lewis, était un général avec une glorieuse carrière militaire et il est mort dans la gloire. Mon père, par contre, était un père malheureux qui a été mis en prison et mourut de faim.

Lewis tourna le fauteuil roulant sur le large plancher en bois et roula vers la porte de derrière. Lorsqu'il était revenu, des bûches de bois de chauffage reposaient sur ses genoux. Je m'empressai de venir près de lui, me baissai pour soutelever les bûches de ses genoux. Nous ajoutons du bois de chauffage à la cheminée. Le feu illuminait le visage de Lewis, le soldat blessé. Il avait un beau visage d'intellectuel. Ses cheveux tombaient légèrement et ses yeux étaient tristes derrière des lunettes claires. Je lâchai :
"Mon père est aussi très beau." Lewis me regarda sans rien dire. Nous nous affaissâmes tous les deux dans un long silence. L'image du père de chacun de nous fait scintiller dans les yeux, apparaissant comme le souvenir d'un passé pénible à endurer,

mais qui suscite beaucoup de fierté en nous, les enfants qui survivent.

Je rappelai l'histoire du Mur de granit noir gravé des noms de 58.000 soldats américains tués au combat, et dis à Lewis: "Je souhaite faire quelque chose pour honorer les plus de deux millions de Vietnamiens qui ont perdu la vie dans la même guerre..."

Lewis tendit sa main qui n'avait plus que deux doigts et la posa sur la mienne, "Une si noble pensée, comptez sur moi."

Quelques jours plus tard, quand j'appris que Terry Anderson ferait une présentation à Las Vegas, je pris l'avion pour rencontrer Terry et sa femme, Madeleine Bassil.

Je présentai à Terry l'idée qui me brûlait l'esprit depuis long-temps: "Je souhaite faire quelque chose." Terry tomba d'acord tout de suite

Grâce à sa grande réputation et à une large publicité, il a convoqué d'importantes réunions à l'American Press Club à Washington, D.C., attirant l'attention de nombreuses personnalités célèbres et, des médias. Pour ma part, j'invitai Jack Wheeler, qui était l'ancien président du Vietnam Memorial Fund, l'organisation qui a construit le Mur memorial en granit snoir.. Jack est un avocat expérimenté avec une richesse de relations et de contact qui, je pense, furent très nécessaires et utiles à la formation de notre association, le Vietnam Children's Fund (Fonds pour l'enfance du Vietnam).

En outre, Jack avait également invité Mme Marcia Landau à joindre l'association. Elle faisait partie du cabinet du président Ronald Reagan en tant que directrice des communications chargée du programme de leadersship des vétérans du Vietnam.

Terry et Jack ont également convié l'honorable Edward Timberlake, pilote de F-4 Phantom et ancien sous-secrétaire d'État aux Anciens Combattants dans le cabinet de George H.W. Bush. De plus, nous avons également invité de nombreuses personnalités telles que Mme Joy Carol, Mme Patricia Derian, M. William B. Richards, Tom Kennedy Anthony Acamando... Tous nous soutenèrent et rejognirent l'association avec enthousiasme.

Après de nombreuses réunions qui menèrent à l'élection du conseil d'administration visant à établir officiellement l'association

– Lewis Puller, Kieu Chinh, Terry Anderson: cofondateurs, coprésidents.

– Jack Wheeler: président.

– Marcia Landau: secrétaire et directrice des médias.

Les autres sont membres de l'association.

Le Vietnam Children's Fund, avec son conseil d'administration et ses membres qui sont de grands noms aux États-Unis, a travaillé avec enthousiasme, et attirait beaucoup l'attention du public. Des journaux importants tels que le Washington Post, l'USA Today... ont tous rapporté la nouvelle.

Tous les membres vivent à Washington, D.C. ou New York, à l'exception de cette seule américaine d'origine vietnamienne, qui vit en Californie. Particulièrement au Vietnam, l'association avait Sam Russell qui a dessiné la maquette de l'école pour VCF et supervise tous les travaux de construction, avec l'assistance de Mme Lan Viên, son adjointe. Mme Lan Viên a été instrumentale dans la formation de notre association, le Vietnam Children's Fund

Retour au Vietnam pour la deuxième fois

En janvier 2000, à mon retour à Hanoï. J'étais accompagnée du journaliste John Gittelson et du photographe Daniel A. Anderson du journal Orange County Register.

De retour cette deuxième fois, mon but était de couper le ruban pour inaugurer la septième école du Fonds pour l'enfance du Vietnam (VCF), construite dans le village de Nhân Chính. La construction de cette école est rendue possible grâce aux mérites de Sam Russell, représentant de l'Association, et de l'ingénieur Lan Viên, qui s'est occupée des procédures et de la construction. Leur mérite est remarquable. Sans eux, le VCF n'aurait pas été en mesure d'accomplir ces tâches. Ils ne craignent pas le travail acharné, ont travaillé avec sacrifice et altruisme. Merci Sam et Lan.

Quand j'étais arrivée là-bas, je découvris que Nhân Chinh était en fait le nouveau nom du village de Mọc/ Cự Lộc, dans la province de Hà Đông, qui était la ville natale de mon grand-père paternel. Assistaient à la cérémonie d'inauguration, outre les enfants - qui seront des élèves de l'école - il y avait aussi de nombreux villageois et quelques personnes âgées.

En prenant un thé dans la salle de réception d'un temple voisin, un vieil homme me dit que cette école avait été construite sur l'ancienne terre de M. Phán Phan, un homme célèbre du village Mọc Cự Lộc. Il est mort depuis longtemps. Après cela, l'armée française était revenue au village pour occuper et raser la maison de M. Phan. Et ils ont ensuite construit des casernes sur ce terrain.

Je fus tellement touchée quand j'entendis ce řcit. Il s'est avéré que c'était la terre de mon grand-père. La maison qui a été rasée par les soldats français est l'endroit où mon frère et moi avons vécu avec notre grand-père. Ce vieil homme disait qu'il connaissait le fils de Phán Phan nommé Nguyễn Cửu, parce que sa maison était située derrière la maison de mon grand-père, et qu'il n'avait que quelques années de moins que Papa Cửu.

Je dis au vieil homme:

"Oh mon Dieu! Merci, vénérable monsieur, M. Nguyễn Cửu est mon père."

Le vieil homme me regardait comme s'il ne pouvait pas croire ce que je venais de dire, mais quand il s'était rendu compte que je disais la vérité, il n'a pu que me serrer dans ses bras et pleurer. "Oh mon dieu, ce sont les déscendants de M. Phan. Merci d'avoir suivi les traces de votre père pour reconstruire ici l'école du village. Les villageois ici sont tous reconnaissants à M. Phan, très reconnaissants à M. Phan, qui avait fait construire le portail du village et avait apporté de nombreuses autres contributions. Maintenant, elle retourne pour continuer ses oeuvres vertueuses".

Je m'éclatai en sanglots, mon grand-père me manqua ! mon père me manqua !

Je suppliai au vieil homme de ne pas m'appeler grande dame.

Pendant le reste de la journée passé avec lui, j'entendais beaucoup d'histoires qu'il racontait, sa voix se mêlait aux rires des enfants dans la nouvelle cour de l'école. C'est une école spacieuse à deux étages avec huit salles de classe, en plus de deux salles pour les enseignants, les directeurs et deux toilettes pour garçons et filles à par. L'école dispose également d'un terrain de jeux et de nombreux arbres à ombrage.

La scène de l'inauguration était animée, les persones âgées vêtues d'un ao dai (tunique) et turban, les enfants s'étaient alignés dans la cour de l'école pour les accueillir. À la fin de mon discours d'ouverture, je souhaitai à tous les élèves une bonne étude et un bel avenir.

Puis, au jour de l'an, j'apportai des cadeaux pour les enfants . Ces cadeaux proviennent de ma famille en Amérique. Avant de me rendre ici, j'informai mes enfants de mon travail, et leur ai demandé d'apporter chacun un cadeau aux enfants à l'occasion du Têt. Vân (ma fille aînée) a donné 200 paquets rouges porte-bonheur, chacun contensnt deux dollars, Hùng (mon fils aîné) a donné 200 imperméables fins emballés dans des sacs en plastique, qu'on peut mettre dans sa cartable à main. Pour les études, Tuấn Cường faisait un don de 200 trousses en plastique à fermeture éclair, contenant crayons, stylos Bic à bille, règles et gommes. Et mon cadeau comprend 200 sacs à dos,

Peut-être n'y a-t-il jamais eu dans leur vie un jour aussi heureux que le jour de l'ouverture de cette école. Les enfants ont chanté pour moi et formulé des souhaits de bonne santé et de longévité à "grand-mère". En les voyant heureux, mon cœur était également rempli de joie. En fin de journée, j'ai pu assister à une « fête du Têt » avec les parents des élèves et les anciens du village. Avant de partir, j'allumais de l'encens pour m'incliner devant l'autel de mon grand-père et mon père au temple du village.

La voiture est partie, laissant derrière elle mon cher village Mọc. Je sais que je suis loin, très loin du village Mọc, mais la nostalgie du village montera en flèche au fur de l'éloignement physique.

Lors de ce voyage de retour, à part les fonctions officielles de l'association VCF, qui consistent à inaugurer l'école Nhân Chính, le reste de mon séjour à Hanoï était consacré à ma famille. J'ai rencontré mon cher frère, Lân et ses enfants. Je ne manquais pas non plus de visiter les tombes de mes parents. Loan, la fille de Lân et Truyền avaient minutieusement préparé les offrandes qu'ils amènent au cimetière.

Extrêmement émouvante aussi était la visite à la maison privée de mes grands-parents à Gia Lâm, Gia Quất, ville natale de ma mère, à l'autre côté du pont de Long Biên. J'ai aussi rendu visite à tonton Nguyễn Văn Thành, le frère cadet de ma mère. Lorsque je l'ai revu, le souvenir de son image traquée par les Japonais m'avait profondément émue.

À cette époque, il habitait chez moi car il était la personne la plus proche de mon père. Lorsque les Japonais envahirent la ruelle, l'oncle Thành sauta par-dessus le mur avec son épée, se retournait pour dire à mon père: "Tu dois sortir par un autre chemin !" À cette époque, je le considérais comme un héros.

L'oncle Nguyễn Văn Thành était un célèbre chirurgien. Il a vécu sous terre pendant la bataille de Điện Biên Phủ . On peut dire qu'il était le seul chirurgien du front. Avec la bataille qui était ménée jour et nuit à la surface, il vivait en profondeur sous terre. Pauvre tonton, avec les bruits des canons qui tonaient sans cesse au-dessus de lui, il avait fini par devenir sourd pour de bon.

Une autre personne que j'ai pu visiter était l'"oncle Quang, le jeune frère de ma mère. Tonton Nguyễn Văn Quang était le premier ambassadeur du Nord Vietnam en Russie, puis dans de nombreux autres pays du monde. Il parle couramment le russe, le français et de nombreuses autres langues étrangères. Quand j'étais arrivée chez lui, tonton Quang déjà bien habillé, m'atten dait. Ensuite nous sommes allés à l'autel des ancêtres garni d'offrandes et de fruits, et avons prié en brûlant des bâtons d'encens.

Puis vint M. Nguyễn Văn Tụng, le cousin de ma mère. Quand il est revenu à Saigon de Hong Kong, il a eu l'occasion de collaborer avec les professeurs Lê Bá Kông et Lê Bá Khanh pour enseigner l'anglais à l'école Dziên Hồng. Plus tard, il était parti dans le Nord et devint le porte-parole à la radio communiste. Spécialisé dans la propagande anti-américaine il incitait les soldats américains à déserter à la Tokyo Rose japonaise, car il parlait très bien l'anglais. Quand il rencontra sa nièce et les deux journalistes américains, il aiguilla tout de suite passé au ton de propagande, comme s' il travaillait encore toujours à la radio !

J'ai aussi rendu visite à la poétesse Ngân Giang, une amie proche de mon père depuis son plus jeune âge. J'ai entendu tellement d'histoires déchirantes, surtout le jour où le Nord et le Sud se scindèrent en deux, deux personnes empressées de se retrouver dans un cadre désolé, perdu... sans se rencontrer. Elle me relit le verset qu'elle a laissé à mon père:

Tu viens me chercher, tu ne me trouves pas
Je te cherche cher ami, mais tu es déja parti
Hé mon ami! Hé mon ami! Où es-tu?...

Tellement émue, je ne me rappelle pas tout le poème. Imaginant l'état d'esprit de mon père à ce moment-là, mon cœur se resserra et les larmes me montèrent aux yeux. J'aime tellement mon père ! Il avait dû se sentir abandonné, impuissant et perdu, sans aucune présence chère à ses côtés...

(Lors de sa visite aux États-Unis pour faire une présentation médicale à l'UCLA, le docteur Nguyễn Văn Nghị m'a raconté un fait intéressant: c'est mon père Cửu qui a présenté son amie la poétesse Ngân Giang à son beau frère Nguyễn Văn Thành. C'était grâce a papa Cửu que Ngân Giang et Nguyễn Văn Thành étaient devenus mari et femme.)

J'étais descendue à l'hôtel Hanoi Hilton Opéra juste derrière le quartier du Grand Opéra à Hanoï. Sur le chemin du retour, en passant au bord du lac Hoàn Kiếm (de l'épée restituée). il y avait de la foule. Tout le monde semblait se déverser dans la rue pour dire adieu à la vieille année, et accueillir la nouvelle. Il y avait une foule fourmillante. Les boutiques autour du lac Hoàn Kiếm se rivalisèrent à jouer toutes sortes de musique bruyante. J'ai l'impression d'être égarée dans un endroit étrange! Je n'ai jamais vu Hanoï avec ce visage auparavant. Je n'ai jamais vu un tel Vietnam !

Des feux d'artifice commencèrent à exploser. Les gens applaudirent. C'est la veille du Nouvel An (Giao Thừa). Les pétards explosaient de plus en plus fort à chaque fois. Le ciel s'éclabousse de couleurs. Des pétards explosèrent, en continu partout, de près et au loin.. À la surface du lac ce sont des milliers d'étoiles qui dansent, se reflètent dans l'eau, Les pétards explosent ! ils explosent de plus belle ! Mon cœur s'est mis à battre fortement quand j'ai vu un homme courir après une petite fille en criant très fort:

"Tiens la main de papa! Tiens-moi la main sinon tu vas t'égarer maintenant !"

Je lève les yeux vers le ciel:

Mon Dieu, mon père et sa fille s'égarèrent. Pendant combien de temps seraient -ils égarés? Égarés à jamais!" Papa ! Papa ! .

Lors de ce voyage, deux journalistes américains, John Gittelsohn et Daniel A. Anderson du quotidien Orange County Register, m'ont suivi partout où j'allais, chaque personne que je rencontrais. Ils étaient aussi silencieux que deux ombres, témoins de tout ce qui se passait. Le plus grand journal du comté d'Orange publia un article spécial de 16 pages sur mon retour au Vietnam, avec un reportage du journaliste John Gittelson et des photographies du photographe Daniel A. Anderson: Un reportage special du Orange County Register Special Report.

Les blesures de guerre

Mon retour au Vietnam pour aider VCF à construire des écoles pour les enfants avait provoqué de manière inattendue un événement traumatisant. Au début de l'an 2000 lorsque M. John McCain s'était présenté à la présidence des États-Unis, je l'ai rencontré à Washington D.C., lors d'une occasion à laquelle assistaient ses supporters, dont M. James V. Kimsey. J'étais l'invitée de James, assise à la même table que John McCain.

Lorsque James me présenta et que je pris la parole pour un bref moment, le directeur en charge de la campagne électorale de M. McCain m'a demandé de bien vouloir présenter M. McCain lors de sa prochaine visite à la communauté vietnamienne de Little Saigon projetée pour le mois prochain. Cette visite aurait pour but de faire dissiper un malentendu causé par l'épithète péjorative ''Gooks" que M. McCain avait lancée contre certains geôliers communistes à l'infâme prison Hoa Lo, surnommée Hanoi Hilton, où il fut incarcéré. C'était aussi là que mon père et mon frère furent emprisonnés pendant de nombreuses années.

Beaucoup de genss ont pensé que cette malencontreuse invective visait tous les Vietnamiens en général et les réfugiés en particulier et M. McCain voulait venir a Little Saigon pour faire amende honorable.

Un après-midi au début mars, John McCain va se présenter à la communauté vietnamienne de Little Saigon, en Californie. Une tribune a été érigée juste en face du quartier de Phước Lộc Thọ sur l'avenue Bolsa, artère principale de Little Saigon, capitale des réfugiés vietnamiens. En préparation de cette occasion la circulation des véhicules de toutes sortes était interdite sur le tronçon de cette avenue entre la rue Brookhurst et le boulevard Magnolia. Des milliers de gens se rassemblèrent pour inonder la région de Phước Lộc Thọ en accueil de M. McCain. Une très haute tour-échafaudage à l'usage des médias, était érigée en face à la tribune.

J'arrivai de bonne heure. J'étais invitée à m'asseoir au fond de la tribune, en attendant l'arrivée de McCain. On me remit le discours d'ouverture. Les lumières des dizaines de chaînes de télévision de toutes nationalités - vietmiennes, américaines, mexicaines, japonaises, coréennes, etc.. se braquèrent sur moi. C'était si éblouissant que je ne pouvais pas voir les gens en bas de l'estrade, je ne distinguai que le bruit indistinct de la foule qui montait jusqu'à moi. Croyant que c'était des applaudissements de bienvenue, et je m'inclinai pour acquiescer. Le bruit devenait de plus en plus assourdissant, j'étais sortie au milieu de la tribune pour saluer à nouveau et je m'avançais devant le micro. Avant de pouvoir dire bonjour au public, j'entendis un grand cri qui monte de la foule d'en bas:

"À bas le communisme ! À bas la communiste Kiều Chinh ! À bas !"

Et puis, beaucoup, beaucoup de voix hurlantes suivirent, accompagnées d'un claquement fort de quelque chose. J'étais abasourdie, je n'ai rien compris, je n'ai pas eu le temps de réagir quand deux grands Américains en chemise bleue - j'ai été prévenue que les gens en chemise bleue sont des agents spéciaux, probablement des agents du FBI - qui s'occupent de la sécurité de M. McCain – montèrent sur l'estrade, se rapprochèrent de moi et me prirent par la main en disant:

"Sortons d'ici!"

Ils m'ont conduit au milieu de la foule bondée qui criait:

"À bas Kiều Chinh, la sympathisante des communistes ! "

Tout mon corps tremblait, mes jambes n'étaient plus stables. M. Phạm Minh, un jeune ami, s'était accouru pour me prendre la main et m'a fait sortir de la foule. Soudain, une femme s'est approchée, m'a donné un coup de poing dans la poitrine et cria:

"Communiste! Sortez d'ici et allez vivre a coeur joie avec les communistes"

Un policier américain s'est avancé, m'ouvrant la voie pour sortir. M. Andrew Hall, chef de police de la ville de Westminster me conduisit dans sa voiture de police jusqu'a chez moi à Newport Beach. Au milieu de cette nuit là, j'étais choquée quand j'écoute la station de radio Live In America, et entends mon nom dénigré avec un langage des plus vulgaires et profanes que je n'aie jamais entendus jusque là de ma vie. Ils ont même laissé les auditeurs téléphoner leur station pour me maudire. Quelqu'un me compare à la Kiều de Nguyễn Du qui s'était prostituée pour sauver son père, et cette fille de Kiều Chinh s'est prostituée pour le diable communiste!

Tôt le lendemain matin, M. Vũ Quang Ninh directeur de Little Saigon Radio, etait venu me rendre visite et me réconforter. M. Ninh est un grand frère pour moi, comme M. Mai Thảo, M,

Hoài Bắc Phạm Đình Chương, etc. On s'aime et se voit très souvent. Maintenant, deux frères Mai Thảo et Hoai Bac ne sont plus là, M. Vu Quang Ninh est venu dire qu'il y avait une station de radio qui émettait la nuit, qui m'appelait par mon nom à la radio avec toutes sortes d'obscénité, C'était surtout après mon retour au Vietnam avec les deux journalistes américains qu'ils ont incité l'esprit anti-communiste pour que les auditeurs appellent la radio pour, m'insulter et me condamner.

J'ai dit à M. Vũ Quang Ninh:

"Je ne sais pas. Je n'écoute jamais cette station, ni la radio au milieu de la nuit. Hier soir, je n'ai pas pu dormir et j'ai écouté cette station pour la première fois... Incroyable!

Il me réconforta :

"Ne sois pas triste, ma communauté est encore très grande. Tout le monde ne pense pas de la même manière.
Voyant mon silence, il continua, comme un frère aîné ordonnant à sa soeur cadette:

"Eh bien, à partir de maintenant, vous ne pouvez plus écouter cette radio. Où ? Où est elle la radio ? Ramenez-la-moi."

Je l'ai regardé, l'un des "frères" du groupe d'amis les plus proches, et ça ma touchée:

"Cette radio je viens de l'acheter."

"Je vais vous la racheter pour le double du prix d'achat"

J'ai essayé de réprimer la tristesse infinie qui se répandait dans mon cœur, j'ai dit en plaisantant quelque chose pour réduire la tension dans l'atmosphère:

"Eh bien, vous aller retourner chez vous bredouille car Messrs. Mai Thảo và Hoài Bắc l'avaient déjà achetée."
Entre frères et sœurs on s'aime, c'est aussi simple que ça!

Tout d'abord, je pensais que seul un petit groupe de la communauté vietnamienne était au courant de l'incident qui m'était arrivé. Personne ne s'attendait à ce que l'incident devienne une grosse affaire jusqu'au moment où la chaîne de télévision américaine numéro 9 s'y était aussi intéressée. Elle a envoyé le journaliste David Jackson et une équipe de tournage chez moi pour une interview.

David m'a demandé comment je me sentais quand mes compatriotes s'opposaient comme ça ? Qu'est-ce que j'ai pensé ? Et, y a-t-il quelqu'un à blâmer ?

Je me rappelle lui avoir répondu:

"En tant que femme sensible, ma peau n'est pas épaisse, un tel incident me ne rend très triste. En tant qu'artiste, je ne fais pas de politique. Je n'ai de la rancune que contre la guerre ! Mais je n'ai de rancune contre personne, les individus de la communauté des réfugiés vietnamiens. Je déteste la guerre. Je pense que la longue guerre avait laissé trop de blessures. Il y a des blessures dont la médecine peut guérir l'hémorragie. Certaines blessures se guérissent d'elles-mêmes avec le temps. Mais il y a aussi des plaies dont ni les médicaments ni le temps ne peuvent arrêter l'hémorragie.

David m'a demandé à nouveau et j'ai continué:

"En tant que être humain, chacun a sa patrie et ses compatriotes. Chacun souhaite faire quelque chose de bien pour sa patrie, pour ses compatriotes. Certaines personnes dirigent leur effort vers le passé. D'autres travaillent pour le présent. Quelqu'un d'autre pour l'avenir. J'appartiens à la troisième catégorie, tournée vers l'avenir et intéressée à l'éducation. Au Vietnam Children's Fund, je suis la seule vietnamienne, les autres sont tous des américains, la plupart sont des anciens combattants au Vietnam. Nous n'avons qu'un seul but: construire des écoles primaires dans des endroits déchirés par la guerre, aider les enfants à acquérir une éducation, à apprendre à lire, à écrire et à acquérir de bonnes connaissances pour un avenir meilleur. . »

Quelques jours plus tard, sur le boulevard Bolsa, juste en face de la zone commerciale animée de Phước Lộc Thọ, des personnes en uniforme militaire brandissaient une pancarte plus grande qu'une natte avec les mots: " Opposez-vous fermement à Kiều Chinh pour avoir soutenu le parti communiste". Il y avait une autre camionnette, avec les mêmes slogans de protestation affichés à l'arrière, qui faisait le parcours de long en large sur le boulevard Bolsa, jour, après jour. "Ils" ont même appelé les entreprises où je travaillais sur la publicité commerciale, leur disant de ne pas m'engager pour représenter l'entreprise parce que j'étais communiste. Même à contre coeur, pour des considérations financières, ces entreprises, prétextant quelques excuses, avaient finalement dû annuler mon contrat de travail.

D'autre part "Ils" ont dit à la communauté de me boycotter et de boycotter également les produits que je représente. Jour et nuit "ils" ont continué à me diffamer sans hésitattion, à condamner le Vietnam Children's Fund pour avoir construit des écoles aux fins d'aider les enfants communistes dans leurs études.

Voyant la situation devenir si tendue, je demandai la convocation d'une réunion avec l'Association VCF, et ai proposé de démissionner afin que l'Association puisse continuer l'œuvre caritative projetée. Cependant, M. Terry Anderson, un ancien journaliste qui avait été emprisonné pendant de nombreuses années par des terroristes au Moyen-Orient, co-fondateur et co-président de l'Association, n'accepta pa ma démission. Terry éleva même la voix et souligna:

« Nous sommes des vétérans des US Marines, des soldats qui ne quittent jamais leurs camarades sur le champ de bataille !

M. James V. Kimsey, un ancien combattant qui avait combattu au Vietnam, fondateur de l'American On Line et membre honoraire de l'Association, a déclaré:

"Cela n'a aucun effet sur l'association..."

Il m'a dit qu'il n'était pas nécessaire de démissionner, et a souligné qu'il me soutiendrait dans n'importe quelle démarche que je crois devoirs faire pour protéger mon honneur.

Merci mes amis. Je ne ferais rien pour protéger mon honneur! Je garde le silence.

Je ne veux pas déranger ou demander de l'aide, pas même à ma famille et à mes amis.

Je pense qu'il vaut mieux les laissez-tranquilles.

Donc, pendant près de deux ans, je n'avais pas eu aucun travail. Les anciens contrats publicitaires furent annulés. Presque deux ans sans nouveaux contrats!

A cette époque, j'habitais dans une belle maison en haut des collines de Newport Beach. L'après-midi, lorsque le soleil se couche, les derniers rayons du jour se transformèrent en magnifiques tableaux de couleurs. En regardant la mer, bien au-de là de l'horizon, je trouve une image majestueuse du Créateur, extrêmement belle. C'est sur le long balcon qui longe la largeur de la maison où pendant les après-midis que je peux vivre des moments de bonheur et de paix avec la nature. Ici, j'ai pris d'innombrables photos des après-midis dorés. Ici, je n'entends pas le bruit de la ville, mon âme est sereine, une sensation de détente et de paix m'entoure,

Parfois, les nuages sont bas, dérivant dans ma vision, j'ai l'impression d'être dans les nuages, et emportée légèrement par le vent..

La maison que j'aime tant, avec tant d'efforts pour la décorer et l'embellir moi-même, j'ai pensé qu'elle serait l'endroit "où nous vivrons" pour le reste de nos vies. Mais non ! Après les événements qui s' étaient produits, je ne peux plus garder cette maison que j'aime. J'ai dû quitter cette zone, aller dans un autre endroit.

À cette époque, je sortais aussi rarement, car chaque fois que je vais au marché ou au restaurant, je trouve des regards indiscrets dirigés vers moi avec un air bien moins sympathique qu'auparavant, je me sens mal à l'aise. Un jour, mon ami Trần Dạ Từ et sa femme Nhã Ca m' invitèrent à sortir pour dîner. Nous étions allés au restaurant Viễn Đông dont le propriétaire est un vieil ami que nous avions connu à Hanoï : M. Tony Lâm Quang est aussi le premier Vietnamien d'outre-mer à entrer dans la politique américaine. Près de notre table où nous étions assis, il y avait quelques hommes, que je surprends à me regarder chaque fois que je levais les yeux. Est ce que c'est exprès ou pure coïncidence, je m'en fiche. Chose bizarre, c'est que quand nous nous sommes levés pour partir, les hommes se sont levés aussi. Le couple Từ-Nhã dit que quelqu'un devait vouloir causer des problèmes à Mme Chinh ici (entre nous on s'appelle M. er Mme pour plaisanter). Nhã Ca disait:

"Eh bien, nous devons acccompagner Mme Chinh jusqu'à sa voiture!"

Juste comme ça, ces gens m'ont aussi suivi jusqu'à l'endroit où j'ai garé la voiture, et s'étaient arrêtés pour poser des questions, mais pas des questions que nous avons suspectées:

"Bonjour, Mme Kiều Chinh. Nous sommes frères de la famille Trần. Aujourd'hui, nous sommes si heureux de vous avoit rencontrée ici par hasard. Tout à l'heure, au restaurant, nous n'osions pas vous déranger pendant votre repas... Madame, je m'appelle Trần Quang Thuận, and voici Trần Quang Hải... Nous admirons beaucoup votre travail dans la construction des écoles pour enfants pauvres au Vietnam. Nous vivons tous les deux à l'étranger, mais nous espérons avoir l'opportunité de construire une école pour notre village. S'il vous plaît, aidez-nous. Nos frères et sœurs feront la collecte des fonds pour demander à votre association de construire une école. Nous avons hâte de vous revoir et d'aller à l'avant avec nos projets.

Les paroles honnêtes et le comportement posé de Messrs. Thuận et Hải m'ont rassurée, me rendent confiante et très heureuse. Après cela, nous nous sommes revus et j'ai été présentée aux autres membres du clan des Trần: Dr.Trần Quý Nhu, Trần Quốc Lễ. Nous sommes enfin devenus des amis proches. J'ai été chez M. Hải pour dîner et discuter davantage sur les détails de leur projet. Ensuite, j'ai même été invitée à un grand anniversaire de la famille des Trần, avec un grand nombre de parents.

Un an plus tard, l'Association VCF a terminé la construction d'une école pour la famille Trần dans le village de Văn Ấp, commune de Bồ Đề, Hà Nội.

Plus tard, après la mort du Dr Nhu, sa femme, le docteur Mộng Đơn, nous a demandé de construire une école à Pleiku, où le docteur Nhu était un médecin militaire qui avait servi pendant un certain temps, et était connu des nombreux médecins de famille dans cette Région. Quelques années plus tard, à une autre occasion, de retour à Hanoï, j'ai été accueillie par la famille Trần. Trần Quốc Lễ, Trần Quốc Túy et sa femme m'ont invité à rester dans leur maison familiale sur la rue Hàng Giấy, dans le vieux quartier de Hà Nội. Et les frères Lễ et Túy m'ont également invité à visiter l'école que le VCF avait construite pour la famille Trần dans le village de Văn Ấp, commune de Bồ Đề.

J'étais très émue et heureuse de voir l'école spacieuse et bien entretenue, les enfants et les familles du village se rassemblent joyeusement, surtout de voir la sollicitude et la solidarité des membres de la famille Trần qui se comprennent et s'entraident malgré leur éloignement géographique.

Chaque nouvel an, la femme deThuận, qui est la belle soeur aînée, prépare des cornichons, la femme de Hải ajoute des bánh chưn, des boudins de porc et viennent me rendre visite pour me les offrir.

Lễ m'appelle de temps en temps: "Cette semaine, Thu Minh (sa femme) et moi nos prenons quelques jours de congé, nous allons préparer un dîner pour vous et votre famille ainsi que pour Thuận et sa femme. Je vais vous chercher avec ma voiture".

Une autre fois, Lễ dit:

"Ça fait longtemps qu'on ne l'a pas vue, allons lui rendre visite, allons tous manger végétarien au restaurant Bồ Đề Tịnh Tâm"

Ces gens m'ont donné une récompense émotionnelle récon-fortante. M. Vũ Quang Ninh a tout à fait raison, le travail de Kiều Chinh peut gêner une minorité, pour une raison quelconque, et pourtant il y a aussi beaucoup d'autres personnes, peut-être une majorité silencieuse, qui partagent complètement son idée et la soutiennent sans réserve. C'est aussi une grande consolation pour moi après les événements tristes et malheureux qui m'arri-vèrent jusque là.

James V. Kimsey, un ami devoué du Vietnam

Officielement pour les Américains, l'association VCF avec un conseil d'administration et les premiers membres, a été officiellement reconnue sur papier. Des réunions ultérieures ont eu lieu dans des lieux de réunion internationaux tels que le Press Club à Washington, D.C. L'association avait invité des personnes qui s'intéressent aux questions de pénurie d'écoles pour les enfants du Vietnam, et notamment des anciens combattants américains ayant combattu au Vietnam.

L'un des premiers donateurs de l'association était James V. Kimsey, un ancien officier de l'armée américaine. Il est le fondateur et président de l'AOL - America Online qui avait parrainé la première école de VCF à être construite à Đông Hà, Quảng Trị, juste sur la 17è parallèle, qui était la ligne de démarcation entre les deux Vietnams du Sud et du Nord.

Parmi les futurs parrains du VCF on peut compter Fred Smith, un ancien pilote d'avion de chasse qui avait participé à la guerre du Vietnam. Il est maintenant Président-directeur général de FedEx. Depuis 2016, j'étais retournée cinq fois au Vietnam pour couper le ruban d' inauguration des écoles dont la 51èm;e, financée par FedEx était construite à Quang Nam.

J'ai gardé un souvenir inoubliable d'un voyage de retour au Vietnam, en jet privé. À bord se trouvaient M. James V. Kimsey et son ami, le général en retraite Jack Nicholson, qui avait combattu dans la guerre du Vietnam. Ils étaient partis de Washington, D.C. pour venir me chercher à Los Angeles. De la nous nous envolâmes vers Hanoï.

À part l'équipage, nous n'étions que trois dans ce jet privé. . Après un dîner arrosé de vin, l'hôtesse nous a préparé le lit. Le vol fluide et tranquille m'a bercée dans une bonne nuit de sommeil.

Après de nombreuses heures de vol, la voix du pilote me réveilla: "Nous sommes sur le point d'atterrir à un aéroport en Russie pour faire le plein d'essence, Il n'est pas besoin de sortir de l'avion. Dans 20 minutes, l'avion décollera et s'envolera directement vers Hanoï. L'avion descend lentement, je tire la jalousie du hublot pour regarder dehors.

C'est tellement beau, la neige est blanche partout, les forêts recouvertes de neige blanche apparurent. Je pense à la scène dans le film *Docteur Jivago*, où Omar Sharif chevauchait sur la route enneigée pour retrouver Lara. Je sortai l'appareil de photo à la hâte et cliquai rapidement, courant de la fenêtre à droite vers la fenêtre à gauche, capturant des scènes lointaines et proches.

L'avion s'arrêta et coupa le moteur ; des phares se braquèrent sur l'avion. La porte de l'avion s'ouvrit et quatre hommes armés, en uniformes militaires firent leur entrée en pointant leurs armes sur nous. La cinquième personne non armée demanda: « Qui vient de prendre des photos ? Je levai rapidement la main : "Moi". Nous étions tous les trois debout devant les canons des fusils. L'homme sans arme nous demanda, tous les trois, d'emmener nos passeports, l'appareil photo que je venais de cliquer et de le suivre. Le général Nicholson disait que nous étions des citoyens américains, l'avion n'était là que pour faire le plein, nous n'avions aucune intention de sortir de l'avion – pour entrer en Russie. Le pilote est sorti pour présenter les papiers. On m'a demandé pourquoi je prends des photos, pourquoi ? J'ai répondu, parce que la scène est si belle, comme dans le film Docteur Jivago, je suis une artiste, j'aime prendre des photos pour garder comme souvenirs. C'est tout. Alors il prit mon passeport et l'appareil photo. À peu près 10 minutes plus tard, il est revenu, rendant les passeports et mon appareil dephoto, avec le film en moins, qui a été confisqué.

Il s'étai avéré que j'ai pris des photos des fusées cachées derrière ces beaux buissons enneigés !

À propos de Kimsey, je me rappelle les autres souvenirs. Chaque fois que j'allais à Washington, D.C. il envoie une voiture pour venir me chercher à l'aéroport. La première fois, il a dit: "Kissinger viendra te chercher." En entendant cela, j'ai dit: "Quoi? Est-ce que tu plaisantes?" Il répondit: "Non, à vrai dire, le nom de mon chauffeur est Kissinger, et non pas celui du secrétaire d'État Henry Kissinger."

Le chauffeur Kissinger est un ancien capitaine laotien hâlé. De petite Taille, ce tireur d'élite et lanceur de couteaux est à la fois chauffeur et garde du corps. Il porte des bottes, met un poignard à gauche et un pistolet à droite sur les côtés latérales de ses bottes.. La Rolls Royce qu'il conduit est toujours propre.

James Kimsey a une façon de parler douce, polie, mais aussi pleine d'esprit. Une autre fois j'étais allé à Washington, il m'invita à déjeuner et dit qu'il viendrait me chercher à midi. J'ai demandé s'il n'était tard, car à cette heure là il doit y avoir un embouteillage monstre entre l'hôtel où j'étais descendue et son bureau sur l'avenue Pennsylvania. Peut être dois je quitter l'hôtel un peu plus tôt ? Il a dit que tout ira bien. Juste 5 minutes avant midi je montais en haut sur le toit de l'hôtel, il y avait un hélicoptère pour me prendre et me déposer, dans 5 minutes sur le toit de son bureau.

Son bureau est au dernier étage d'un immeuble avec une cour carrée donnant sur la façade de la Maison Blanche. Une petite table à manger a été dressée, une nappe blanche, une bouteile de vin blanc, il sait que je n'aime pas la viande, donc c'etait la salade de homard qui figurait au menu du jour.

Je me souviens avoir déjeuné chez James, un beau grand manoir dont il avait lui-même supervisé la construction, sur un terrain juste à côté de la rivière Potomac à McLean, l'enclave chic de la Virginie. En plus de sa maison principale, il a également acheté l'ancienne maison de Frank Lloyd Wright, le plus célèbre des architectes américains. Toute la largeur de la maison est un mur de verre, construit sur un terrain élevé, surplombant les Grandes chutes (Great Falls) du Potomac, là où son débit d'eau est au plus fort. Il utilisait cette maison comme maison d'hôtes, une fois que j'y étais.

Un soir, James m'invita à une représentation spéciale au Kennedy Center. Après le spectacle, nous dinions à la Terrace Restaurant situé dans les locaux de l'immeuble. Alors qu'il traversait le couloir, il y avait un mur sur lequel était inscrit le nom de James V. Kimsey, il expliqua qu'il avait fait un don de 10 millions de dollars pour la construction du Kennedy Center. Puis avant d'arriver à la Terrace Restaurant on passait par un café décorée d'une façon très artistique, avec des initiales KC Café. Pour plaisanter James disait que "cette place devrait vous appartenir."

Le lendemain, j'assistai à un déjeuner avec le sénateur John McCain, pour l'entendre parler de sa candidature à la présidence. James était un fervent partisan de John McCain.

Le jour où nous avions diné à la maison d'hôtes de James, il n'y avait que le général Jack Nicholson, sa femme et moi. On passait une soirée chaleureuse au coin de la cheminée au feu crépitant, la secrétaire particulière de McCain avait sorti une bouteille de vin.

Chers amis, nous nous souhaitons une bonne santé et espérons vous revoir bientôt. C'était la dernière fois qu'on s'était vu.

Le 5 mars 2016, j'étais retournée à Washington, D.C. pour assister aux funérailles de James V. Kimsey à la cathédrale St. Mathieu. Les participants étaient très nombreux, venant de nombreuses régions du monde. Après le service de prière à l'église, il y avait une cérémonie "d'adieu" pour James, chez lui, pour sa famille et quelques amis proches. Chaque personne était invitée à parler pendant quelques minutes. Beaucoup de gens parlent des réalisations glorieuses de James et mentionnent les belles femmes célèbres dans le monde que James avait connues, de la Reine Nor à l'actrice Bo Dereck. Lorsque le fils de James m'invita à partager mes sentiments par la suite, je disais: Oui, je sais que James avait connu beaucoup de belles femmes dans des cadres somptueux, pourtant j'ai été témoin d'une scène d'une beauté indescriptible, lors du retour au Vietnam en 1995, après l'inauguration de la première école de l'Association VCF à Dong Ha, a 17ème parallèle, parrainée par James lui-même. James m'avait demandé de venir à Danang comme son interprète pour une personne qu'il avait fait chercher à l'avance.

En cette journée d'avril, la chaleur du centre du Vietnam était accablante, une voiture nous emmena vers une petite route à l'entrée d'un village. Nous étions descendus de la voiture qui s'était alors garée dans le champ, pour nous attendre. Au bout d'un moment, j'ai vu une silhouette venir de loin sur une route très étroite bordée par les rizières. James courut pour étreindre et soulever cette personne, je l'ai rapidement suivi et constatais qu'il s'agissait d'une religieuse catholique âgée. Elle était très menue. Les deux parlaient deux langues différentes que je devais interpréter. James lui demanda, comment va le "Septième", comment va l'enfant de Mai, comment est l'état de l'orphelinat... La vieille dame répondait que Septième et la petite Mai sont tous des adultes maintenant et ont quitté l'orphelinat. La religieuse ajoutait qu'il leur reste deux orphelinats que James avait construits pendant la guerre, lorsqu'il était soldat. Ces orphelinats sont maintenant tombés en désuétude après de nombreuses années sans entetien et le nombre d'orphelins augmente de jour en jour.

James l'a serrée dans ses bras avant de se séparer, lui a rempli la poche avec 3.000 dollars et promis d'envoyer encore 15.000 dollars à son retour aux États-Unis pour construire des locaux supplémentaires. Ils se séparèrent, la religieuse pleura, James lui tint la main comme si la mère et le fils devaient se séparer à nouveau après de nombreuses années de séparation.

Après mon discours, un silence régnait dans la salle, encore attentive. Ray, le plus jeune fils de James, vint m'embrasser pour me remercier. Puis il m'a pris la main pour m'amener dans le coin où se trouvait une statue de Bouddha montée sur un piédestal en bois, surplombant la rivière Potomac. Ray dit, "C'est un cadeau de 'vous'. Mon père vit ici. C'est là où il s'assoit tous les jours".

Je m'étais séparée du général Jack Nicholson et du chauffeur Kissinger. Je ne reviendrai probablement jamais dans cette maison. Adieu James !

Tremblement de terre à Northridge

Du Brésil, de Paris, je retournai à Los Angeles. Arrivée à la maison à 1h30 du matin, je posai le buste de Chopin, que je tenais dans mes mains pendant tout le vol, sur le piano dans un coin de la maison. J'allumais la lumière pour voir. il était très beau.

Après un long vol, j'étais tellement fatiguée que je trimbalai toutes mes valises vers la chambre à coucher. Dormir d'abord, songer à demain plus tard. Je sombrai tout de suite dans un sommeil profond. Soudain, la maison trembla, vacilla, gronda se mit à bouger, me jetant du lit jusqu'au sol. Les lumières à l'intérieur et à l'extérieur de la maison s'éteignirent. Je paniquai et pensai que j'étais encore dans la chambre de l'hôtel Ritz en France. je criai " au secours, au secours..." Je tâtonnai, j'attrapai mes valises. C'était alors seulement que je me rendis compte que j'étais bien chez moi. Mais pourquoi fait-il si sombre ? il n'y a pas de lumière dehors, la terre avait bougé, toute la maison avait tremblé, un terrible fracas se fit entendre comme si la maison s'était effondrée.

Arrêtes-toi ! Tremblement de terre, tremblement de terre ! Il faisait trop sombre, mais parce que c'était dans la chambre et que je connaissais le chemin dans la maison, j'arrivai jusqu'à la porte, mais quelque chose l'avait bloquée. Il s'est avéré que le piano au coin du salon était venu se coincer là en courant.

J'ai crié à l'aide, la maison ne vibrait plus, mais il faisait nuit et je ne voyais rien. Quelqu'un frappea à la porte et il y avait une lampe de poche qui luisait dans la maison. J'essayai d'enjamber les objets jonchés dans la maison, pour atteindre la porte. C'était Jeff, le jeune voisin d'en face qui me cherchait. Je serrai Jeff dans mes bras et frissonnai. Jeff me dit qu'il m'emmèna chez lui ;

sa femme et ses enfants sont tous là pour me rassurer et alléger ma peur. Jeff attrapa ma main et on s'éloigna des lieux. Il n'y avait pas de lumière dans la rue, toute la ville était plongée dans l'obscurité.

Dans ma tête, je m'inquiétais juste sur le sort de mes enfants. Il y a-t-il un tremblement de terre là où ils vivent ? Le téléphone est injoignable. Il commence à faire jour, je commence à voir la rue, je regardais ma maison; le pilier en briques rouges avait percé le toit et la cheminée qui se trouvait là auparavant, s'effondra sur la voiture qui s'était légèrement aplatie.

Je remerciai Jeff et sa femme, et rentrai chez moi.

La scène dans la maison ressemblait à un champ de bataille : Des meubles éparpillés partout, des tableaux auparavant accrochés aux murs, gisant par terre, la vitrine avec une collection de dizaines de théières antiques, ouverte et brisée, la statue de Chopin étreinte dans mes bras depuis Paris, hier soir encore sur le piano, fragmentée en morceaux.

Dans la cuisine les plats cassés s'éparpillèrent partout, les placards furent ouverts et les bouteilles, flacons gisèrent pêle mêle par terre. J'allumai mon radio à piles pour écouter les nouvelles. "Tremblement de terre à Northridge, enregistrant 6,7 sur l'échelle de Ricther".

Pendant tout un mois après ce cataclysme, je n'osais pas dormir chez moi, par peur de l'obscurité . Comme une folle, je commençais à porter toutes sortes de choses autour du cou ; des lampes de poche, des sifflets... des vêtements chauds à manches longues, des chaussures Bata (de tennis), et je me rendai chez Hùng pour dormir.

Il y avait un détail que j'avais presque oublié; le grand tableau accroché à la tête de lit tomba, le verre s'était brisé sur le lit. Heureusement, j'ai été déjà jetée hors de là. Sinon...

C'était le tremblement de terre de Northridge à 4h30 du matin le 17 janvier 1994 qui avait duré 20 secondes, la ville était ruinée : 72 morts, des milliers de blessés.

Festival international du film de Toronto (TIFF)

2018 est l'année où le cinéma international honore The Joy Luck Club, le film d'origine asiatique le plus brillant d'Hollywood. Ce qui suit est un reportage sur place du Festival international du film de Toronto par Tôn Thất Hùng, qui avait organisé de nombreux événements culturels célèbres à Toronto, au Canada. Mise en ligne le 13 septembre 2018, à la même date et heure que l'émission honorant le film The Joy Luck Club.

Le Festival international du film de Toronto (TIFF) est le plus grand festival du film en Amérique du Nord, classé deuxième au monde après Cannes. Cette année, le TIFF organise un programme spécial pour célébrer le 25ème anniversaire du film The Joy Luck Club.

Théâtre de luxe d'Elgin avec un tapis rouge étendu, des dizaines de stations de télévision prêtes à faire des reportages, des interviews, des conférences de presse avec les réalisateurs et l'équipe de tournage. L'actrice Kiều Chinh avait attiré beaucoup d'attention lorsqu'elle apparut et tous les médias se tournèrent vers elle.

Environ mille cinq cents téléspectateurs, y compris les jeunes de la nouvelle génération apprécient les nombreuses scènes du film, pleurent avec Kiều Chinh à la vue des scènes de familles séparées par la guerre. Jusqu' à ce jour, la star de cinéma Kiều Chinh avait 61 années de cinéma à son actif, 61 années consécutives jouant dans de nombreux films produits par des studios célèbres de Saigon à Hollywood; des États-Unis au

Canada et d'autres pays asiatiques tels que Hong Kong, Singapour, la Thaïlande et les Philippines. Le destin et la vie de cette actrice en exil, ont croisé de nombreuses guerres.

Premier réfugié vietnamien au Canada, Kiều Chinh est arrivée à Toronto, le 30 avril 1975. Quarante-trois ans plus tard, la ville de Toronto et elle restent toujours très épris l'une de l'autre. Elle revient souvent pour jouer dans des films, pour donner des conférences et des interviews à la télévision et à la presse qui participent au Festival du Film. Cette fois ci c'est à l'occasion du 25ème anniversaire du célèbre film The Joy Luck Club.

L' IFFT se déroule exactement sur 10 jours avec plus de 340 films du monde entier projetés en moyenne de 34 films par jour. Pourtant, le 13 septembre 2018, tous les médias se concentraient uniquement sur l'équipe de tournage du film avec le réalisateur et Kiều Chinh. Le film *The Joy Luck Club*, qui était réalisé par Wayne Wang, Kiều Chinh, Tsai Chin, Tamlyn Tamila semblait occuper la majeure partie du temps sur les émissionss de la télévision canadienne ce jour-là.

La partie Q&A (Questions & Réponses) se terminait déjà il y a une bonne demi-heure, mais le public ne voulait toujours pas partir. Nous avons demandé à voir Mme Kieu Chinh, l'agent de sécurité dit qu'elle était passée par "l'entrée des artistes". Je courus rapidement pour l'attraper.

Il était très difficile de se frayer un chemin pour la rencontrer, j'ai dû demander aux journalistes et au public de me laisser passer parce que je suis un "membre de la famille" qui a besoin de voir Mme Kiều Chinh. Le public occidental l'a admirée, ils ont dit qu'elle était si belle, ils ont demandé de prendre des photos avec elle. Ils ne nous ont donné que quelques secondes pour prendre une photo rapide avec elle. Les grands gardes du corps en uniforme noir l'ont rapidement emmenée hors de la foule vers la limousine qui l'attendait. Elle semblait ne pas vouloir y aller, mais le convoi (chaque acteur avait une voiture à sa disposition) devait rouler en même temps. Elle baissa la vitre de la voiture, des spectateurs de toutes les couleurs de peau ont couru après elle pour prendre des photos. J'ai vu deux filles noires courir r en pleurant, essayant de prendre des photos de Mme Kiều Chinh. EIles m'ont dit que le personnage que jouait Miss Kiều Chinh leur rappelait leur patrie, car il y avait aussi la guerre, la fumée, le feu, la séparation...

Récemment la presse britannique, américaine et canadienne, ainsi que le public qui assistaient à la projection du film aujourd'hui, avaient demandé une séquelle du film The Joy Luck Club. Nous espérons aussi de voir cette séquelle bientôt.

Tôn Thất Hùng

Mes quinze ans de conférencière

Depuis mon arrivée aux États Unis en 1993, en plus des films, j'ai aussi une nouvelle vocation de "conférencière de métier"; celle qui fait des conférences moyenant une rémunération. Dans ce domaine, l'agence qui me représente est le Greater Talent Network (GTN) dont le siège principal est à New York. Le GTN m'envoya prendre la parole dans de nombreuses universités américaines, de Cornell au Central Michigan, de l'UCLA à l' USC, de la Philadelphie à San Diego... J'avais même été invitée à prendre la parole au siège de grandes entreprises comme Pfizer. York, la Kellog Food Company... et lors des événements culturels comme à la foire du livre en West Virginie En particulier, la conférence de la Journée des femmes d'Amérique qui s'état tenue dans la capitale de la Californie - peu après l'attaque du 11 septembre à New York - dont j'ai été l'oratrice d'ouverture devant plus de 3.500 déléguées professionnelles de toutes vocations. Cette conférence est considérée comme influente aux États-Unis. L'oratrice de clôture de ce congrès était l'ancienne Première ministre du Pakistan, Mme Benazir Bhutto.

Comme toujours, quand je me prépare pour une conférence, je le fais à fond, bien avant la date prévue, qui dans ce cas, tombe sur le 11 septembre 2001, La veille du jour prévu pour la conférence - le groupe terroriste Al-Qaïda attaqua le World Trade Center à New York, et le sujet joyeux des succès féminins d'aujourd'hui sur lequel j'avais écrit soudainement devint hors du sujet. Alors je ne parlai pas selon le texte préparé mais avec mes sentiments, avec mon cœur, et après la conférence toute la salle s'était levée pour m'applaudir. Les conférenciers d'ouverture et de clôture ont tous parlé de la lutte contre le terrorisme.

Peu de temps après, j'étais atterrée et émue quand j'appris que Mme Bhutto était assassinée par des terroristes au Pakistan.

D'habitude, ces conférences sont réservées un an à l'avance, ce qui laisse suffisamment de temps pour préparer les discours car certains sujets nécessitent un séjour d'un an à la bibliothèque, comme par exemple, la conférence à la foire internationale du livre, le West Virginia Book Fair, qui a eu lieu les 2 et 3 novembre 2007, à Olde Town, district de Martinsburg. Cette région est connue la terre révolutionnaire de l'époque de la guerre civile américaine. Devant tant d'auteurs célèbres, je ne suis pas écrivain. Ce jour-là, j'étais l'oratrice d'ouverture et l'oratrice de clôture était Mme Doro Bush, fille du président George H.W. Bush

La foire présente 40 auteurs "best-sellers" tels que Loraine Despres, l'auteur de la série télévisée *Dallas* ; Bob O'Connor, lauréat du meilleur livre en 2006 ; Doro Bush Koch, auteur de *Mon père, le président*

Parmi les auteurs internationaux qui ont participé, il y avait Korky Paul de Londres, l'auteur de *The Fish Who Could Wish*, et qui est également un célèbre cinéaste britannique des dessins animés. Ma "conférence", en plus du discours d'ouverture de la foire du livre, comprenait également un thé de causerie avec des écrivains, des historiens, des conteurs, des journalistes, des cinéastes, à la bibliothèque publique a Old Town dans le comté de Martinsburg.

Toujours dans ce site historique, j'étais le conférencier principal à la West Virginia Theatre Conference Mountain Masquerade, parlant aux professeurs et aux étudiants du Département de cinéma et de théâtre. Ensuite, j'ai accepté l'invitation d'être le conférencier principal de The Theatre Conference Organization en mars 2008, devant un public de 1.500 personnes, dont des professionnels du cinéma et du théâtre des États-Unis.

Au cours de mes 15 années en tant que conférencière, j'ai eu l'occasion de parler dans des centaines d'universités, d'organisations publiques et privées, mais jusqu'à présent, il y a trois occasions qui m'ont laissé la plus profonde impression; à savoir, en 1992, devant Le mur de granit noir (Vietnam War Memorial) où sont gravés les noms des 58.000 soldats américains tués au combat au Vietnam; en 2001 à la convention Woman Day of America; et en 2007 à la foire du livre de West Virginia (Virginie-Occidentale).

Le Musée Smithsonian

Le panneau routier indiquant Little Saigon que l'on trouve couramment dans le comté d'Orange vient d'être ajouté, non pas sur l'autoroute mais dans le musée. En allant dans la direction du panneau, on voit l'héritage historique de 30 ans d'Américains vietnamiens aux États-Unis.

Avec le panneau "Little Saigon, Next Right" placé devant le S. Dillon Ripley Center, le Smithsonian Museum à Washington, D.C. ouvre une exposition sur l'héritage des Américains d'orgine vietnamienne à partir du 20 janvier 2007.

Après avoir depassé le panneau "Little Saigon" dans la zone d'exposition, les spectateurs verront des images accrochées des deux côtés du mur racontant l'histoire des Américains d'origine vietnamienne aux États-Unis. En évidence est une photo d'une jeune fille vietnamienne, vêtue d'une robe jaune, tenant un drapeau jaune et un drapeau américain lors d'un défilé à l'occasion de la fête de l'indépendance américaine.

Le Dr Vũ Phạm, de son nom vietnamien complet Phạm Hồng Vũ, est le directeur du projet du patrimoine des Américains d'origine vietnamienne du Smithsonian. Il a dit que c'est une image unique qui représente le sens de l'exposition. Surmontant les tragédies du passé, la communauté de 1.5 million d'Américains d'origine vietnamienne devient de plus en plus forte.

Après l'évacuation lors de la chute de Saigon ce fut le voyage des boat people vietnamiens : Images de bateaux en lambeaux après la traversée en mer, dont des photos de personnes mortes sur des bateaux. Ensuite, l'image d'un Amérasien, des photos et des expositions racontent le parcours des Américains d'origine vietnamienne depuis avril 1975: des hélicoptères récupèrent les évacués de Saigon, puis des images de réfugiés atterrissant dans des camps de réfugiés comme Indian Town Gap, Pendleton, etc. De l'autre côté se trouve un petit coin affichant des scènes de la vie courante dans les camps de réfugiés; un lit de camp qui tient lieu de lit et des vêtements en train de sécher, d'après une photo prise par un réfugié alors qu'il était dans le camp.

Je pensais que les Vietnamiens aux États-Unis ont fondé ensemble de nombreuses communautés de vietnamiens dans tout le pays.

"Cette exposition montre aux Américains et aux générations futures que les Américains d'origine vietnamienne ont changé le visage de l'Amérique." dit le Dr Vũ. Chaque année, le système de 19 musées du Smithsonian est visité par 25 millions de personnes.

L'exposition sur le patrimoine américano- vietnamien est menée dans le cadre du programme du patrimoine américain d'Asie-Pacifique du Smithsonian, dirigé par le Dr Franklin Odo, un historien d'origine japonaise. Avant la journée d'ouverture, le Smithsonian avait organisé une grande réception dans l'après-midi du vendredi 18 janvier, avec la participation de 400 invités vietnamiens et américains, parmi lesquels figuraient de nombreuses personnalités célèbres du monde politique comme le sénateur James Webb.

Le sénateur Webb et son épouse, Mme Hong Le Webb, une femme d'origine vietnamienne, ont porté un nouveau-né pour assister à la réception d'ouverture de l'exposition. M. Webb est également écrivain et ancien combattant des Marines pendant la guerre du Vietnam. Il parle et écrit couramment le vietnamien avant d'épouser une Vietnamienne.

Parmi les vétérans américains de la guerre du Vietnam figurent M. James V. Kimsey, fondateur d'America Online , Jan C. Scruggs, président du Fonds commémoratif des anciens combattants du Vietnam qui a construit le Mur.

Le vétéran du Congrès, le japonais Michael M. Honda, présent à la réception, s'était particulièrement intéressé à l'exposition sur l'héritage vietnamien américain.

Depuis les années 1990, un autre japonais célèbre, M. Norman Mineta, a activement mis en place le Smithsonian Asian Pacific American Program (APA), avec de nombreuses activités visant à renforcer le rôle des Américains d'Asie-Pacifique dans l'histoire américaine. Le projet vietnamien américain est actuellement mené dans le cadre du programme APA. Il s'agit d'un programme spécial pour explorer la culture, La richesse des perspectives et de l'expérience des Américains d'origine vietnamienne.

Au cours des trois dernières décennies. Il est actuellement prévu de terminer un Manuel d'histoire vietnamien-américaine pour les universités, destiné à élargir la compréhension des étudiants américains de la place des Vietnamiens-Américains dans l'histoire des États-Unis.

Après 30 ans d'installation aux États-Unis, la communauté vietnamienne a plus d'une génération de maturité et de succès dans de nombreux domaines. Parmi 13 personnages vietnamiens typiques dont les images sont exposées au Smithsonian, Kiều Chinh est le seule actrice de cinéma.

La cérémonie d'ouverture de l'exposition sur le patrimoine vietnamien américain Le 20 janvier consacra une émission spéciale pour présenter et dédicacer le livre *Kieu Chinh, une Vietnamienne Américaine*.

Kiều Chinh à Hollywood

(Extrait du compte-rendu du lancement du livre *Kiều Chinh, une américaine d'origine vietnamienne*).

Le professeur Nguyễn Ngọc Bích, l'un des membres fondateurs de l'exposition, a présenté au Dr Vũ H. Phạm, directeur du projet américain vietnamien Smithsonian, le livre dont il a lui-même écrit le titre. déclaré qu'il était ravi lorsque Kiều Chinh accepta de contribuer son histoire et ses photos au Vietnam American Heritage Show au musée Smithsonian.

Le livre *Kiều Chinh, une américaine d'origine vietnamienne* est sorti en même temps que l'ouverture de l'exposition parce que le contenu du livre et l'exposition étaient étroitement liés chronologiquement. Dr. Phạm Hồng Vũ déclarait: "L'histoire de sa vie du Vietnam aux États-Unis est unique et représente une période spéciale de l'histoire vietnamienne américaine."

Née à Hanoï, Kiều Chinh émigra seule dans le Sud en 1954. De 1957 à 1975, Kiều Chinh avait joué le rôle principal féminin dans 22 films tournés au Vietnam, aux Philippines, à Singapour, en

Thaïlande, à Taïwan et en Inde, parmi lesquels figurent de nombreux films américains tournés. en Asie tels que *A Yank in Vietnam,* avec Marshal Thompsons et *Opération CIA* avec Burt Reynolds...

Avril 1975, Saigon est tombé, septembre 1975, trois mois après son arrivée aux États-Unis, Kiều Chinh reçut son premier rôle dans "l'émission télévisée" Joe Forrester et seulement deux ans plus tard jouait le rôle principal féminin, co-vedette avec Alan Alda dans M*A*S*H, une "émission télévisée" populaire aux États-Unis.

"Elle a tant de talents, Hollywood doit avoir une place pour elle." l'acteur Alan Alda a dit à propos de Kiều Chinh et il a raison.

Depuis son premier rôle dans Joe Forrester en 1975 jusqu'au-jourd'hui, Kiều Chinh est apparue en continu dans plus de 100 films sur le grand écran ainsi que sur le petit écran de toutes sortes. En 1993, elle assuma le rôle principal féminin dans *The Joy Luck Club,* et le réalisateur Wayne Wang parla de Kiều Chinh en ces mots: "C'est un honneur de travailler avec une si grande actrice. Vous avez apporté grâce, style et courage au Joy Luck Club".

Dans la liste des 50 films qui ont fait pleurer le plus de public dans l'histoire du cinéma, Entertainment Weekly avait classé The Joy Luck Club au 22è rang et a écrit: "Le trophée des larmes revient à la défunte Suyuan (Chinh)." Suyuan est le nom du personnage principal du film joué par Kiều Chinh, une mère chinoise qui avait dû abandonner ses deux jeunes enfants dans une rue à Guilin.

Du rôle d'une amante coréenne pendant la guerre dans Love and War de M*A*S*H en 1977, vingt ans plus tard, Kiều Chinh est passée a celui d'une mère coréenne pendant les émeutes de Los Angeles (*Riot film,* 1997). L'actrice d'origine vietnamienne, surmontant toutes les barrières de race, de langue et d'âge, a joué le rôle de personnages féminins de toutes les ethnies en Asie-Pacifique dans le cinéma mondial, d'une princesse de l'Inde *(Devil Within, 1972)* au rôle d'une gérante de ferme d'origine Samoane à Hawaï *(Tempted, 2003)*, et aussi une déesse japonaise dans la pièce Sansho The Bailift, réalisée par Andrzey Wajda, le maître mondial du théâtre sur la scène à la Brooklyn Academy of Music, New York.

À partir de mars 2007, le film *Journey From The Fall*, réalisé par Trần Hàm est projeté partout aux États-Unis. Dans ce film, Kiều Chinh incarne une grand-mère vietnamienne des boat people. Le Festival du film asiatique de San Diego en 2006 avait décerné le titre de meilleur film pour *Journey From The Fall* et a honoré Kiều Chinh avec le Lifetime Achievement Award. Parallèlement à sa carrière cinématographique, Kiều Chinh est également une militante sociale et a été honorée par l'Assemblée nationale des États-Unis lors de la Journée des réfugiés la première année, 1990. Depuis 1993, elle a été conférencière dans de nombreuses activités culturelles et universités. Avec le journaliste Terry Anderson, elle est co-fondateur du Vietnam Children's Fund, qui a construit 51 écoles pour les enfants vietnamiens dans les zones déchirées par la guerre.

Les documents historiques sur l'évacuation en 1975

Après des mois de préparation pour la visite, surnommée Operation New Beginning, une délégation de l'Association vietnamo-américaine pour la préservation de l'histoire et de la culture (VAHF) s'était rendue à Guam pour recevoir un certain nombre de documents portant sur l'histoire et la culture vietnamienne et américaine. Plus de 150.000 réfugiés vietnamiens étaient passés par Guam après la chute du Sud-Vietnam en 1975. Ces documents ont été archivés et transférés au VAHF depuis le bureau du gouverneur de Guam, M. Felix P. Camacho.

La délégation était composée de 17 personnes. En plus de six membres du comité exécutif de l'association et de deux invités, il y avait aussi la participation de l'actrice Kiều Chinh, conseillière et membre honoraire de l'association ; M. et Mme Tony Lâm, ancien membre du conseil municipal de la ville de Wesminter ; M. James Reckner, directeur du Vietnam Center ;M. Dương Phục et Mme Thanh Thủy du conseil d'administration de Saigon Houston Radio, et bien d'autres personnalités de la communauté vietnamienne d'outremer.

Le discours de l'actrice Kiều Chinh au Women's Club de Guam avait touché le public. La vie de réfugiée à deux reprises de l'actrice, qui est considérée comme une légende dans les cercles cinématographiques vietnamiens et américains, a été racontée avec une voix chaleureuse qui inspire et suscite une véritable émotion auprès du public . Après la conférence le gouverneur Camacho et de nombreux spectateurs étaient venus embrasser cette artiste de talent pour lui témoigner leur admiration.

(Extrait du compte rendu de Triều Giang).

Tippi Hendren

Tippi Hedren, marraine du manucure Vietnamien

Avant de parler de Tippi Hendren, ma marraine, une chère amie depuis de nombreuses années, permettez-moi de remonter dans le temps à l'année 1975, lorsque des centaines de milliers de réfugiés vietnamiens risquèrent leur vie pour partir après que Saigon a changé de propriétaire, et s'étaient installés dans des pays libres comme les États-Unis. Ici, il y a des dizaines de camps de réfugiés ouverts pour accueillir les nouveaux arrivants, et Hope Village à Sacramento, en Californie, en est un. Plus de 500 familles des premiers réfugiés vietnamiens aux États-Unis sont venus y résider temporairement, en attendant un parrainage privê des agences et des églises. Tous vont alors quitter le camp, suivre leur parrain ou marraine et s'éparpillèrent un peu partout. Où aller, quoi faire, comment, personne ne sait! À cette époque, de nombreux Vietnamiens ne parlaient pas couramment l'anglais. Traditionellement au Vietnam, beaucoup de femmes n'ont jamais travaillé en dehors de leur maison, elles n'ont pas l'habitude de parler anglais. Ils ne savent pas non plus ce que c'est que travailler en Amérique.

Dans les visites et les conversations avec elles, la plupart d'entre elles ont fait part à Tippi de cette préoccupation. Tippi les a compris, et à partir de là, l'idée lui vient d'aider les femmes et les jeunes filles vietnamiennes, de la première vague de réfugiés, à devenir des manucuristes. Après cela, Tippi organisa les cours d'instruction. L'instructeur est l'un des amis de Tippi.

La première classe comptait 20 étudiantes. Après avoir terminé le cours, elles sont guidées et aidées à passer l'examen pour obtenir une licence de pratique. Ensuite, les étudiantes en manucure de Hope Village (Village Espoir) ont pu toutes trouvé facilement un emploi. Puis de fil en aiguille la première invite la seconde, c'est ainsi que le nombre de Vietnamiennes choisissant le métier de manucure augmente de jour en jour, devint de plus en plus fort. La plupart des propriétaires de salons de manucure à travers l'Amérique du Nord sont vietnamiens. Le développement du manucure que Tippi avait initié prit un essor miraculeux. Ce qui a sucité la curiosité de la presse et du cinéma américains à se pencher sur ce phénomène. À l'unanimité ils ont surnommé Tippi la "Mère du manucurisme vietnamien". En effet, si ce n'était pas à "Mère" Tippi d'accoucher, de guider le chemin, sûrement, il serait difficile pour les réfugiés vietnamiens d'avoir un grand succès dans l'industrie du manucure dans ce pays, comme nous l'avons vu, aujourd'hui.

A l'occasion du 40ème anniversaire de l'évacuation, Mme Kim Dung et quelques amies de la première promotion de manicures, Mme Thuần Lê, Ái Lan, Vũ Thị Lan, Vũ Thi Anh, Đặng Chiêu Hy,

Tôn Thất Diệu, Nguyễn Thị My, Từ Cát, Mỹ Hạnh, avaient tenu une réunion/retrouvailles dans les locaux du quotidien Người Việt. À cette occasion, certains anciens de Hope Village 1975 étaient également venus pour remercier et honorer Tippi Hedren.

Le 23 septembre 2015, à Beverly Hills, la Beauty Changes Lives Foundation et Creative Nail Design (CND), une entreprise leader de produits pour les ongles, honora Tippi Hedren, avec une large participation de l'industrie du manucure americano-vietnamien. Dr. Tam Nguyen, un prothésiste des ongles à succès, propriétaire du Beauty College, une école de formation de manucuristes, et moi avons été invités à parler de Tippi.

Spécialement, après cette célébration, dans une ambiance imbue d'émotion, Mme Jan Arnold, co-fondatrice de la société CND avait annoncé la création d'une bourse pour l'industrie de manucure vietnamienne, baptisée "Tippi Hedren Nail Scholarship"(Bourse Tippi Hedren pour le manucure). Le fonds de cette bourse était officiellement initié avec un don du CND, s'élevant à 184,000 dollar US !

N'importe quand, n'importe où, chaque fois qu'on m'invite à parler de l'actrice Tippi Hedren, la mère de l'industrie vietnamienne des ongles aux États-Unis, une sœur ainée qui me protégeait et me soutenait à l'époque où je vacillais encore sur un pied incertain. Je suis si fière et émue que j'ai envie de pleurer.

Tippi Hedren, marraine

Chaque année, depuis 1990, aux États-Unis, le 31 octobre est choisi comme "Refugee Day" (La journée de refugiés). Les réfugiés ont la possibilité de devenir citoyens des États-Unis doivent être reconnaissants et fiers de tous ceux qui ont contribué à l'édification de ce grand pays.

Tous les Américains ont été, d'une manière ou d'une autre, à un moment donné de l'histoire, des réfugiés.

Du bateau en lambeaux après avoir navigué à travers les vagues de l'océan, les boat people des temps anciens ont trouvé un rivage. Dès qu'ils se sont intégrés, ce qu'ils doivent faire est d'amener leurs proches dans un nouveau pays pour se réunir.

Le premier réfugié à venir sur ce continent, qui en est aussi le parrain. Une personne donne la main à une autre, une génération donne la main à une autre. À travers toutes les frontières du monde, des races, les bras tendus à travers les océans. Jusqu'à ce que tout le monde se retrouve selon les paroles de Michael Jackson: We Are The World (Nous sommes le monde).

C'est cette tradition qui avait créé les États-Unis d'Amérique.

Lors de la Journée de la déclaration des réfugiés de la première année du 31 octobre 1990, j'avais l'honneur de prendre la parole au Congrès des États-Unis, et de réfléchir sur ce sujet. Et aussitôt, l'image de Tippi Hedren, ma marraine m'est apparue.

Depuis 1964, la guerre du Vietnam s'est étendue., l'armée américaine est directement impliquée dans la guerre. À cette époque, Saigon n'avait pas de station de télévision. Au-dessus de la ville, avec des avions de chasse et de transport qui rugissaient, dans l'après-midi, il y avait un avion spécial qui volait lentement, histoire de diffuser des programmes télévisés pour l'armée américaine, dont la série Combat. La télévision vietnamienne est née ici.

À cette époque, dans un simple studio d'enregistrement, en tant qu'animatrice d'une émission télévisée, j'avais l'honneur de recevoir et d'interviewer des artistes américains venus au Vietnam dans le cadre du programme USO pour distraire les soldats américains. C'est ici, une fois en 1965, que je recevais des invités d'honneur venus d'Hollywood: Johnny Grant, Joey Bishop, Danny Kay, Diane McBain et Tippi Hedren. Tous sont des acteurs de cinéma célèbres. En particulier, Tippi Hedren est actuellement le sujet principal de la presse cinématographique mondiale: le rôle principal féminin dans The Birds (Les Oiseaux) un chef-d'œuvre de Alfred Hitchcock le roi des films d'horreur.

Ayant appartenu au même monde du cinéma, Tippi et moi on s'était rapidement lié d'une amitié douce et sincère. Elle était particulièrement ravie de mon cadeau d'adieu: une robe en soie rouge de Hà Đông, et une paire d'éléphants en céramique de Biên Hòa.

En 1969, lorsque je me rendais à Hollywood pour assister à la première de *Dr. Zhivago*, au cours d'un repas pris ensemble à Hollywood, j'avais revu Tippi, j'ai aussi rencontré son mari Noel Marshall, producteur du film *The Exocist*, le célèbre film de fantômes.

En avril 1975, au milieu de la ruée vers l'évacuation lorsque le Sud-Vietnam était tombé, je quittai Saigon avec un seul sac à main contenant mes papiers d'identité. En un clin d'œil, j' êtais devenue une apatride inconnue aux mains vides. Pour entrer aux États-Unis, il faut avoir un parrain. Le seul moyen était de demander de l'aide aux vieux amis.

Avec les numéros de téléphone hollywoodiens encore dans mon carnet, j'appelai William Holden, que je connaissais depuis le Festival du film d'Asie à Taipei en 1965. Malheureusement, il allait à la chasse quelque part d'où on ne savait jamais quand il allait revenir. J'appelai Marshall Thompson, avec qui j'ai partagé la vedette dans A Yank in Vietnam en 1963; Burt Reynolds, co-vedette de l' opération de la CIA de 1965 ; puis Glenn Ford, qui s'était lié d' amitié avec moi lors de sa visite au Vietnam en 1968. Comme personne ne prenait l'appel, je laissais donc des messages sur le répondeur, mais pas de rappels.

Ainsi in extremis jusqu'aux dernières pièces qui me restaient pour payer le téléphone, je composai le numéro de Tippi Hedren. À l'autre bout du fil, c'était Tippi qui répondit. Toutes les deux nous étions folles de joie et essoufflées quand on s'était reconnu.

Quelques jours plus tard, je reçus mon billet d'avion, mes documents de voyage pour les États-Unis et un télégramme spécial de Tippi: "Food For The Hungry a le plaisir d'inviter l'actrice de cinéma Kiều Chinh à Sacramento pour assister à une cérémonie d'accueil pour les 500 premières familles vietnamiennes qui venaint de s'installer aux États-Unis".

Le télégramme m'est parvenu au milieu de ma plus grande détresse. Les trois mots "actrice de cinéma" ne doivent être répétés qu'en guise d'excuse pour aider ma demande de visa pour les États-Unis, mais ils m'ont aussi renvoyée à ma vie antérieure.

Au téléphone, j'ai appris que Tippi travaillait désormais aux côtés du Dr. Larry Ward, en tant que vice-président de Food For The Hungry, une organisation caritative, chargée de l'accueil et de l'installation des déplacés vietnamiens qui viennent d'arriver à Sacramento.

« Chinh donnes moi une main. Nous ferons du bénévolat ici pendant quelques jours, avant de rentrer ensemble à la maison." Je viens te chercher à l'aéroport et t'amener directement à Hope Village, dit Tippi.

En choisissant le camp de réfugiés comme lieu de rencontre, Tippi m'a donné l'opportunité de commencer ma vie de réfugiée par des journées au service de mes compatriotes, même si c'était aussi banal que d'aider à préparer (servir) les repas, à ranger les tabourets, etc. à coordonner l'habillement, aider à traduire, guider dans la préparation des formulaires et papiers officiels ou écouter et partager simplement nos espoirs, nos peines et nos soucis . Grâce à cela, j'ai retrouvé mes forces moi-même, avoir plus de sens dans la vie pour le reste de mes jours.

Je me souviens de la première cérémonie de salut au drapeau de la République du Vietnam qui s'était tenue dans le camp temporaire de Hope Village. Des milliers de personnes se tenaient solennellement debout quand l'hymne national préluda et le drapeau jaune à trois bandes rouges se hissa dans le ciel d'un pays étranger. Dans la foule se trouvaient le général Nguyễn

Văn Chức, les lieutenants-colonels Lê Xuân Vinh, Nguyễn Bá Khuê les journalistes et écrivains Đỗ Ngọc Yến, Trùng Dương, etc. D'autres soldats, même en tenue civile, se tenaient toujours au-garde- à vous et saluaient en vrais militaires. Suite à la cérémonie des saluts aux couleurs, sur présentation de Tippi elle-même, j'ai dû dire quelques mots pour souhaiter la bienvenue aux gens, exprimer mes sentiments, les remercier... Et je n'ai pas pu retenir mes larmes.

C'est à partir de Hope Village à Sacramento que des milliers de Vietnamiens devinrent des résidents californiens. Ils furent les premiers à travailler dans l'électronique à San José, qui est devenue plus tard la Silicon Valley, la capitale électronique du monde. À la même époque, également d'ici, les premières Vietnamiennes furent envoyées par Tippi pour apprendre l'art du manucure conduisant progressivement les Vietnamiennes à dévelpper l'industrie du "nail" aux Etats-Unis.

De nombreuses années plus tard, plus d'une fois dans de nombreux endroits différents, en amenant des personnes âgées malades à l'hôpital, en conduisant seul pour aller chercher des cadeaux de Noël pour les enfants pauvres, ou au milieu d'une visite aux camps des réfugiés d'Asie du Sud-Est, je me suis soudain surprise à chuchoter: " Merci Tippi, merci Tippi"

Très tôt, presque en même temps que sa carrière cinématographique, à partir des années 60, Tippi consacre toute son énergie aux oeuvres humanitaires. Pour apporter du secours avec de la nourriture et des médicaments, Tippi a effectué des vols à travers le monde, en particulier dans le tiers monde démuni. Sécheresse, famine en Éthiopie, au Bangladesh, au Pérou ; catastrophe volcanique à Managua ; victimes de la guerre au Vietnam, au Nicaragua... Tippi avait appris à voler et a été copilote d'un DC3 transportant du secours aux enfants affamés en Afrique. C'est aussi Tippi qui, en juin 1979, a person-nellement vécu et travaillé sur le S.S. Akura en patrouille dans la mer de Chine, se consacrant au sauvetage des boat people vietnamiens en détresse.

Parallèlement aux activités humanitaires, Tippi s'occupe également des animaux sauvages en voie de disparition. Depuis le tournage de *Satan's Harvest*, réalisé en Afrique, elle avait l'occasion de côtoyer des lions, des léopards... et s'est soudain rendu compte qu'elle ne pouvait pas quitter ces bêtes. Par conséquent, tout un troupeau de 95 animaux sauvages de toutes sortes; éléphants, tigres, léopards, lions, etc. sont devenus des membres chers et inséparables de la famille et de la vie de Tippi.

Mannequin, acteur de cinéma, humanitaire, protectrice de la faune. Dans chaque rôle elle est top. C'est Tippi Hedren. Mais pour moi personnellement, Tippi est aussi une amie, une mécène, une sœur proche en cas de besoin, qui m'a jadis ouvert la porte de ma seconde patrie, de ma seconde vie.

Après des journées de travail au refuge de Sacramento, nous sommes retournés dans la maison privée de la famille Tippi à Sherman Oak, près de Los Angeles.

"Mélanie s'en va. Chinh occupe sa chambre", Tippi me dit.

Melanie Griffith, la fille de Tippi, sera plus tard comme sa mère, une illustre actrice, célèbre pour le film *The Working Girl*, mais en 1975, elle n'avait que 16 ans.

La grande pièce du rez-de-chaussée a une fenêtre s'ouvrant sur l'espace de la piscine à l'arrière-cour. Dans la chambre, il n'y avait qu'un matelas double au sol. Allongée sur le matelas, regardant vers le haut se trouvait le mur avec une photo d'un homme aussi grand qu'un vrai homme, aussi vivant que s'il se tenait près du mur en me regardant. Le gars sur la photo est Don Johnson, l'amant de Melanie, plus tard le célèbre acteur de la série télévisée *Miami Vice*, une fois fut élu comme l'un des dix hommes les plus sexy de Hollywood.

Bien que j'aie eu l'occasion de venir aux États-Unis avant 1975, jusque-là, je ne connaissais toujours pas grand-chose à la vie américaine.

La première fois que je restais chez Tippi, il y avait des jours où l'heure du dîner est passée, la cuisine toujours froide et personne ne disait rien. Tard dans la nuit, Tippi était venue me voir. Sachant que je n'avais pas encore dîné, elle sourit et m'emmena dans la cuisine. Là elle commença à faire griller du pain et ouvrit une boîte de poulet à la King. Il s'est avéré que dans la cuisine de Tippi, à l'exception des week-ends et des occasions spéciales, chaque jour lorsque les gens rentrent chez eux, ils n'ont qu' à ouvrir le réfrigérateur et leur repas est servi.

Après plusieurs repas à manger du riz américain, le riz vietnamien et la saumure poisson me manquent. Quand on sait aller au marché chinois, on peut trouver tout seul un sac de riz et une bouteille de saumure. J'avais l'occasion de montrer mon talent à faire des rouleaux de printemps (nem) vietnamiens pour faire goûter aux invités de Tippi. Tippi, elle se régale aussi des rouleaux de printemps et aime particulièrement la saumure assaisonnée.

Le mode de vie à l'américaine, pour moi, a été plein de surprises et de nouveautés. La vie privée dans la maison de quelqu'un comme Tippi Hedren était encore plus bizarre.

Une nuit, j'entendis soudain un cri dans la chambre au premier étage. Je paniquai et courut hors de ma chambre. Toute la famille était dans le pétrin, se précipitant pour... accoucher. La "mère" est la chienne Partner, câlinée par Tippi. Mélanie pressa vivement Don Johnson de se procurer d'une serviette et de l'eau chaude. Les chiots nouveau-nés qui n'ont pas encore ouvert les yeux font l'objet d'une admiration et inspiration sans borne. Cette scène m'avait beaucoup émue et je puis m'empêcher de penser à ma patrie en temps de guerre, où même la vie humaine ne comptait pas pour grande chose. Quelle différence !

Une autre fois, alors que je dormais dans ma chambre, un cri me réveilla, j'étais terrifiée, car tout à coup j'ai vu un énorme lion qui à mon insu, dormait dans la chambre, juste à mes pieds, la gueule ouverte, émettant un ronflement. Après une minute de terreur abasourdie, voyant le lion ronfler toujours, j'ai rassemblé du courage de marcher sur la pointe des pieds vers la porte, de la fermer tranquillement puis appeler à l'aide. Mes cris terrifiaient toute la maison.

Comprenant de quoi il s'agissait, la maîtresse de céans souriait et dit "Oh, n'aie pas peur. Pharaon est très proche de Mélanie, il vient souvent dans la salle pour jouer." Pharaon est le nom du lion. Sa voix était calme, comme si elle parlait d'un chaton. À part Pharaon, Tippi est aussi la maîtresse d'un troupeau de 95 animaux sauvages du domaine de Shambala.

Situé au milieu du désert d'Acton, à environ deux heures de route de Los Angeles, Shambala est peut-être un de ces ranchs uniques, où humains et animaux vivent côte à côte dans la paix et l'harmonie.

Sur une région montagneuse d'une superficie de 40 acres (environ 18 hectares), doté d'un ruisseau et d'un lac, avec l'aide de son mari, le réalisateur Noel Marshall, Tippi règne sur 56 lions d'Afrique, 5 tigres de Sibérie, 6 panthères tachetées, 5 panthères noires, 2 éléphants d'Afrique et des centaines d'autres animaux, tous, élevés en pleine nature.

Par un chaud après-midi d'été, Tippi m'amena à Shambala.

Pendant que je préparais le déjeuner, j'ai regardai par la fenêtre et j'ai vu un camion entrer dans le camp à travers un nuage de poussière rouge. Tippi me disait:

"Chinh restes ici. Ne sors pas. Je dois d'abord m'occuper d'eux"

De l'intérieur de la roulotte utilisée comme logement, je continuais à regarder à travers la vitre. Tippi était allée ouvrir le portail extérieur pour laisser le camion entrer dans la clairière, déversant un énorme tas d'ossement et de chair. Une fois le camion reparti et le portail extérieur verrouillé, Tippi ouvrit le portail intérieur. Immédiatement, une série de rugissements indistincts retentit. Le sol trembla dans une envolée de poussière comme un tremblement de terre. De derrière le portail un troupeau de lions, de tigres et de léopards se précipitèrent sur le tas de viande et d'os, le dévorèrent en grognant ; chacun d'eux avec leurs crocs, leurs griffes et, leur visages couverts de sang, déchirait une cuisse géante de cheval.

Quelques instants plus tard, le tas de chair et de sang avait complètement disparu, laissant une grande mare de sang sur le sol. Lorsqe Tippi ouvrit la porte, une forte odeur de poisson, de viande crue et de sang, poussée par le vent brûlant du désert s'engouffra dans la roulotte.

"Maintenant, c'est notre tour." dit Tippi d'une voix joyeuse.

Le déjeuner est servi sur la table. Il a fallu beaucoup d'aplomb pour s'habituer à la beauté sauvage et puissante de Shambala, et profiter du repas spécial que mon amie m' offrait.   Différent de midi, le coucher de soleil du désert m'a aussi fait une profonde impression. À l'intérieur de Shambala, qui se détache entre deux hautes montagnes, se trouve un bâtiment en bois à deux étages qui surplombe le lac, nommé African House (Maison d'Afrique). Du toit du bâtiment, on peut voir tout le ranch. Debout, regardant le coucher du soleil, je sursautai tout soudainement. Une série de hurlements soudains venaient de toutes parts, paniqués, prolongés, déchirant le vaste silence du désert. C'est alors que les "rois de la jungle" dirent au revoir au soleil. Je regardais l'autre côté du lac. Dans la lumière de fin d'après-midi, les silhouettes des lions se dressèrent tout haut, rugissant, comme s'ils essayaient de combattre la nuit à venir.

L'histoire du ranch Shambala a été transformée en un grand film, nommé d'après le rugissement du lion *Roar* (le rugissement). Le film a été réalisé par toute la famille de Tippi: Noel Marshall écrit l'histoire, réalisa le film et les "six extrêmement aimants" (selon Tippi: Six personnes super aimantes) Noel, Melanie, Joe, John, Jerry et Tippi jouent aux côtés des bêtes.

Chaque "amateur de bêtes", citoyen du "Royaume de Shambala" reçoit un nom amical de Tippi. Il y a des lions nommés Noel et ses fils: Joe, John, Jerry. Un éléphant d'Afrique nommé Timbo. Il y avait un couple de jaguars, cadeau d'anniversaire de Noel à sa femme, qui était la plus aimée de Tippi, appelée par les noms des deux personnages principaux du roman Autant en emporte le vent: Rhett Butler et Scarlett O'Hara. En regardant le léopard féroce, me souvenant de Clark Gable jouant le Gypsy Rhett Butler dans le film, je n'ai pas pu m'empêcher de sourire.

L'affection que la famille Tippi avait prodigué pour les animaux sauvages m'étonnait. Je me souviens d'une fois, avant ma tasse de café du matin, quand j'ouvris le Los Angeles Times, j'étais surprise de voir sur la page une photo de Tippi avec sa tête pendue en bas de l'éléphant Timbo. Des informations parues dans le journal indiquaient que Tippi s'était cassée la jambe et avait dûe se rendre à l'hôpital.

Une autre fois, j'ai entendu dire que c'était le tour de Noel Marshall de s'allonger à l'hôpital, je me suis précipitée pour lui rendre visite. Le producteur de *Roar* était allongé dans un lit d'hôpital avec une jambe dans le plâtre, suspendue en haut. Il s'est avéré que juste parce que les deux lions rugissaient l'un contre l'autre, Noel a été giflé par un morceau de cuisse. Voyant mon inquiétude, il a dit: "Ne sois pas en colère contre le lion. Il ne sait pas que ça me fait mal."

Lorsque toute la zone du désert d'Acton subissait une grande inondation (le désert de cette région recoit parfois des averses soudaines), la famille de Tippi a dû faire face à de nombreuses difficultés pour "évacuer" des centaines de "rois de la forêt". dans un refuge. Pendant l'inondation, deux lions ont été emportés hors du camp par l'eau et ont été abattus par un étranger. Melanie et Mary, les noms de deux lions abattus, appartiennent à la génération des lions nés à Shambala. C'est Tippi qui leur a donné la vie, les a étreints contre elle et donna à chaque bébé un biberon avec une tétine *pour les nourrissons.*

L'image de Tippi tenant amoureusement un lionceau allaité et tombant plus tard malade avant leur mort injuste, m'a causé une une profonde émotion. Est-il vrai que seuls les humains peuvent avoir des mères de toutes les espèces ?

Après Roar, l'histoire de la vie de Tippi et de ses animaux les plus chers a également été racontée dans un livre populaire de 1985: *Les Chats de Shambala*. Des films aux livres en passant par la vraie vie, Tippi témoigne de la manière dont une compréhension douce peut être obtenue entre les humains et les animaux sauvages.

En tant que personne entrée aux États-Unis uniquement dans le but d'... assiter à une fête, je n'ai pas eu la chance de bénéficier de privilèges ou des avantages que le gouvernement américain réserve pour les réfugiés.

Cette situation difficile, ma marraine va s'en charger. Elle se charge de tout.

Non seulement elle m'a "apprivoisée" avec le lion, mais Tippi s'est également occupée de tout pour moi, des démarches pour obtenir des papiers, à la location d'un logement pour la première fois, en passant par fournir un hébergement chez une amie française Michelle Mercier qui jouait un rôle féminin dans la célèbre série Angélique à Beverly Hills.

C'est grâce à Tippi que j'ai pu m'occuper de ma famille et avoir un foyer pour mon mari et mes trois enfants - étudiant au Canada avant 1975 – pour rejoindre leur mère.

Il fut un temps quand ma famille n'avait qu'un sac à main en plastique comme possession, Tippi me faisait cadeau d'une chemise de nuit, où elle avait discrètement glissé un billet de 20 dollars.

Dans l'après-midi, après mon premier repas privé aux États-Unis d'une valeur de 2 dollars 75 centimes - ma première dégustation d'un hamburger - lorsque je suis retournée dans mon

appartement de deux pièces sur Colfax Street à North Hollywood, j'ai été surprise de trouver un "lit". au milieu d'une salle
vide. Bien qu'il ne s'agisse que d'un matelas allongé au soleil au
bord de la piscine, les draps lisses et blancs témoignent d'un soin
affectueux. À côté de l'oreiller, à côté de deux livres de films
ouverts, se trouvait une carte: "Bienvenue à la maison. Bonne
nuit Chinh. Très affectueusement. Tippi".

Cette année-là, le premier réveillon de Noël aux États-Unis, au
milieu d'une maison vide, j'étais triste quand j'ai entendu frapper
à la porte.

"Joyeux noël!"

Tippi est apparue au milieu de la porte, souriant, pointant du
doigt deux anciens éléphants en céramique avec des noeuds
rouges autour du cou, ajoutant: " Je pense que Chinh aime revoir
des souvenirs du Vietnam. Il est temps pour les éléphants
reviennent à leur propriétaire."

C'était la paire d'éléphants en céramique de Biên Hòa que j'ai
offert à Tippi à Saigon en 1965. En plus des deux nœuds rouges
attachés au cou de l'éléphant, Tippi a également apporté une
grande plaque de verre, a aligné les éléphants en céramique, pour
que leurs épaules soutiennenent le dessus de table en verre..

Dix-huit ans, que de choses ont changé.

Dr. Larry Ward, selon la dernière lettre, a déclaré qu'après
avoir fait du bénévolat à Moscou, est retourné en Arizona et
vient de publier son livre *New Stars Shining* sur "Miracle of The
New Russia" (Miracle d'une nouvelle Russie).

La mère de Tippi, Hedren, est toujours en bonne santé à l'âge
de 90 ans.

Après mon premier appartement en Amérique, j'ai eu mon
propre toit. Chaque matin, quand je prépare mon propre café, je

me retrouve souvent à tenir la vieille tasse et la cuillère que Mme Hedren et ses amis m'ont apportées un beau matin.

Dans la petite maison où je vis, il semble que chaque recoin avait un meuble portant la marque de Tippi. Près de la fenêtre, une paire d'éléphants en céramique soulève respectueusement un pot à bougie depuis de nombreuses années, me rappelant une amitié de 27 ans d'un studio de télévision de Saigon.

Je n'ai pas vu Johnny Grant depuis des années. Mais dans l'autre cadre, il y avait encore Tippi Hedren et Diane McBain. Tous deux étaient présents à la célébration du "35e anniversaire du cinéma Kiều Chính" au South Coast Plaza Arts Center en septembre 1991.

La pauvre Tippi, qui avait eu un accident une semaine auparavant, venait de sortir de l'hôpital avec un mouchoir en bandoulière. Essayant toujours d'enfiler une Hà Đông Áo dài, en soie rouge, elle apparut sur scène, les yeux remplis de larmes lorsque Diane raconta le souvenir de notre première rencontre à Saigon.

En 1990, Hello, un journal de Londres,, écrivant sur Tippi, mentionnant spécifiquement l'amitié de longue date entre deux artistes, l'une américaine et l'autre vietnamienne. Je me sens souvent embarrassée lorsque Tippi a dit à un journaliste que Kiều Chính était la femme la plus courageuse qu'elle ait jamais rencontrée. En fait, Tippi savait que son amie était parfois maladroite et faible.

Bien que nous vivions éloignées l'une de l'autre, parfois nous ne nous voyons pas pendant six mois, nous savons tous que nous pouvons soudainement nous réveiller au téléphone au milieu de la nuit pour partager nos difficultés et nos confusions.

"Chinh! Reste là! Je serai là."

Plus d'une fois, Tippi l'a dit en raccrochant le téléphone. Et elle vient. Pas à un festival pour se distraire, mais à une amie qui est dans le besoin et qui est faible. C'est cette amitié qui nous donne la force.

1982 a été l'année la plus lourde pour Tippi: son mariage de 17 ans avec Noel Marshall s'était effondré.

À Noël, sachant que Tippi est seule au domaine de Shambala, je viens avec un plateau de rouleaux de printemps et une bouteille de sauce de poisson assaisonnée au goût de Tippi.

Nuit de Noël. Les éléphants, les tigres et les lions dorment paisiblement. Dans la vaste obscurité du désert, une des lampes de Tippi faisait la veillée. Après quelques heures ensemble, partageant un Noël solitaire avec quelques gorgées de vin rouge, j'étais repartie. Tippi insista que j'amène la balançoire, une balançoire, qui pendant de nombreuses années était toujours restée dans une chambre privée sur la voiture de Tippi. Tard dans la nuit, dans le désert froid, toutes les deux nous avons lutté pour sortir la balançoire de sa place.

Dès le jour de mon retour, la balançoire fut placée dans une chambre particulière. Je m'assois souvent sur la chaise basculante, regardant le jardin verdoyant derrière la maison, pensant à toi, Tippi, .passant en revue les jours passés.

Tippi a reçu de nombreux prix distingués pour sa profession et ses activités sociales. J'ai eu de nombreuses occasions d'être fière de mon amie, lorsque j'assistais à des célébrations en son honneur

Récemment, comme pour réaffirmer la stature de *The Birds* d'Alfred Hitchcock, dont Tippi était l'héroïne il y a 30 ans, Hollywood est revenu à *The Bird Two*, où Tippi Hedren apparaissait en invitée d'honneur avec la nouvelle distribution d'acteurs qui lui succèdent dans son ancien rôle. Un autre événement en son honneur avait également eu lieu. Malheureusement cette fois, pendant le tournage de The Joy Luck Club en Chine, je n'ai pas pu revenir à temps pour y assister.

Qu'il s'agisse d'un nouvel engagementsocial ou du manque de temps, la vie aux États-Unis est si trépidante et préoccupante que parfois nous ne pouvons pas terminer les choses que nous comptons ou devons faire. Pourtant, au fil des années, depuis qu'elle est devenue ma marraine, Tippi a réservé tant de moments précieux pour moi.

Le dernier samedi soir d'août 1993, l'actrice Annette Benning a organisé une première spéciale de The Joy Luck Club pour des artistes amis au Crest Theatre, Westwood, avec une réception au Armand Hammer Museum. Encore une fois, j'avais Tippi à mes côtés.

Présente à la projection et à la réception, était son amie, l'écrivain Allison Leslie Gold, auteur du mémoire sur la tragédie d'une jeune fille juive pendant la Seconde Guerre mondiale qui a ému l'humanité, *Anne Frank Remembered*.

Le livre a été traduit en 16 langues et tourné en film. Alison est aussi celle qui a écrit sur l'amitié de Tippi avec moi il y a de nombreuses années.

Au milieu de la nuit, dans la voiture du studio qui nous conduisait à la maison, mon amie Alison a regardé le sourire de Tippi, puis m'a regardée. Alison a dû se souvenir de ce qu'elle a écrit quand Tippi était venue me chercher à Sacramento, et me sourit.

Au cours des 18 dernières années, Tippi n'a cessé de me prodiguer une chaleureuse amitié. Avec un cœur et un sourire, la façon de donner de Tippi est si douce et si naturelle qu'à aucun moment celui qui reçoit se sente obligé. Cette merveilleuse façon de donner semble me dire: "Personne ne peut rendre ce qu'on a reçu des gens, la vie. Ne vous tracassez pas à repayer. Merci de continuer à donner. Une personne donne à une autre, puis l'autre personne à une autre encore. Et ainsi de suite. Donnez davantage, donnez toujours..."

Depuis la cérémonie d'accueil des 500 premières familles vietnamiennes à Sacramento en 1975, à ce jour, plus d'un million de Vietnamiens se sont installés aux États-Unis, sans compter des millions dans d'autres pays. Combien d'agences, d'organisations et de personnes ont silencieusement contribué leur part de temps et d'efforts pour que les États-Unis aient constamment de nouveaux citoyens,

Il y a tellement d'histoires de réfugiés, de parrains et de marraines.

J'ai eu l'occasion de les admirer à la Statue de la Liberté

De l'île appelée Liberté - Liberty Island (*) dans le port de New York, tenant haut le flambeau, la déesse se tenait face à l'océan, accueillant les boat people qui venaient de débarquer, et avec des lèvres silencieuses, leur chuchota avec l'immortel couplet d'Emma Lazare... (**)

"Donnez-moi vos gens fatigués, vos pauvres.
Vos misérables masses qui aspirent à respirer librement La déesse est l'image typique de l'Amérique: un parrain, une marraine. Comme tous les parrains et marraines.
Comme Tippi Hedren, ma marraine.
Et comme nous.

(*) *Liberty Island,: ça Bedloe's Island.*
(**) *"Give me your tired, your poor. Your wretched masses yearning to breathe free..."*

Les maisons de mon "royaume"

1. *Newport Beach et les crépuscules dorés*

En 1995, après des coups de chance successifs – jouer dans film *The Joy Luck Club*, et assister ainsi aux Festivals internationaux du film, puis signer un contrat, pour faire de la publicité pour la compagnie de téléphone MCI, retourner à Hong Kong et à Taïwan pour tourner des publicités, etc. en général, la vie est devenue un peu plus aisée, et j'ai donc décidé de vendre ma petite maison à Studio City pour en acheter une autre plus grande à Newport Beach afin d'être plus proche de la communauté vietnamienne, à Little Saigon. . De son vivant le poète Mai Thảo plaisantait souvent en disant, "il est temps pour Kiều Chinh de retourner à Orange County, car Studio City est trop loin, et chaque visite devient de plus en plus difficile. Malheureusement, quand je m'y suis déménagée, il n'était plus.

La nouvelle maison près de la mer, dispose de 4 chambres, de 4 salles de bains, et d'une piscine. J'aime beaucoup cette maison car elle est située sur une haute colline tranquille, le long balcon de derrière s'étend sur toute la longueur de la maison; côté droit il donne sur la ville en direction de Disneyland. Chaque 4 juillet, Jour de l'Indépendance, nous nous réunissons après dîner pour aller sur le balcon boire du vin et regarder le feu d'artifice ! Le côté gauche de la maison donne sur la mer où tous les soirs, le coucher de soleil est magnifique. Chaque après-midi est une image merveilleuse. Je prends souvent des photos des crépuscules dorés, les nuages changent de couleur. Souvent, lorsque les nuages sont bas, volant presque au ras de la tête on a l'impression de vivre dans les nuages.

Grâce au Ciel, mes enfants sont tous installés, ont leurs propres familles, et m'ont donné 4 petits-enfants aimants: Stephen Dao, le fils de Mỹ Vân ; Jean-Paul et Aimee, fils et fille de Trang-Hùng; Nguyễn Lê Nam fils de Tuấn Cường-Ý Lan. Hùng achète également une maison près de la mienne.. Comme ça on pourrait aller à pieds pour se rendre visite.   Vacances, Têt ou anniversaires, les retrouvailles du week-end sont amusantes et joyeuses. De plus, il y a beaucoup d'amis qui vont et viennent: M. Lê Quỳnh et anh Tế (respectivement, le grand-père maternel et grand-père paternel du petit Lê Nam), le couple d'amis Trần Dạ Từ-Nhã Ca avec leurs enfants: Hòa Bình, Sông Văn, Vành Khuyên, Chấn Lê, les Cung Tiến-Joséphine, frères et sœurs, etc. Aussi sur le balcon de cette maison, un beau matin, le peintre Nguyễn Trung du Vietnam est venu me rendre visite et m'a peint un tableau.

  Surtout quand la famille de ma sœur était venue de France, Pauline et ses enfants: Lysa, Christian, David aussi. Le son du piano nous rendait si heureux et la musique résonnait pendant toute la nuit dans la maison.

  Je pensais que je resterais ici pour le reste de ma vie, mais ma vie a soudainement changé quand j'ai été « accusé de "communiste". J'ai perdu plusieurs contrats commerciaux, mes revenus ont chuté et, par conséquent, je ne pouvais pas me permettre de garder la maison à Newport Beach. J'étais forcée à déménager à la ville de Garden Grove, parce que les les valeurs immobilières y sont plus abordables. La nouvelle maison est petite, mais le terrain est très grand, mesurant presque un acre (2 hectares).

2. *Garden Grove*

Comme dans toute communauté il y a bien sûr des différences d'opinion, mais la majorité silencieuse consciente du passé de ma famille, me comprend, Alors tout est réglé. Après ma chute, je m'e suis relevée, et suis retournée au travail, encore plus occupée même qu'auparavant, La chance me sourit à nouveau .

J'ai été retenue par un agent pour parler dans de nombreux endroits aux États-Unis, des universités, des activités culturelles, sociales, des conférences, etc.

Cela a longtemps été ma principale source de revenu. En gagnant un peu d'aisance pécunière, j'ai décidé de reconstruire un nouveau "Mon Royaume", dans l'architecture du vieux Hanoï. Il a fallu deux ans pour construire la maison et en décorer l'intérieur. Elle est très grande et contient tout une collection d'antiquités vietnamiennes: des cors, des gongs, des tambours et des cloches en bronze, des flûtes..Le théâtre et la musique traditionels du Nord VietNam sont aussi représentés. Il y a des livres sur tous les sujets; de la culture, à la guerre en passant par la gastronomie . Il ya aussi des films et des photos d'hier et d'aujourdh'ui.

Aux murs pendent des tableaux exécutés par les amis artistes tels que les peintres Chóe, Nguyễn Trung, Nguyễn Quỳnh, Đinh Cường, Trịnh Công Sơn... Le plafond mesure presque 6 mètres de haut, au sommet pend une grande cloche en bronze qui brille au soleil ou au clair de lune. Une salle spéciale est reservée au "ao dai" (tunique) offerte en cadeau par Trịnh Bách, accrochés au mur en tête de lit, deux panneaux de divan en bois d'acajou. Ensuite, j'ai conçu un « bar à thé » à hauteur de plafond pour accueillir une collection de 70 théières et de thés différents.

Derrière la maison il ya un grand jardin agrémenté de nombreuses statues de Bouddha grandes et petites; un salon de thé; deux bassins d'eau, l'un avec des poissons rouges, l'autre avec une cascade et des lotus. Le jardin est planté de toutes sortes d'arbres du Vietnam tels que le bodhi, le saule pleureur, quatre types de bambou (noir, jaune, vert et court), le grenadier, le pomelo, le figuier, trois types de pins ; la pierre est également de trois types différents: roche de montagne, roche de forêt, roche de mer. J'ai fait les Cinq Portes et le chemin autour de la cour est utilisé pour la "méditation en marchant".

J'aime cette maison minutieusement construite, ce n'est pas une maison luxueuse, ni une maison chère, au contraire, c'est une maison très rustique.

Je me souviens d'une fois où le musicien Cung Tiến est venu de loin pour me rendre visite, il a mis ses mains derrière son dos et s'est promené depuis la maison jusqu'au jardin, puis a dit: "Il y a deux choses qui ne vont pas avec cette maison Après un moment, l'auteur des chansons immortelles de la musique vietnamienne disait lentement: " En premier lieu. le téléphone, puis l'ordinateur!"

Et comment oublier l'image de deux meilleurs amis, Trần Dạ Từ và Đặng Giao (venant de Saigon) qui se bousculent pour accrocher des photos pour moi. Đặng Giao a dit que cette maison est idéale pour une galerie d'art car le couloir est large et long, la lumière et les luminaires sont installées d'une façon très profesionelle .

Le Vénérable Thích Mẫn Giác est venu au petit-temple pour vénérer Bouddha et donner la bénédiction, il a dit qu'il me donnerait un nom de Dharma. Je lui ai prié de donner quelque chose de simple. un nom simple, car ce corps est comme un grain de sable. Et le Vénérable Thích Mẫn Giác m'a donné le nom du Dharma "Chân Sa." qui veut dire "Le sable authentique"

Toujours dans cette maison, l'équipe de tournage du film "Vượt Sóng" avec le réalisateur Trần Hàm, les producteurs Long Nguyễn, Alan Vo Ford et des acteurs et amis ont organisé une fête pour célébrer la sortie du film au public. Qu'est-ce qu'il y avait comme foule!

Puis le dixième anniversaire de la mort de l'écrivain Mai Thảo a eu lieu ici dans le petit temple situé dans le jardin derrière la maison.

Des amis venant de loin comprennent M. et Mme Văn & Lan (VOA); le couple Đặng Khánh & Phương Hoa (Houston, Texas); le coupleTrần Dạ Từ & Nhã Ca; le poète Du Tử Lê, les frères et sœurs de Mai Thảo... Il y a y a tellement de gens,que je ne peux pas tout énumérer.

Une fois, la ville de Garden Grove m'a demandé d'offrir ma maison en"Open House" afin qu'elle puisse organiser des "tours" pour visiter de belles maisons de la ville. Bien sûr, j'ai poliment refusé.

La maison est grande, j'ai demandé a mon petit-fils Ðào Ðức Minh de venir y vivre. La grande mère maternelle et son petit fils y ont vécu des jours heureux.

Je pensais que ce serait un endroit où je pourrais rester pour le reste de ma vie et que mes descendants continueraient à préserver ce "musée familial".

Mon intention est d'essayer de créer un petit "musée" propre à Kiều Chinh, aux fins de le léguer à la postérité.

Mais personne ne s'attendait à ce qu'un désastre se produise, non seulement pour moi mais pour de nombreuses personnes aux États-Unis. C'était la période de crise économique de 2007 à 2010. Des millions de personnes ont perdu leur emploi et leur maison. Je suis comme eux, deux ans sans travail, j'essaie de garder la maison en revendant les meubles à l'intérieur. Ouvrir la porte pour une vente aux enchères. Les gens sont venus en grand nombre, certains sont venus acheter, mais il y avait aussi des gens qui sont venus juste pour voir la maison, Comme dans un flash back de la vente à la rue Lê Trực il ya un demi-siècle auparavant. C'était écoeurant de voir les gens emporter les objets précieux que j'ai travaillé si dur pour acquérir, collectioner et préserver. Combien de choses précieuses ont disparu, des tambours en bronze de Ðồng Sơn, des robes antiques, des statues antiques, de belles peintures. Même des théières, des plats antiques ont également suivi. Mais malgré la vente de beaucoup de choses précieuses, je n'ai pu garder la maison que pour une autre année, la situation économique est devenue de plus en plus difficile, et même à contre coeur, ma décision finale a été de vendre la maison. Même vendre des maisons à cette époque n'était pas facile, car il y avait beaucoup de vendeurs et peu d'acheteurs. La maison qui valait plus de deux millions de dollars a fini par se vendre pour seulement la moitié du prix, perdant plus d'un million.

Le quotidien Orange County Register a écrit un article sur moi vendant la maison. L'article disait que j'étais triste et que j'avais pleuré quand j'avais "perdu" cette maison. Je pense que l'auteur de l'article ne comprend pas ce que j'ai traversé pendant toute ma vie.

J'ai perdu beaucoup de choses plus importantes qu'une maison. De plus, à l'époque, je n'étais qu'une des millions de personnes qui avaient perdu leur maison. Il n'y a rien qui vaille la peine de pleurer. Triste, oui, mais pleurer, non.

3. *Huntington Beach*

Puis quelque temps plus tard, je me suis retrouvée dans une autre petite maison située dans la ville de Huntington Beach, dans laquelle je vis encore aujourd'hui. C'est ma cinquième maison en Amérique, j'espère que ce sera la dernière pour cette artiste en exil.

C'est une petite maison sur un terrain pas très spacieux, où il n'y a pas assez de place pour toutes les affaires deménagées de Garden Grove, et je ne peux pas non plus avoir le même mode de vie sophistiquée qu'auparavant. Mais ce n'est pas grave, tant que j'ai un endroit pour vivre, ça va. Je pense tout le temps au jour où j'étais arrivée dans ce pays, je n'avais que deux mains vides.

La maison est petite mais remplie d'amour familial. Du côté de mon ancien époux, le frère aîné, Nguyễn Giáp Tý, était venu de loin pour me rendre visite; La famille de Mme Mão est également descendue du Canada; Nguyễn Năng Tế et sa seconde épouse, Thanh Kiều (femme de Nguyễn Chí Hiếu), ses enfants et petits-enfants comme Lương Minh Châu et beaucoup d'autres parents encore viennent me rendre visite et chaque fois ils restent ici pendant quelques jours. Quand il n'y a pas assez de chambres séparées, on pose des couvertures sur le plancher dans une pièce commune, mais ce n'est pas grave, tant quon est encore toujours ensemble.

Puis tout rentre dans l'ordre. Des bamboux commencent à pousser, un saule surgit à côté d'un gros rocher et bien d'autres choses encore. Le matin, on peut entendre les oiseaux chanter, perchés sur les branches de saule, et dans l'après-midi, les regarder s'envoler vers leurs nids. Encore une fois un poteau avec les mots "Mon royaume" s'est érigé portant des plaques incrites avec leurs noms que les anciens amis - qui sont déjà partis - m'ont offertes en cadeau: Mai Thảo: Tuyệt Tình Cốc (La petite hutte rêves rompus);,Am Tịnh Cốc (Le petit temple de la méditation sereine: Cổ Mộ Đài (L'ancien palais de l'admiration). quand ils étaient venus dans "mon royaume".

Merci au Ciel d'avoir donné une « Maison », une « Vie », un « Royaume» à cette artiste en exil.

Le passage du temps

2014

Je pensais qu'après la retraite, ma vie changerait, je serais libre pour rendre visite à des amis, faire du jardinage, lire des livres et visioner des films... Mais non, pourquoi suis-je de plus en plus occupée par des affaires de famille jusqu'aux activités sociales ?

Pour moi la communauté et la société comptent beaucoup, et une invitation à participer à ces activités n'est pas un honneur négligeable. Un lancement de livre, un concert pour collecte de fonds caritatifs, une coupure de ruban pour inaugurer une entreprise, presque tous les week-ends, il y a des occupations au calendrier social. Puis assister à de nombreux enterrements. Des amis et des connaissances sont décédés. Aujourd'hui une église, demain un temple, un cimetière.

Le temps a passé si vite, quand j'étais arrivée aux États-Unis, les célébrations se rapportent au mariage des enfants d'amis, puis les anniversaires des nouveau-nés et maintenant les funérailles pour dire adieu aux amis chers qui me quittent à tour de rôle.

En 2014, à part les petits rôles pour des séries télévisées, j'ai travaillé derrière la caméra de tournage du film *Ride The Thunder* (chevaucher le tonnerre) . Ce film est adapté du livre de 500 pages du même titre de l'auteur Richard Botkin, qui en est également le producteur exécutif

C'est l'histoire de deux guerriers, deux héros, l'un américain et l'autre vietnamien, qui combattaient à Dong Ha,Quang Tri (c'est d'ailleurs là que la première école financée par le VCF fut construite en 1965), et de leur désaccords sur des questions politiques .

Le réalisateur est Fred Costa, travaillant avec un très petit budget, financé par l'auteur Richard Botkin lui-même. Le film était tourné à Hawaï avec les acteurs Joseph Hieu et Eric Saint John. Après ce film, j'ai un autre ami, en la personne de Richard Bolkin. Richard se passionne pour les questions vietnamiennes, a dépensé toutes ses économies pour faire des films et avait perdu son emploi parce qu'il était parti faire des films. Il est passionné par les questions sociales et rend souvent visite aux Vietnamiens encore coincés au Cambodge.

2018

2018 a été une année très chargée et j'ai trop voyagé, je ne sais pas combien de temps j'ai passé à attendre à l'aéroport et à voler dans les nuages. plus des endroits aux États-Unis, de San Francisco au Texas, Washington, D.C. il y avait des vols hors du pays vers l'Europe.

Extrêmement émouvant a été le voyage en France, pour une réunion avec ma sœur ainée et sa famille. J'étais heureuse de pouvoir assister à son 83ème anniversaire et la voir verser des larmes, en rencontrant soudainement sa jeune soeur à l'improviste.

Je revoyais la vieille maison que j'avais vue pour la première fois lors de la rencontre avec l'oncle Nguyễn Văn Nghị. L'oncle est décédé maintenant mais ses quatre enfants: Dr. Patrick Nguyễn, Dr. Christine Nguyễn, Dr. Johan et Dr, Luc Nguyễn étaient venus me chercher pour m'amener dans la villa de villégiature de l'oncle sur la Côte d'Azur. Cousins et cousines réunis ensemble pendant une journée, pour partager la bonne chère, discuter puis se promener sur la plage de la Côte d'Azur en tournant vers le passé avec les êtres aimés.

Puis c'est le voyage en Italie, pour visiter le lac de Côme. Autrefois, quand j'étudiais le piano, j'adorais le morceau du même nom composé par Giselle Galos, mais je ne savais pas comment c'était ce Lac de Côme. Maintenant assise sur un bateau dérivant sur les eaux de ce lac, la musique de Giselle Galos résonnait dans mon esprit. Cette musique m'a davantage enchantée.

À part les jours passés en famille, j'en avais aussi réservé d'autres pour les visites à des amis en France . Cela fait longtemps que je n'ai pas revu le couple Thụy Khuê et Luyện, Messrs. Trần Thanh Hiệp, Vũ Thư Hiên, Từ Thức le couple Christine Nguyễn et Thanh, le musicien Lê Thành Đông, le réalisateur Trần Anh Hùng et sa femme Yên Khê, et bien sûr Niolas Võ Doãn Đạt, le photographe, qui a pris beaucoup de belles photos.

Je suis obligée à Christine pour m'avoir conduite jusqu' en Normandie, à la plage où les troupes alliées débarquèrent en juin 1944 pendant la sanglante bataille d'horreur de la Seconde Guerre mondiale. En 1962 cette bataille faisait l'objet du film *Le jour le plus long*. C'est un Grand film que j'ai visionné plus de trois fois.

Octobre 2018 marquait un voyage à Londres et en Itale, avec ma fille et mon petit-fils Stephen Dao. Stephen et sa grand-mère se sont attachés pour avoir visité ensemble de nombreux sites, et assisté à de nombreux représentations.

Le voyage à Londres, la ville brumeuse recèle de nombreux souvenirs, parmi lesquels était la visite à BBC News. M. Nguyễn Giang, directeur responsable du programme vietnamien à la BBC qui a enregistré un interview avec moi. En plus de l'émission de radio, Nguyễn Giang a écrit un article intitulé: "Kiều Chinh, femme vietnamienne à la dérive avec le destin du pays."

Pendant ce mois d'octobre aussi, lors de la journée de l'Association des soldats vietnamiens américains en uniforme (VAUSA) à Washington, D.C., j' avaits l'occasion de rencontrer des militaires vietnamiens-américains En regardant les soldats vietnamiens-américains dans les uniformes de toutes armes j'étais si fière de voir cette jeune génération s'intégrer d'une façon impressionante dans le grand public de la société américaine, il y a plus de 3000 soldats vietnamiens-américains, de tous grades dont les deux généraux Lương Xuân Việt, Lập Thế Châu Flora, l'amiral Nguyễn Huấn. Il y avait aussi le lieutenant-colonel de l'armée Ross Cao Nguyễn (retraité), le lieutenant-colonel de la marine Tuấn Nguyễn (retraité), le major Thai Nguyễn (retraité), le commandant Chris Phan (retraité), le capitaine de la marine Hiếu Nguyễn, le colonel de l'armée de l'air Tâm Đinh, le capitaine Mimi Phan et bien d'autres qui ne peuvent être tous mentionnés. Je suis tellement fière, surtout du côté féminin. Ce qui précède n'est qu'une liste de quelques-unes d'entre elles que j'ai rencontrées souvent et avec qui je me sens proche.

Anniversaire 2018

C'était une année triste, car James V. Kimsey est décédé. On s'était lié d'amitié pendant 23 ans (de 1993 jusqu'en-2016). Pas une année ne passe sans que je reçoive une carte d'anniversaire, un panier de fleurs et un paquet de cadeaux, toujours à la veille de mon anniversaire. Une absence lourde- pèse sur cette année - il est impossible de ne pas se souvenir de James avec gratitude pour son amitié et sa gentilesse.

Un autre cadeau significatif vient de Nguyễn Tuấn, le sculpteur de talent qui avait conçu la statue historique représentant les deux soldats vietnamiens-américains, érigée au Mémorial du Soldat dans le parc de la ville de Westminster, en Californie, capitale des Vietnamiens d'outre-mer. Nguyễn Tuấn est l'auteur de nombreuses œuvres érigées dans des parcs et des églises à travers le monde.

Il m'a honorée avec une statue en bronze noir de plus d'un mètre de haut, représentant une femme portant une robe longue, un chignon et un chapelet: Kiều Chinh Việt Nam. C'était un vrai plaisir. Mes sincères remerciements au sculpteur Nguyễn Tuấn.

Un cadeau d'anniversaire affectueux venait de la famille. Les enfants et les petits-enfants organisèrent un voyage de trois jours à San Francisco, trinquant du vin d'anniversaire dans les vignobles de Napa Valley, trois jours heureux avec des rires, des étreintes chaleureuses et de baisers affectueux.

Merci a mon petit-fils Stephen Dao pour l'initiative.

L'année a été chargée car 2018 est aussi le 25e anniversaire de *The Joy Luck Club*, le premier film à devenir un succès aux États-Unis et dans le monde avec son histoire asiatique et sa distribution asiatique. Une grande célébration a eu lieu à l'Academy Theatre de Beverly Hills, en présence de plus d'un millier de personnes, du producteur Oliver Stone, de l'auteur Amy Tan et du célèbre scénariste Oscarisé Ron Bass, du réalisateur Wayne Wang et de l'ensemble des acteurs avec d'innombrables stations de télévision et journaux.

Après 25 ans à se revoir, chaleureux comme une famille réunie, que nous appelons La réunion de la famille Joy Luck Club!
Et ensuite, j'ai été invitée par le Festival international du film de Toronto (TIFF) à Toronto, au Canada, pour assister à une projection de Joy Luck Club dans ancien théâtre luxueux.

Tapis rouge avec plateau TV, presse d'acceuil, plus de 1.500 spectateurs avaient participé. C'est très émouvant de retourner dans la ville de s à cette occasion. Il y a 43 anes, j'étais le premier réfugié vietnamien à venir ici, les mains vides.

Merci, merci à tous de m'avoir offert une année "vive" remplie de beaux souvenirs. Et de m'avoir donné 61 ans avec le cinéma.

J'ai parcouru de longs kilomètres, à travers de nombreux endroits parfumés des fleurs et de l'herbe étranges, à travers de nombreuses routes rocheuses et épineuses, à travers le soleil du matin plein de chants d'oiseaux pour saluer le soleil, à travers de nombreux après-midi sombres, à travers de nombreuses tempêtes, des nuits sombres et des larmes.

La longue route n'a que quelques kilomètres. Je ne sais pas à quoi ressembleront les courts kilomètres à la fin de ma vie. Il y a-t-il des tempêtes, des écueils, des rochers, des épines ou la paix et la tranquilité. Peu importe - comme le soleil se lèvera et le soleil se couchera - comme après la pluie, le soleil brillera à nouveau. Paix, paix, comme les dernières paroles de papa Cửu, "Chinh, sois courageuse."

Le Journal de Dharamsala

Un autre 30 Avril

Le 30 avril 2014, Sa Sainteté le Dalaï Lama va donner une conférence spéciale à Dharamsala, la capitale du bouddhisme tibétain en exil, située dans l'Himalaya au nord de l'Inde.

Dès que mon ami Đỗ Minh m'informa de la conférence, je décidai d'y assister. C'est là que j'ai toujours voulu aller. Et il était temps pour moi d'y venir.

Je connais bien le 30 avril. Non pas une fois mais deux. Ce jour là, soixantae ans auparavant j'ai quitté Hanoi pour émigrer à Saigon. Ce jour là presque quarante plus tard, Saigon s'évacua.

Le 26 Avril 2014

Aujurd'hui je veux vivre un tout autre 30 avril à Dharamsala.

Le 26 avril 2014, à dix heures du matin, je m'envolais de la Californie vers New York pour prendre un vol de New York jusqu' à Delhi. Après six heures de vol, nous arrivâmes à New York. Il était presque sept heures du soir. Il ne restait plus que 15 minutes pour changer de vol, allant du portail numéro 62 au portail numéro C121 qui sont assez éloignés l'un de l'autre, Je trainais ma valise en m' essoufflant. Au bout de cette course effrénée, on m'apprit que mon vol allait décoller avec une heure de retard. Trouvant "un coin privé ", je m'assoyais, fermais les yeux et commençai à respirer régulièrement.

Je remontais au "moi" des derniers jours d'avril 1975. Comme une rediffusion d'un film connu, je me suis retrouvée à voler d'un aéroport à l'autre, à errer dans les nuages du matin au soir, l'esprit perturbé...

L'appel aux passagers pour monter à bord de l'avion m'a ramenée au présent.

Le 27 Avril 2014

Après plus de 15 heures de vol sans escale. l'avion de l'United Airlines atterrissa à Dehli vers 21 heures. le 27 avril 2014. C'était le même aéroport, où 42 ans plus tôt, je venais pour filmer *The Devil Within*. À cette époque, le réalisateur Rolf Bayer et quelques personnes du studio et de la presse locale m'attendaient déjà avec des guirlandes fleuries de bievenue, des flashs et des caméras partout. Rolf Bayer est maintenant parti. J'étais seule à traîner ma valise dans un lieu inconnu.

Entendant quelqu'un appeler mon nom, je me retournai: Vous allez à Dharamsala ? "Oui Monsieur". Nous venons d'arriver d'Australie, en attente d'un autre vol qui arrive de Bangkok. Il y a Mme H. et Mr N. qui nous servaient de guides. Il y aura aussi d'autres personnes venant du Vietnam.

La foule grossissait peu à peu, venant d'Allemagne, du Canada, de New Jersey, des USA. Rendez-vous dans un hôtel près de l'aéroport, pour passer la nuit, le lendemain matin rendez-vous pour Dharamsala en voiture.

Le 28 Avril 2014

Située à 514 kilomètres de New Delhi, à 1.800 mètres d'altitude, Dharamsala est une région montagneuse de l'Himalaya. La capitale du bouddhisme tibétain en exil est une petite ville située dans les hautes régions de Dharamsala, adossée aux montagnes, surplombant la vallée en contrebas.

Au bout de 10 heures, le convoi contourna la montagne, la route était étroite et sinueuse, la voiture roulait à une vitesse vertigineuse. Lorsque la voiture arriva, il faisait déjà nuit. Au lieu de m'enregistrer au grand hôtel Tibet comme tout le monde, par faute d'un réservation à l'avance et une pénurie de chambres, on m'envoya dans un endroit plus éloigné, un petit hôtel appelé Chonor House, emplacement spécial, à proximité du monastère privé du Dalaï Lama, à seulement 100 mètres environ. Chonor House est considérée comme la quintessence de l'art dans "Little Lasha". Le bâtiment a été conçu par un architecte britannique, en harmonie avec le paysage naturel. Bien qu'il n'y ait que onze chambres, chacune d'elles est une œuvre d'art avec des peintures autour des murs et au plafond réalisées par des artistes du Norbulinka Art Institute. L'acteur Richard Gere préfère descendre ici chaque fois qu'il visite Dharamsala.

Chonor House est situé sur le flanc d'une montagne, les voitures ne peuvent pas y entrer, il faut marcher sur la route sinueuse. Ma chambre porte le numéro 2. Elle était si belle. J'ai été ébahie par la décoration d'anciennes reliques tibétaines depuis le plafond jusqu'aux murs tout autour, en passant par les oreillers et les couvertures brodées à la main... Tous les meubles de la chambre et de la salle de bain étaient aussi très beaux.

La première nuit, je dormais paisiblement comme un rêve dans un beau pays. Soudain, venant de quelque part, le retentissement d'un chant tibétain me réveilla, j'ouvre la fenêtre pour regarder dehors; la litanie de la prière devenait plus claire, comme si elle résonnait du sol ou du rocher.

À l'aube, la crête des montagnes se détache du dôme céleste. Le soleil a commencé à pointer du haut d'une montagne. Les rayons de lumière à travers les pins élancés étaient aussi beaux qu'une merveilleuse peinture. Une image agrémentée du son... des échos de la prière. J'ai rapidement mis mon foulard, je suis sortie de la pièce, j'ai suivi le son des prières retentissantes.

Le vent chante dans la forêt de pins. La fine écharpe blanche s'envola de mes épaules. Après l'écharpe volante, j'ai vu un moine capturer dans l'appareil photo une magnifique scène de lever de soleil. Le châle s'était empêtré dans une branche de pin sur le flanc de la montagne. Le moine l'attrapa avec sa main.

Nous nous sommes assemblés. Le moine parle très bien l'anglais. Il continuait à parler en marchant, je fis donc la connaissance d'un moine nommé T, un professeur. Il faisait beau ce matin et le professeur est allé prendre des photos pour un livre sur Dharamsala qu'il était entrain d'écrire.

Les prières chantées qui résonnaient très fort de tous les côtés s'étaient soudainement arrêtées. Maintenant, il n'y a plus que le chants d'oiseaux. J'avais l'impression d'aller trop loin. il faut que je retourne. J'ai demandé au moine s'il n'y avait pas un raccourci pour retourner vers Chonor House. Il a dit qu'il était sur son chemin du retour et devait aussi passer par là.

En le suivant, nous avons branché sur une petite route à gauche. Après avoir marché un moment, je rencontrai une vieille femme qui portait un sac isolant contenant une théière et dans l'autre main un panier contenant quelques bols en porcelaine. "C'est une vieille dame qui porte du thé chaud ambulant pour "offrir aux randonneurs comme nous" a déclaré le moine en se penchant pour mettre une pièce dans le tube de bambou. Puis il a pris deux bols et m'en a mis un dans la main. La vieille femme souleva la théière en l'inclinant pour verser du thé dans les bols. Assise sur un rocher au bord de la route, dans le froid du petit matin, deux mains tenant un bol de thé, j'accueillais la douce chaleur qui monte. À petites gorgées, je déguste le thé chaud. J'ai l'impression de n'avoir jamais bu une tasse de thé aussi délicieux.

Sur le chemin du retour, j'ai également fait part au bonze du pèlerinage à Dharamsala. Dans les prochains jours, nous aurons deux journées pour rencontrer et écouter les enseignements de Sa Sainteté le Dalaï Lama. Le reste du temps est consacré a un un programme de visites facultatives. En nous séparant devant Chonor House, le moine T. a dit qu'on aurait l'occasion de se revoir et qu'il était prêt à donner plus de renseignements sur les endroits que j'ai choisis pour visiter.

Le programme du premier jour à Dharamsala est arrêté.
À 8 h 30, la voiture Innova prend les invités pour les déposer au hall principal, le monastère secret de Guyto de Sa Sainteté le 17ème Karmapa Dharma King. Ici, l'abbé et les moines de l'Institut ont tenu la cérémonie de purification par le feu pour éliminer le karma.

Je passe l'après-midi à me promener en ville.

Je marchais tout le long d'une route. La rue commerçante de Dharamsala est une rue étroite, flanquée de petites ruelles, pleines de boutiques. La circulation est presque impraticable car les acheteurs et les vendeurs vont et viennent en plein milieu de la route. Les étals sont partout dans la rue, vendant de tout, des statues de Bouddha aux chaînes, colliers, bracelets, des objets en bois ou en pierre; bois gravés d'écrits en sanscrit de Bouddha,. aux vêtements, chaussures, sacs, valises... toutes sortes de souvenirs.

Toute la route ne fait que 3 kilomètres de long, mais elle regorge de couleurs représentant le monde entier, participants de toutes les ethnies – blancs, de couleur, parlant toutes les langues – de nombreux jeunes sac au dos, couvertures sur les épaules, prêts à s'allonger dans la mesure du possible. Barbe aux cheveux longs, jeans déchirés, chemises colorées, toutes sortes de touristes.

Les gens de la région ont la peau foncée, le visage carré, les cheveux épais, les yeux brillants, des vêtements colorés, gentils et simples, faciles à traiter dans des négoces. Je viens d'acheter quelques colliers, bracelets et foulards en soie pour être bénis par Sa Sainteté le Dalaï Lama le lendemain, et les ramener en cadeau à mes proches.

Quand je repartais en montant vers Chonor House, il pleuvait légèrement, mon coeur s'emplissait d'une sensation merveilleuse de bien être !

Comme prévu, à partir de demain 30 avril, Sa Sainteté donnera deux conférences aux pèlerins. Chacun peut écrire ses propres prières afin qu'après l'entretien, il puisse les Lui offrir et être béni.

J'ai passé toute la soirée à Chonor House à me débattre avec une page blanche. Tant de choses que j'ai toujours voulues dire. que dois-je écrire ? Écrire sur un bout papier, le réécrire, puis le froisser et le jeter. Après quelques hésitations pareilles comme ça, je rédige ma prière:

Votre Sainteté,

Le Mékong, ce grand fleuve d'Asie, prend sa source dans le plateau tibétain et rejoint l'océan Pacifique depuis son embouchure au Vietnam.

Que votre Sainteté, veuille aider à prier pour le bien-être du Tibet-Vietnam. Prions pour la paix pour tous les habitants, tous les peoples vivant autour du grand fleuve, les épargnant de toutes les catastrophes causées par la nature et par l'homme.

Le 30 Avril 2014

À partir de 7h30 j'étais présente au monastère pour remplir les formalités et les procédures de sécurité à l'entrée. De 8h30 à 12h00, j'assistais à une causerie de Sa Sainteté le XIVème Dalaï Lama, puis déjeunais au monastère.

Sa Sainteté le Dalaï Lama a parlé et discuté du sens de la vie, du chemin vers le bonheur... La salle était bondée. Il n'y avait, donc pas assez de sièges pour tout le monde. Les Vietnamiens viennent de partout, du Vietnam, d'Australie, d'Allemagne, d'Amérique... Il y avait des Chinois et des Français aussi.

Le moment tant attendu arrive: Le Dalaï Lama apparut. Il leva la main en guise de salutation, un doux sourire aux lèvres. J'étais assis au premier rang en face de lui, à moins d'un mètre seulement de distance.

Pendant plus de 3 heures, il a enseigné beaucoup de choses profondes d'une voix lente et gracieuse. Ses yeux semblaient doux mais puissants. Le bonheur n'est pas quelque chose de préfabriqué. Cela vient de nos propres actions. Je me souviens de ce qu'Il a dit. Se souvenir des exemples qu'il a ajoutés d'une manière simple mais profonde. Grâce à ma place en face de lui, il me regardait parfois droit dans les yeux et souriait légèrement. Je joignis les mains et m'inclinai respectueusement. Il hocha légèrement la tête en guise de salutation.

À douze heures de l'après-midi, la première partie de la conférence a pris fin, demain on passera à la deuxième partie. Avant qu'il ne quitte la salle, moi et tout le monde avons remis l'enveloppe - à l'intérieur se trouvait la page de la prière d'hier soir pour demander sa bénédiction -à son secrétaire, qui les mettait dans un panier en rotin. A neuf heures du soir, j'ai été surprise et émue lorsque j'ai reçu un texto de sa secrétaire m'informant qu'il m'avait permis de le rencontrer en privé à son bureau demain matin à 7 heures. C'est l'heure du thé de Sa Sainteté avant d'aller au deuxième cours magistral à 8h30.

Je l'ai silencieusement remercié d'avoir "entendu" mes prières silencieuses.

Nuit tranquille. Les peintures au plafond scintillaient, le vent sifflait sur la colline de pins près de la fenêtre. J'étais restée éveillée, incapable de dormir.

Je venais de vivre une autre nuit du 30 avril.

Autre ne veut pas dire oublier mais se souvenir davantage. Se souvenir et aimer davantage.. Charité et compassion. Avec amour et compassion. Comme Sa Sainteté l'a dit.

Le 1er Mai 2014

Je m'apprêtais très tôt, en attendant le matin, à monter dans la montagne pour rencontrer le Dalaï Lama. J'étais restée éveillée toute la nuit sans toutefoi me sentir fatiguée. Peut être la trépidation et l'impatience d'aller le voir me rendit infatigable.

Le son des prières se fait entendre quelque part... Le soleil s'est levé, sa lumière est rose. Je fermai doucement la porte de la chambre numéro 2, et sortai de Chonor House

En bas de la montagne où il faisait encore froid, je marchais seule le long de la pente de la montagne, jusqu'au monastère de Namgyal.

Un garde spécial me conduit dans la zone de haute montagne, où se trouvait son bureau privé, m'a dit d'attendre là. Devant la porte il y a un petit jardin fleuri, un soleil brillant s'élève au dessus du "jardin d'Eden". Debout, regardant les montagnes environnantes, j'ai soudain pensé à mon père, à mes enfants et petits-enfants. Si seulement ils étaient tous là, à mes côtés en ce moment. Si seulement...

Soudain, j'ai entendu un bruit et me suis retournée. La porte du bureau s'ouvrit toute grande, l'entourage des gardes sortit, et il apparut dans une robe d'une couleur ardente comme le soleil. Je croisai les mains et m'inclinai. Il s'approcha en posant sa main sur ma tête. Il me tient la main. Sérieusement, je l'ai regardé. Son photographe personnel s'est accouru pour prendre la première photo.

Il a tenu ma main plus fort et m'a tiré plus près, m'a regardée dans les yeux et a souri doucement - sourire - je l'ai regardé sourire et la deuxième photo fut prise

J'élève la voix:

« Votre Excellence, Sa Sainteté... »

Il sembla lire dans mes pensées, ne me laissa pas continuer, hocha la tête, et sourit doucement:

"Oui, bénédiction, bénédiction..."

Sa voix chaude me donne une sorte de paix et de bonheur. Un grand amour d'un maître spirituel. Je me souviens de ses paroles, "Je ne suis qu'un simple moine. Ma religion est très simple. C'est la gentilesse".

Un serveur apporta un plateau de thé chaud. Il m'a demandé de m'asseoir avec lui, tenant une tasse de thé chaud.

Après la conférence de Sa Sainteté le Dalaï Lama sur la façon d'appliquer le bouddhisme dans la vie et de maintenir la paix intérieure, nous avons quitté le monastère de Namgyal et sommes montés sur la montagne pour visiter les villages d'enfants tibétains.

Le petit village est situé sur un grand terrain en hauteur. Là-haut. Il était créé et dirigé par Mme Tsering Dolma Takla, la sœur aînée du Dalaï Lama, jusqu'à sa mort en 1964. Plus tard, c'est la sœur cadette, Mme Jetsum Pema, qui prenait sa place.

Je rencontrais des enfants qui cueillaient des feuilles sèches dans la cour, ils étaient très hospitaliers, ils se sont tous réunis pour nous accueillir. Une rare occasion heureuse, je me suis penchée avec les enfants pour ramasser des feuilles sèches en riant.

Dans la soirée, j'ai assisté à une nuit de spectacle d'art et de culture tibétaine: Opera Prince Norsang. J'admire la performance de Promoting Peace Through Arts (la promotion de la paix par le biais de l'art) d'un puissant ensemble d'acteurs qui entrent sur scène avec des chapeaux et des masques, dansent au son des instruments à vent en cuivre, puis soudain les lumières s'éteignirent et la scène s'assombrit. Les lumières se rallumèrent, les masques et les costumes colorés furent retirés, révélant le casting ; c'était des moines habillés aux couleurs de brique, au lieu de musique, leurs pieds nus sur le parquet créent des prières sonores et profondes. Mon cœur trembla. C'était une grande soirée artistique.

Le 2 Mai 2014

À sept heures du matin, il faisait encore un peu froid, la voiture montait, montait de plus en plus haut, je regardais les pins qui planaient dans la vallée, les rayons du soleil à travers la cime des arbres étaient extrêmement beaux. La voiture s'est garée au milieu de la montagne, quand il est impossible de monter plus haut. Il y a une petite zone, dit le chauffeur, on reste ici, les gens admirent le paysage, prennent des photos... dans une heure exactement la voiture reviendra à la ville pour le déjeuner.

Tout le monde est descendu du bus pour prendre des photos. Me détachant du groupe et je marchais toute seule le long d'un petit chemin. La pente monte progressivement. Les singes qui se prélassent au soleil au bord de la route ne s'enfuyaint pas, mais regardent calmement les passants. La route de montagne est raide, le vent souffle fort. J'étais à bout de souffle. Soudain, une écharpe dorée s'envola vers mon visage. En enlevant l'écharpe, je vis un moine s'approcher. À proximité, derrière lui se trouvait une petite hutte simple. Je m'inclinai, levai les mains et lui avais rendu l'écharpe dorée. Le moine prit l'écharpe et se détourna sans rien dire. Je m'aventurai en avant, haletante, et et disais au moine:

"S'il vous plaît, donnez-moi une gorgée d'eau."

Le moine m'a regardée. Il a du voir en moi, une vieille femme haletante et m'a fait signe de le suivre. Nous sommes entrés dans la hutte ; à l'intérieur il n'y avait qu'une petite pièce, sur le côté se trouvait un simple autel, une photo du Dalaï Lama, plein de livres et d'écrits. À gauche se trouve un matelas étalé sur le sol, servant de lit. À la tête du matelas se trouvait une petite table, sur la table ; une lampe à huile, un livre de prières. Il y avait une chaise en bois à côté de la table. Le moine s'allongea sur le sol et se prosterna devant l'autel, je m'inclinai aussi, puis il me donna un bol d'eau froide.

Comme bénédiction, j'ai pu parler au Maître

Dans un anglais clair, le professeur m'a expliqué en répondant à ma question: Il faut du talent pour devenir un ermite. Quitter l'institut pour venir ici, c'est se cacher, loin de tout. Du moment où vous vous réveillez les yeux ouverts jusqu'au moment où vous fermez les yeux et vous vous endormez, il n'y a qu'une seule pensée, c'est atteindre la Voie, toutes les pensées se convergent vers le Bouddha et la Voie.

Ici, il n'y a ni électricité, ni eau courante. Il y a environ 20 moines et ermites dispersés d'ici au sommet de la montagne, chaque personne a une hutte. Chaque fois qu'il a un besoin d'une aide urgente, on écrit sur un morceau de papier qui est emballé autour d'une une pierre .. puis le lancer-les uns aux autres, ou utiliser des frondes pour lancer des pierres comme annonces de nouvelle. Mais il y a aussi beaucoup de bonzes qui refusent même de tirer les pierres porte-nouvelles d'actualité, ne demandent pas d'aide, mais restent là jusqu'à leur dernier souffle. Quand on les trouve, leur corps est déjà durci et asseché, comme celui d'un oiseau mort .

L'Ermitage accepte et évite tout. Les trois premiers mois ont été très difficiles à cause de l'isolement, il n'y avait personne, aucune activité autour de soi. Il y avait aussi des bonzes qui ont dû abandonner et sont retournés à l'académie. Ayant choisi de gravir cette colline, il ne s'agit pas seulement de contraindre le corps à pratiquer l'ascèse. La chose principale, la chose difficile est la pratique de l'autodiscipline. Ne plus se mêler à personne, y compris les parents, les frères, à rien, qui pourraient dominer notre pensée. En été ici, parce que c'est une montagne rocheuse, il fait très chaud, mais il fait mieux qu'en hiver, avec la neige et le vent hurlant qui créent une autre situation différente.

J'ai demandé la raison et le but de la retraite, le moine a souri doucement:

"Un ermitage est simplement un sacrifice de soi pour sauver les êtres. Il faut trente ans de pratique pour comprendre."

Le soleil était haut. Le moine s'est incliné en se prosternant. Je me suis également inclinée comme le Maître et j'ai ensuite joint les mains pour dire au revoir.

En bas de la montagne. Des pas qui trébuchent sur les rochers. Essayer de respirer régulièrement, respirez régulièrement et écouter la tristesse au lointain.

Le 3 Mai 2014

Dernier jour. L'après-midi vers le bas. Maître T. est venu rendre visite. Dans le jardin de Chonor House, on boit du thé.

Assis ici, d'une haute colline regardant en bas. La vallée Kangra semble être teinte de nombreuses couches de couleurs fantastiques, les pins scintillent. Des hauteurs au lointain, l'Himalaya enneigé brille dans le ciel.

En 1959, alors que l'armée chinoise occupait tout le territoire du Tibet et que la capitale Lasha était trempée de sang, le dalaï-lama traversa les montagnes vers l'Inde en tant que réfugié et choisit de vivre en exil ici avec ses compatriotes, composés uniquement de 8.000 réfugiés, les mains vides, livrés à un terrain vague et rocailleux. C'est ici que Sa Sainteté le Dalaï Lama a écrit sa première autobiographie, *My Land, My People*, (Ma terre, mon peuple) sur le sort de son peuple. Quoi qu'il en soit, cet endroit est maintenant devenu un " Little Lasha" (Le petit Lasha) connu du monde entier. Le bonze T. a déclaré que parmi plus de 130 personnes qui s'étaient immolées par le feu au Tibet récemment, il y avait son propre frère.

La lumière de l'après-midi se fait plus claire, Maître T. a sorti de sa poche un collier qu'il m'a donné, comme cadeau d'adieu.

J'ai essayé de me rappeler les paroles de Sa Sainteté le Dalaï Lama sur la façon de trouver la paix dans l'esprit.

Le 4 Mai 2014

Au petit matin, portant le collier que Maître T. m'avait donné, je traînais ma valise hors de la chambre numéro 2 et quitta la Maison Chonor. Partir pendant que la prière résonne encore, de la falaise, du sol, ou juste un écho dans ma tête ?

Adieu Dharamsala. Souvenir d'une nostalgie lointaine!

LES PHOTOS
DE LA QUATRIÈME PARTIE

Les Étapes de Ma vie:

1. *Conférencière*

2. *Les médias*

3. *Activités caritatives*

Avec Sa Sainteté le Dalaï Lama

Recevant la béndiction du Pape John Paul II au Vatican.

Avec les Sœurs de Sainte Marie à Assise, Italie

Avec l'ancien empereur Bao Dai, le dernier empereur du Vietnam.

Conférencière

Kieu Chinh prononce un discours au Vietnam War Memorial, Washington, D.C. La personne à l'arrière avec des lunettes noires est M. Jan Scruggs, président et fondateur du Vietnam Veterans Memorial Fund (l'organisation qui a construit le Mur de granit noir).

*Conférencière à
Pfizer
Pharmaceutical
Corporation*

*Conférencière à
Kellogg Foods
Company*

Visite à l'Université Cornell pendant une conférence

Conférencière au Combodian Town Festival

Conférencière au US Press Club, Washington D.C.

Avec Mme Benazir Bhutto, Premier ministre du Pakistan, qui a clôturé le Congrès national des femmes des États-Unis.

Kieu Chinh ouvre le Congrès national des femmes des États-Unis.

Les Médias

*Lê Văn de Voice of America (VOA), Washington, DC
En interview avec Kieu Chinh.*

Nguyễn Giang, directeur de la BBC-VN, interviewant Kieu Chinh.

Tôn Thất Hùng interviewant Kiều Chinh à Toronto, Canada

Jimmy Nhật Hà. Jimmy show, en interview avec Kiều Chinh
à la maison de Kieu Chinh à Huntington Beach

David Uno, annonceur de la chaîne de télévision 7 à Los Angeles interviewant Kieu Chinh.

Kieu Chinh donne une interview avec Sam Ruben, une personalité de la Chaîne de Télevision No. 5 à Los Angeles

Chez l'actrice Tippi Hedren. Elle est célèbre dans le film
The Birds, réalisé par Alfred Hitchcock.

Kiều Chinh & Tippi
Hedren assistent à la foire
du Nouvel An du Vietnam
dans le comté d'Orange.

Melanie Griffith, la célèbre actrice du film Working Girl, la fille de Tippi Hedren présente Kieu Chinh, la meilleure amie de sa mère, lors de la cérémonie des étoiles pour elle sur Hollywood Boulevard.

Melanie Griffith avec sa mère, Tippi Hedren et Kiều Chinh
Au BEL-AIR Film Festival

Avec Tippi Hedren et Johnny Grant, maire honoraire du Walk of Fame.

*Avec sa marraine, l'actrice Tippi Hedren et le tigre
dans son domaine de Shambala.*

Oeuvres Caritatives
"Vietnam Children's Fund"

De gauche à droite: Terry Anderson, Kieu Chinh, Lewis B. Puller, Jr., co-fondateurs du Vietnam Children's Fund.

Kieu Chinh prend la parole lors d'une réunion de l'association VCF - Fonds Vietnamien pour l'enfance. Assis à la table d'honneur: Lewis Puller, Jr., Jack Wheeler et Ed Timberlake.

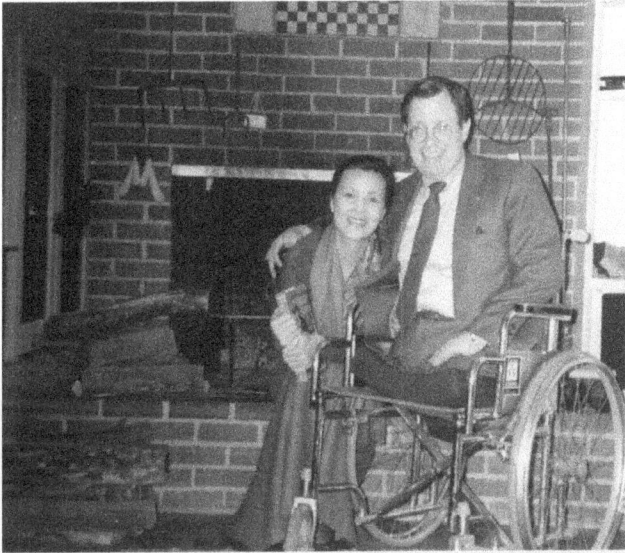

Kieu Chinh et Lewis B. Puller, Jr., vétérans du Vietnam, en fauteuil roulant, jambes amputée et plusieurs doigts manquants. Il est lauréat du prix Pulitzer pour son livre "Fortunate Son" et co-fondateur du Vietnam Children's Fund (Fonds vietnamien pour l'enfance). Photo prise chez lui.

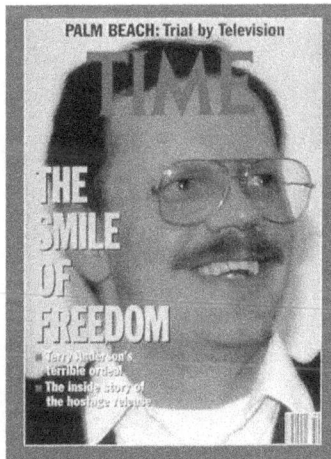

Le journaliste Terry Anderson, retenu en otage pendant plus de 6 ans au Moyen-Orient. Il est co-fondateur du VCF - VietnamChildren's Foundation. Image de couverture du magazine Time.

Conseil d'administration du FVC. Vignettes ci-dessus:
trois écoles dans les provinces de Ha Nam, Thua Thien et
Kontum parmi plus de 50 écoles dispersées à travers les
trois régions Nord, Centre et Sud, construites par le VCF

De gauche à droite: Le journaliste Terry Anderson,
Kieu Chinh et M. James V. Kimsey
lors du premier voyage au Vietnam, 1995.

Kieu Chinh et James V. Kimsey, fondateur de la société AOL retournant au Vietnam pour couper le ruban pour inaugurer l'école parrainée par James.

Avec Fred Smith, fondateur de FedEx,
qui a parrainé le VCF pour construire 4 écoles au Vietnam

Le premier ambassadeur Américain au Vietnam après 1975, Pete Peterson, accueille Kieu Chinh et M. James V. Kimsey chez lui à Hanoï

L'ambassadeur américain Pete Peterson, Kieu Chinh et le journaliste Terry Anderson coupent le ruban pour inaugurer une école construite par le VCF à Dong Ha. où le 17è parallèle divisait autrefois le pays.

Sam Russell et Kieu Chinh coupent le ruban pour inaugurer la 51è école du VCF dans la province de Quang Ngai. Debout à côté de Sam Russell se tenait son assistante, Mme Lan Vien.

L'école primaire de Nhan Chinh (ancienne province de Dong Ha) a été construite par le VCF.

Le Journaliste Terry Anderson et Kieu Chinh avec des élèves dans la classe d'une école parrainée par VCF.

Les élèves de l'école VCF ont entouré Kieu Chinh.

Sam Russell, président de VCF, et Kieu Chinh prennent des photos souvenirs avec les élèves devant la porte de l'école.

Bannières protestant contre Kieu Chinh soutenant le Parti communiste du Vietnam sur Bolsa Street à Little Saigon, Californie.

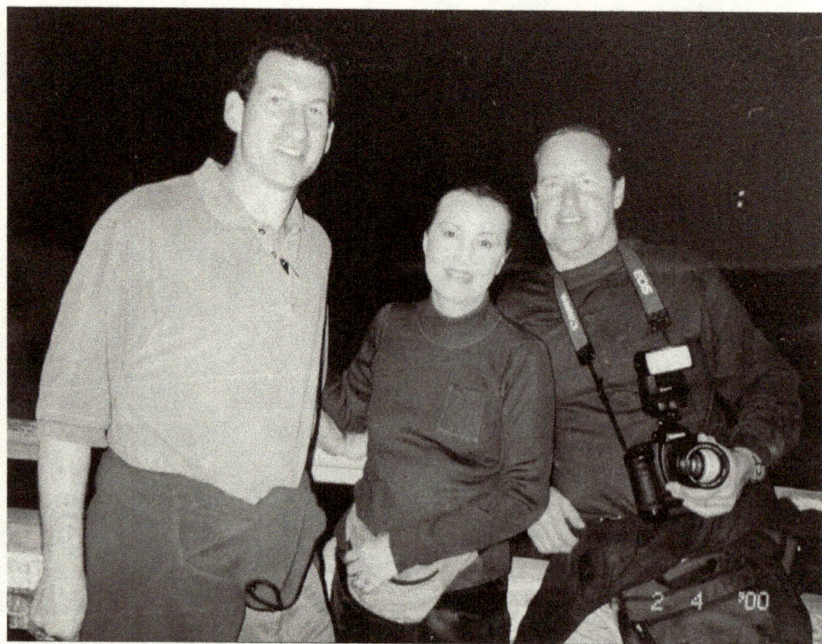

De retour au Vietnam en 2000 avec deux journalistes John Gittelsohn et Daniel A. Anderson du journal Orange County Register

Kieu Chinh et la Première Dame des Philippines, Amanda Marcos, visitent le camp de réfugiés de Bataan

Avec la Première Dame des Philippines, Amanda Marcos, Visite du camp de réfugiés de Bataan.

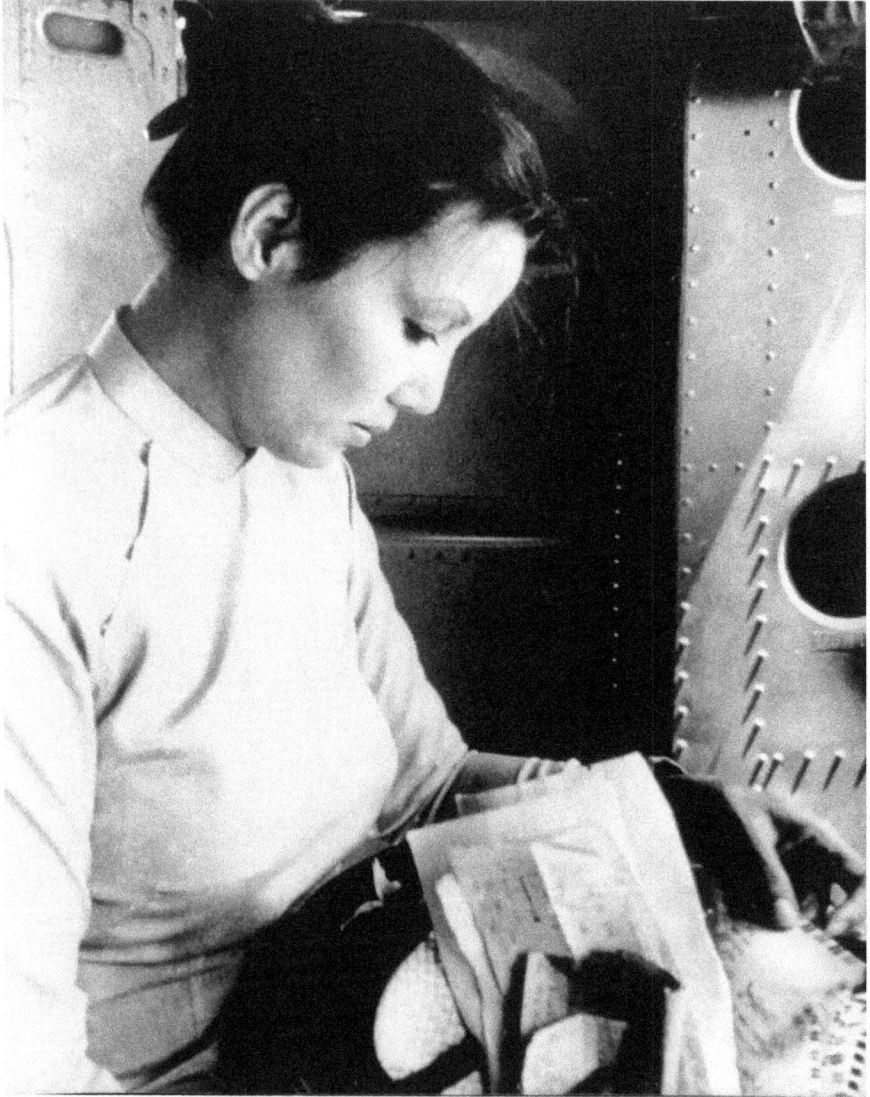

Au retour, Kieu Chinh a apporté des lettres des boat people du camp de réfugiés à envoyer partout à leurs familles.

Kieu Chinh s'entretient avec des compatriotes dans un camp de réfugiés Thaïlandais

Kieu Chinh à la frontière américano-mexicaine lors d'un voyage officiel, comme membre du Conseil consultatif américain sur l'immigration.

Les Maisons De Kiều Chinh

Studio City

*La première et petite maison à
Studio City*

Newport Beach

La maison à Newport Beach

Garden Grove

Le petit temple et la maison de thé dans le jardin derrière la maison à Garden Grove.

La statue de Bouddha dans le petit temple à Garden Grove.

Devant la maison à Garden Grove.

Bar à Thé dans la maison à Garden Grove.

Huntington Beach

Devant la maison à Huntington Beach.

Le bureau dans la masion à Huntington Beach

CINQUIÈME PARTIE

Les articles sur Kiều Chinh

Kiều Chinh
par Alison Leslie Gold

Ayant été présentée par un puissant dirigeant de la télévision, j'ai rendez-vous avec Kieu Chinh pour un déjeuner à Venice en Californie par une journée d'hiver californien au ciel crémeux.

Nous ne nous savions pas grand-chose sur l'une et l'autre, juste que moi, un écrivain (qui venait tout juste de sortir de la publication de mon nouveau livre) cherchais un nouveau sujet pour mon nouveau livre (et seul un sujet très spécial ferait l'affaire) et que Kieu Chinh (selon notre exécutif) avait une histoire tout a fait extraordinaire à raconter.

Pas un seul œil n'est resté indifférent quand elle et moi nous marchions le long de la promenade, bavardant et apprenant à nous connaître. Sa magnifique beauté était impressionnante, assez poignante et zen, là dans cette atmosphère crue de carna- val, alors que le doux soleil d'hiver se déversait doucement sur nous. Rapidement nous nous sommes connectées l'une avec l' autre - en tant que femmes, artistes et amies.

Une chiromancienne s'immisce dans notre rêverie, proposant de lire notre paume. Avec amusement, nous acceptâmes, Kieu Chinh offrant d'abord sa paume retournée à l'œil noir de jais de la voyante qui la prit et l'examina attentivement avec une paupière plissée tandis que toutes les deux, nous retenions notre souffle.

Enfin la chiromancienne parla,

"C'est quelqu'un de célèbre", a-t-elle annoncé avec une certitude totale, "et elle aura un bel avenir", a-t-elle conclu en lâchant la main de Kieu Chinh et en attrapant la mienne.

Plus tard, nous en avons ri et en avons ri jusqu'à ce jour.

Kieu Chinh est une femme hors du commun qui a vécu ce qui semble cinq vies différentes. Elle a survécu en témoin poignant, vivant dans l'oeil de la turbulence de notre époque la plus controversée.

Je lui souhaite cinq autres vies, et l'enrichissement de ce temps, un souhait du fond de mon coeur à ces quelques privilégiés qui endurent et foncent en avant.

Je la salue en tant que femme d'une beauté digne d'un musée

Je la salue comme une artiste au talent rare.

Je la salue comme une amie vraie et noble.

Alison Leslie Gold

Kiều Chinh
Hanoi. Saigon, Hollywood
Mai Thảo

L'actrice de cinéma Kiều Chinh, qui est reconnue par des millions de cinéphiles vietnamiens, avec toute leur fierté, comme la seule vedette de cinéma vietnamienne des trente dernières années. Elle était devenue célèbre dès son premier rôle dans le film qui inaugure son illustre carrière; *Hồi Chuông Thiên Mụ* tournée dans l'ancienne capitale de Huế..

C'était en 1957. La guerre entre les deux Vietnam du Sud et du Nord s'envenimait peu à peu, le cinéma vietnamien était encore très jeune à ses débuts et Kiều Chinh aussi. Elle n'avait que 18 ans.

Grâce au double avantage de talent et de beauté, une forte volonté de progresser, et en plus, une passion sans bornes pour l'art du cinéma, Kiều Chinh est rapidement devenue l'actrice de premier rang du cinéma vietnamien. Elle a continuellement joué un rôle principal dans des dizaines de films dont beaucoup ont remporté des prix d'honneur au Vietnam et aux nombreux festivals de film asiatique. Elle a partagé la vedette avec des acteurs internationaux dans des coproductions interntionales. Et jusqu'aux événements de 1975 , elle était ambassadrice officielle du cinéma vietnamien dans la plupart des festivals de cinéma internationaux. Jusqu'à présent Kiều Chinh n'a été pas encore remplacée par personne dans cette position importante.

Mais il ne suffit pas de parler de Kiều Chinh comme star de cinéma. Entre les deux rôles, elle est aussi une figure féminine hors du commun, dans le meilleur sens du mot; d'une femme vietnamienne engagée et progressiste, en avance sur sa société et sur son temps. Elle s'est constamment préoccupée de tous les problèmes concernant les femmes. Son attitude positive est toujours présente dans toutes ses activités sociales Des campagnes de secours, caritatives et humanitaires aux mouvements qui luttent pour la liberté et les droits de l'homme, que se soit au sein de la communauté des réfugiés vietnamiens ou de la communauté internationale. Là aussi on retrouve Kiều Chinh . À cet égard, elle a été membre du Conseil consultatif National du Service fédéral de l'immigration, et du Conseil consultatif sur les questions des refugiés de la Californie. De plus, elle participe à de nombreuses activités du Conseil municipal de Los Angeles.

La gloire vient, à juste titre, tout naturellement. Pour n'en citer que quelques honneurs : En 1980, le maire de Los Angeles, Tom Bradley, a décerné à Kiều Chinh le titre de "Femmes d'aujour- d'hui » parmi les 36 femmes les plus actives, nommées par l'organisation Bullock, cette année aux États-Unis.. Pour la communauté des réfugiés vietnamiens du monde entier, l'année 1983-84 a été designée pour l'honorer. Les écrivains, les artistes, la presse et les compatriotes de Kieu Chinh en Californie, à Washington DC, au Texas et en Europe ont organisé de nombreuses réunions solennelless pour célébrer le succès de Kiều Chinh en 1983, alors qu'elle venait de terminer une carrière cinématographique de 25 ans. En mai 1985, elle est honorée par l'Asian Pacific Women's Network of Los Angeles aux côtés de l'acteur cambodgien, Dr. Haing S. Ngor.

L'année suivante, 1985, le prix "Women Warrior" lui avait été decerné, l'honorant comme "la meilleure personalité féminine d'Asie" lors de la conférence annuelle . Récemment, à l'occasion de la proclamation de la « Journée des réfugiés en Amérique », elle a été nommée déléguée honoraire représentant toutes les communautés des États-Unis dans cette conférence intercommunautaire sur tous les problèmes des réfugiés auprès du Congrès et les hauts responsables américains. fonctionnaires du Congrès. L'allocution qu'elle a faite à la séance d'ouverture du symposium sur la dignité des réfugiés à l'étranger a été applaudie.

Et plus récemment, le 19 avril 1991, lors d'un dîner solennel organisé à Montebello, dans le sud de la Californie, le conseil municipal de Los Angeles et l'Association des Familles Américaines d'origine asiatique reconnaissent la plus grande actrice du cinéma vietnamien comme la femme des meilleures réalisations de l'année

Les gloires que nous venons d'évoquer, comme les étoiles scintillantes du firmament, brillent de mille feux tout au long des 30 années de cinéma de Kiều Chinh, 30 années sans arrêt de brillante gloire. Ces honneurs, auxquels s'ajoute une allure artistique élégante et un rapport très accessible et agréable de avec tout le monde, ont apporté à Kiều Chinh une autre récompense spirituelle, à mon avis, encore plus précieuse que les récompenses et les décorations. C'est l'amour et le respect que tous les cercles et le grand public cinéphile ont pour Kiều Chinh, un amour et un respect profonds et immenses que presque aucun autre artiste n'a eues. Comme, depuis 30 ans. Comme de Hanoi à Saigon, à Hollywood.

Ce volume, avec près de 220 photos, et des articles, interviews, et extraits de 29 auteurs – 23 vietnamiens et 6 étrangers – dont trois articles principaux et spéciaux pour le livre par Nhã Ca, Lê Văn et l'écrivaine américaine Alison Leslie God, l'auteur du chef-d'œuvre littéraire Mémoires d'Anne Frank, a exprimé, bien qu'en partie seulement, l'amour et l'estime immenses des cinéphiles de toutes les classes comme je viens de le mentionner.

Mai Thảo

Un bouquet pour inaugurer la Semaine Kiều Chinh

Nguyên Sa

La rue Champollion est parallèle au boulevard Saint Michel, parallèlement sur un tronçon seulement, car Champollion est court et Saint Michel est très long. Il était situé juste derrière le pâté de maisons de l'autre avenue. En 1997, quand j'étais revenu à Paris, je trouvais encore le cinéma Champo au coin de cette rue Champollion. J'ai rejoint la file pour une atttente de plus d'une heure. Ce jour-là Champo a rejoué Charlie Chaplin, non pas le Charlot de *Sous les feux de la rampe*, mais le Charlie à l'époque du cinéma muet. J'ai plusieurs fois fait la queue au Champo pour regarder la semaine Hitchcock, le Hitchcock de l'époque des *Trente-neuf étapes*, pour regarder la semaine sud-méricaine avec La Red, O Cangaceiro... regarder la semaine des grands débuts du cinéma avec les noms tels que Cecil B. De Mille, la Semaine du cinéma de l'ère de John Ford, semaine consacrée à La *Bicyclette*, les portes du cinéma italien s'ouvrent toutes grandes pour les Ana Mangani, les Sophia Loren, les Mastroniani...

Chaque fois que je vois Kiều Chinh, je pense à Champo. Je la vois rarement mais oui, c'est étrange, mais chaque fois que je rencontre cette célèbre actrice, cela me rappelle ce cinéma unique, spécialisé dans les projections de films qui jalonnent l'histoire du cinéma où chaque semaine est consacrée à un thème, une thème d'acteur, thème de metteur en scène, thème du poète J. Cocteau du temps où il portait le surréalisme sur ses épaules et entrait au cinéma avec ses motos. planant dans les airs, une belle femme émerge du miroir brisé, l'image se brise comme un miroir, volant librement comme le langage de la poésie surréaliste. Je pense que si dans notre quartier vietnamien, ici, ou ailleurs dans le monde, il y a un Champo du discernement et de la populace accro au septième art, j'aurai certainement une Semaine Kiều Chinh.

Au premier abord il y avait *Hồi Chuông Thiên Mụ* (Les Cloches de la pagode Thiên Mụ) en 1957, puis *Mưa Rừng* (La pluie en forêt) en 1959, 1962 *Ngàn Năm Mây Bay* (Les nuages des millénaires) 1963 *Année du tigre*, 1963 *Les Yeux des anciens*, 1964 *Dernier message de Saigon*, 1965 *Opération de la CIA*, toujours en 1965 *Crossing the Heart Love*, 1966 *De Saigon à Dien Bien Phu*, 1966 *The Frontier*, 1967 *En attendant le matin*, 1968 *Destination Vietnam*, 1970 *L'amant sans visage*, 1971, quatre films *Devil Within, Bao Tinh* (Tempête d'amour), *Hoàng Yen, My Life Song*. 1972 *Late Summer*, 1972 *The Roadside Shadow*, 1974 Five Overseas Mission, 1974 *Don't Cry My Darling*, hier j'ai dit à Kieu Chinh que j'aimais le nom de ce film, puis *Full House*, en 1975. Kiều Chinh m'a dit que c'était le dernier film tourné à Singapour . avant la chute de Saigon en avril 1975.

J'ai toujours une idée bizarre, je pense que la vie, quoi qu'on on en dise, n'est qu'une passion inutile; tout sera effacé par le néant. Maintenant. Ce n'est pas que j'ai une seule idée en tête, j'ai trois ou quatre souhaits. Je veux trouver un théâtre Champo pour monter une Semaine Kiều Chinh . Il y a quelques autres idées encore que je ne peux pas révéler ici.

Le premier jour où Kiều Chinh est montée sur la scène pour remercier le public, je lui ai demandé d'emmener les cheveux de *l'Amant sans Visage*, *les Yeux des Anciens*, les émotions des Cloches Célestes et le courage de la femme qui a reçu en 1986 le Asian Women's Warrior Award des Asian Women of America aux États-Unis, incarnant l'image d'une femme aux prises à la fois avec l'exil et la vie, il suffit de rivaliser avec soi-même, d'essayer de se dépasser. J'ai gentiment demandé à Kiều Chinh d'apporter un corps mince, des cheveux doux et la tête penchée sur le côté sous la lumière de la rampe. Kiều Chinh est terriblement séduisante. Je me souviens que ce jour-là il y avait Mai Thảo, il y avait le général Nguyễn Cao Kỳ , il y avait Du Tử Lê, bien sûr il y avait Kiều Chinh qui apporte tout d'un coup une voix chaleureuse. Kiều Chinh isole le monde extérieur, le pousse jusqu'à la mer, les gens, les scènes, révélant une voix miraculeuse, celle du monde des romans, de monde de l'imaginaire. Kiều Chinh est incontestablement séduisante . Depuis ce jour-là, j'ai découvert que la clé qui ouvrait mon âme fermée et figée, était essentielement le timbre de sa voix qui me mène d'une "main" irrésistible. Lorsque Kiều Chinh avait cessé de lire, elle a souri, a fait des gestes pour ajuster ses cheveux. Les applaudissements retentissèrent dans la salle, il m'a fallu un très, très long temps pour revenir à la réunion.

J'ai dit toutes sortes de choses, mais je n'ai certainement pas dit ce que je cherchais : Kiều Chinh semble avoir l'air triste. Je sais pénétrer dans l'âme d'une femme. Chaque fois que je rencontre la voix et les yeux de Kiều Chinh, je vois aussi cette tristesse. Je n'ai jamais révélé cette trouvaille à personne.

En offrant à Kiều Chinh un bouquet de fleurs pour inaugurer la Semaine Kiều Chinh, ce matin, j'ai officiellement invité Kiều Chinh à écrire ses Mémoires. J'espère y trouver ce que j'ai toujours cherché.

Nguyên Sa

Les réunions à Studio City
Trần Dạ Từ

À Studio City, il y a une petite maison devant laquelle un saule pleureur laisse gracieusement tomber ses branches. Là le printemps se revête d'un vert soyeux et des feuilles jaunes rehaussent la beauté de l'automne. Dans le jardin derrière la maison poussent des bananiers, des kakis, des pomelos, des citronniers, des piments, des herbes aromatiques dont le basilic. À l'abri de l'auvent parfumé, sous le pêcher pourpre, un hamac se balance au dessus de la cour de briques rouges...

C'est là que réside le "moi" de Kiều Chinh.

Dans cette petite maison tranquille, de temps en temps, le feu de la cheminée monte encore plus haut, accueillant les rassemblements d'amis..

Dans la petite aile au bout de la maison, un luth pend au mur à côté d'une photo de l'oncle Hà Văn Vượng, qui était un ami proche de papa à Hanoï. Adossé contre le mur, le piano: déjà ouvert. Ce coin était autrefois rempli du son de piano de Nghiêm Phú Phi qui jouait en solo, de Lê Trọng Nguyễn qui jouait sa composition Nắng Chiều pour accompagner la chanteuse Kim Tước. Sur le siège à côté de la cheminée, s'assied Vũ Khắc Khoan, l'auteur de *Gengis Khan*, du *Gênie Tortue*, quand il était "descendu de la montagne" du Minnesota pour la dernière fois, et a levé une tasse pour trinquer avec Nghiêm Xuân Hồng, Mai Thảo et Hoài Bắc. De l'autre côté de la porte, Tippi Hedren, Alison Leslie Gold, Feelie Lee, Ina Balin... sont apparues une fois, souriantes. Le 50è anniversaire de Nhã Ca, lorsque l'écrivaine était venue aux États-Unis pour la première fois avec sa famille, après 13 ans dn prison dans sa ville natale, a également été célébré ici. Le vin de Hoàng Thi Thao-Tâm Đan, la boisson thaïlandaise de Tu Hap-Ai Cam sont appréciés. Trần Ngọc Ninh, Lê Quỳnh, Vũ Quang Ninh, Mai Thảo, Nguyễn Đức Quang, Lê Đình Điểu. Đặng Nho... tout le monde était au complet. La chorale Thăng Long, avec Hoài Trung, Hoài Bắc, et Thái Thanh, après des années de turbulences et de séparation à cause des événements, ici aussi, assis à nouveau ensemble, chantant ensemble, plus émerveillés que jamais.

D'habitude, pendant les après-midi de week-end, la maison résonne du rire des enfants. Les deux aînés ont leurs propres familles, le mari et la femme se réunissent auprés de leur mère. Le majestueux garçon Đào Đức Minh a remporté le droit exclusif de se balancer sur l'épaule de grand-mère. Les baisers attisent le feu de la cheminée qui devient plus chaleureuse.

Mais ce n'est pas par tous les soirs d'hiver, que la cheminée réchauffe.

En 1985, la voiture conduite par Tuấn Cường s'était écrasée, est tombée d'un haut flanc de montagne et a pris feu. Quelques minutes avant l'explosion de la voiture, Cường a été secouru. La moitié du corps a été gravement brûlée, de nombreux endroits ont pénétré dans les os, ont dû gratter toute la chair. Malgré les ordres du médecin, la mère est restée plantée dans la salle d'opération, regardant tranquillement le médecin gratter la chair et les os de son plus jeune enfant.

Il a fallu trois ans de traitement, avec sa mère toujours de garde près du lit, Cường a pu remarcher et, avec ses doigts brûlés, a chanté avec sa mère.

Vingt-cinq ans de marriage et un époux ont passé. Les enfants ont grandi. Lors d'un déménagement dans une petite maison à Studio City, seul Tuấn Cường est resté avec sa mère.

Dans la maison, l'encens brûle toujours sur l'autel des ancêtres aux anniversaires de la mort des aïeux des deux côtés de la famille.

Parmi les parents maternels, seul le frère de la mère, le vieux médecin Nguyễn Văn Nghị, invité de Paris à donner des conférences sur la médecine orientale dans plusieurs universités de Californie, a eu l'occasion de venir dans cette maison. Avec sa soeur Nguyễn Thị Tính, tout juste rencontrée à Paris. Depuis trente-sept ans, le frère et les deux soeurs n'ont jamais été ensemble. L'anniversaire de la mort du père et de la mère, se passent tranquillement. Mais la célébration des anniversaires de la mort des grands-parents paternels des petits-enfants,est toujours bien fréquentée. En dehors de Tế et de sa femme, il y a encore la famille de Nguyễn Chí Hiếu, qui était son beau-frère, un bon ami dans sa jeunesse, présent dans un photo-stop sur le trottoir de la rue Catinat en septembre 1954, quand il venait d'immigrer à Saigon avec sa famille.

Le célèbre journaliste Richard Bernstein du New York Times, décrivant les œuvres d'art; la paire d'éléphants en céramique, le service à thé, le petit bosquet de bambous dans la maison de Studio City, a commenté dans son article sur Kiều Chinh, que l'actrice professionnelle de Hollywood, actrice de métier à Hollywood, vit encore complètement à la vietnamienne. "Comme si elle essayait de garder un peu de son ancienne vie." a -t-il écrit.

Avec le regard subtil et acéré d'un journaliste américain, Richard Bernstein a été surpris de voir une personne bien équippée pour s'intégrer à la fois dans la profession et dans le style de vie américano-hollywoodienne, mais qui se cantonne encore dans les coutumes d'un pauvre pays lointain. Il sera encore plus surpris s'il en savait sur la " maison de l'âme " de cette femme, car il y avait aussi une future mariée à la nord-vietnamienne, vivant avec une actrice de cinéma qui avait parcouru le monde depuis sa vingtaine. Il y avait une mère patiente à la vietnamienne, vivant avec une beauté moderne de l'époque. Il y a aussi de la compréhension, une intelligence et une attitude tournée vers l'avenir, cohabitant avec quelqu'un qui s'enchaîne a la prison du passé. Tous vivent en harmonie. Le prix payé pour ce compromis harmonieux, aucun ami n'est obligé d'en écouter l'histoire.

"Pour moi, Kiều Chinh est l'image d'une femme vietnamienne du début du XXè siècle." Du Tử Lê a écrit,

"Apporter l'image d'une femme aux prises avec une vie en exil, luttant avec elle-même et se dépassant", a ajouté Nguyên Sa. "Elle dépense une monnaie qui lui est propre", a déclaré Mai Thảo.

Dans Studio City, il y a une petite maison que des amis comme Lê Trọng Nguyễn, Phạm Đình Chương et Mai Thảo ont successivement surnommé en plaisantant: *Am Tịnh Cốc* (Le petit temple de la méditation sereine: *Cổ Mộ Đài* (L'ancien palais de l'admiration). *Tuyệt Tình Cốc* (La petite hutte aux rêves rompus) quand ils sont venus dans "mon royaume".

Près de la porte d'entrée, quelques paires de rochers reposaient côte à côte sous le saule pleureur. Je me renseigne "Est ce que vous les ramener ces rochers à la main." Et ce saule ? "Est ce que vous creusez le sol vous même pour le planter ? ."

Accédant au porche à l'arrière, dans la cour en briques rouges. Kiều Chinh est toujours en train de le compléter avec ses propres mains. "Comment ? C'est facile, dit-elle. Emporter dix morceaux de briques à la fois puis dix autres morceaux encore jusqu'à ce qu'ils s'épuisent, Puis prendre une pause"

Elle creuse le sol et place les briques elle même. Depuis combien de temps a-t-elle travaillé au soleil ? Mal exécuté, elle va le refaire. Pendant combien de temps ? On n'entend jamais une plainte. On ne voit que le saule vert. Chaque brique est bien placée, comme il faut, au bon endroit.

Pour Kiều Chinh, tous les détails, qu'il soient petits ou grands comptent. Se débrouiller, Être maître de soi Être strict avec soi-même. Vivre en harmonie avec les autres. Dans le travail acharné réside la dignité. La fraîcheur est la dignité de la vie, tant dans sa vie aussi bien que dans sa carrière.

Orpheline de mère. Père décédé. Pas de frère, ni êtres chers. hébergée chez les amis de la famille. elle a dû quitter l'école à l'âge de 15 ans, Devenue belle-fille, épouse et mère à l'âge de 16 ans. Toujours autodidacte. Je ne vois pas comment elle a appris, comme à quel point c'était dur. Seulement pour voir, du jeune écran vietnamien, elle est entrée dans l'écran du monde, mûre. Seulement dans la vingtaine, elle maîtrisait confortablement son sourire et son langage, lorsqu'elle a tenu une conférence de presse avec Rolf Bayer, le directeur de *Destination Vietnam*, à Manille, lorsqu'elle a reçu le titre d' ambassadrice de l'art et de la bonne volonté du Vietnam en Inde, lors de sa présence dans places d'honneur, dans les festivals du cinéma mondial, de Taipei à Berlin-Ouest

Aussi, après 1975, arrivée à Hollywood à l'âge de 36 ans, en moins de deux ans, elle arrive à jouer le rôle principal féminin dans M.A.S.H., la série télévisée qui est toujours restée la plus célèbre jusqu'à présent. Parlant de l'actrice vietnamienne, Alan Alda, l'acteur principal de M.A.S.H., a dû s'exclamer auprès de TV Guide : "Elle a tellement de talent..."

Le talent ne vient pas naturellement. Immédiatement après son arrivée aux États-Unis avec un petit sac, elle a dû travailler tous les jours pour élever des enfants, mais comme dans toutes les autres professions, l'actrice de cinéma de 36 ans, sachant ce qu'elle voulait, a quand même réussi à joindre l'école John Powers. Trois ans plus tard. Elle était diplômée de tous les cours, pourtant avec un travail à temps partiel en tant que chargé de cours pendant une courte période.

John Powers est un institut prestigieux créé dans les années 40, enseignant la démarche, la diction, le discours, des exercices esthétiques à l'habillement et au maquillage pour l'élite aux États-Unis. Robert Taylor, Cary Grant... étaient tous des anciens élèves de cette école.

Jeûnant, ne portant pas de vêtements chers, ne dormant même pas, Kiều Chinh a également été l'élève d'Elia Kazan, le réalisateur et maître écrivain de la littérature et du cinéma américains et internationaux, qui a spirituellement donné naissance à de grands noms, de Marlon Brando à James Dean.

Vingt et un ans de cinéma en République du Vietnam, de 1954 à 1975, bien qu'encore jeune, les réalisateurs, acteurs et spécialistes talentueux ne manquent pas. Tous ne s'étaient pas trompés en choisissant l'actrice de 31 ans pour être présidente de l'Association vietnamienne du cinéma depuis 1971.

À Studio City, il y a une petite maison. Une femme vietnamienne y vivait, dans les dernières décennies du XXè siècle, le siècle le plus désastreux de l'histoire humaine.

Comme son pays et ses compatriotes, elle aussi fut malheureuse et tomba. Mais après chaque chute, elle se releva, plus revigorée et plus forte encore qu'auparavant.

D'orpheline, elle est devenue une artiste, pas seulement du Vietnam, pas seulement d'Asie. Son image est apparue sur de nombreux continents, mentionné dans de nombreuses langues. Avec les livres et les journaux vietnamiens, on parle d'elle, non seulement dans la vraie vie mais aussi dans les romans. Les deux personnages du roman *Désert* de l'écrivain Nguyễn Xuân Hoàng se discutent passionnément sur sa beauté. Et a ce propos, non seulement à l'étranger mais aussi dans le pays.

D'un pays déchiré par la guerre, elle est allée à Hollywood, à New York, au Congrès des États-Unis, non pas en touriste mais en représentant non seulement les Vietnamiens, mais toutes les communautés de réfugiés. Depuis le siège du Congrès des États-Unis, elle s'est entretenue avec de puissants responsables à influence internationale sur Le sort des malheureux dans les camps de réfugiés au Moyen-Orient, en Asie du Sud-Est.

La maison de Studio City, est petite et rustique. Mais l'âme, la compréhension, l'amour et la beauté de son propriétaire, avaient depuis longtemps, transcendé toutes les frontières géographiques et ethniques". " Je pense souvent à notre monde commun comme à une grande famille. Une partie de notre famille est en difficulté. Je veux dire les réfugiés kurdes au Moyen-Orient, qui souffrent dans les camps de réfugiés d'Asie du Sud-Est. Dans l'esprit de famille de la réunion d'aujourd'hui, prions pour cette malheureuse partie de notre famille." Elle l'a dit le 19 avril 1991, lorsque l'Asia Pacific American Family Association et le comté de Los Angeles l'ont honorée pour son service à la communauté.

Elle est allée dans de nombreux endroits. Du glorieux bal des professionels à Beverly Hills à la prison à la frontière américano-mexicaine. De la foule qui est descendue dans la rue pour protester pour les droits de l'homme dans les rues de Los Angeles jusqu'à la clôture du camp de réfugiés des boat people d'Asie du Sud-Est... Elle est allée dans de nombreux autres endroits. Il y a beaucoup d'amis de différentes nationalités. Mais, comme le remarquait un jour le journaliste Richard Bernstein, depuis seize ans, même si son travail quotidien est à Hollywood, l'endroit où elle vit le plus reste le Vietnam. L'endroit où elle a été et continuera d'aller le plus reste sa communauté.

Très mondaine mais toujours très vietnamienne. La femme qui vivait dans une petite maison à Studio City à la fin de ce siècle désastreux, s'appelait Kiều Chinh.

Trần Dạ Từ

C'est là, Kiều Chinh

Nguyễn Long

Dans la nuit du 29 juin 1983, la station de télévision n°9, avait rediffusé le film *A Yankee in Vietnam*, dont le titre original était *Year of The Tiger*. Ce film a été tourné au Vietnam en juin 1962. J'aimerais écrire à propos la reine du cinéma du Vietnam, l'actrice la plus populaire du Festival du film asiatique de 1972, l'actrice la plus charmante et la plus attrayante du Festival du film asiatique de 1973 : Kiều Chinh .

Le film Year of The Tiger a été entièrement tourné à l'extérieur dans les quartiers de Hóc Môn, Hố Nai, Bảo Lộc, tandis que l'intérieur a été tourné au studio Alpha au coin des rues Trương Minh Giảng et Hiền Vương à Saigon.

Le tournage du film a commencé le 10 juin 1962 et s'est terminé le 20 juillet 62. Après cela, j'ai dû tourner quelques scènes supplémentaires entre Magalona et Kiều Chinh.

Kiều Chinh de son vrai nom Nguyễn Thi Chinh, était née à Hanoï. Dans les années 1953-1954, elle participe souvent à des représentations théâtrales d''étudiants dans l'organisation de chant de secours à l'Opéra. Dans le Sud en 1955, à cette époque, elle travaillait chez MACV, l'agence de conseil militaire américaine, rue Trần Hưng Đạo.

En juin 1956, grâce à l'introduction de quelques amis, Trần Văn Trạch moi nous nous rendîmes sur son lieu de travail et l'invitâmes à participer à une pièce de Vũ Đức Duy, mais elle refusait. Vers la fin de 1956, elle a travaillé avec Vĩnh Noãn, et Lê

Quỳnh dans le film The Quiet American réalisé par Joseph Mankiewicz, dans lequel j'ai ouvert et présenté le personnage principal du film.

En raison de sa sélection rigoureuse d'histoires, de réalisateurs et de producteurs, elle a refusé les offres de nombreux studios. Year of The Tiger est le premier film américain avec une actrice vietnamienne dans un rôle féminin principal. Jusqu'à présent, Mme Kiều Chinh est toujours la seule actrice vietnamienne avec suffisamment de talent pour jouer à égalité avec des acteurs internationaux célèbres dans les productions cinématographiques mondiales. Après *Year of The Tiger*, en 1965, elle joue également le rôle principal féminin aux côtés de Burt Reynolds dans le film *C.I.A. Opérations* produit par Peer Oppenheimer. En 1968, le film *Destination Vietnam* a été réalisé et produit par Roff Bayer, tourné à Tây Ninh et au studio Premier de Quezons City, Manille, avec un certain nombre d'acteurs américains et philippins co-vedette avec le rôle principal féminin en tant que Kiều Chinh et des acteurs vietnamiens. comme Nguyễn Long, Đoàn Châu Mậu, Lý Quốc Mậu, etc..... en juillet 1967.

Elle a ensuite fondé son propre studio de cinéma, Giao Chỉ Film, dont le premier film était *L'amant sans visage* réalisé par Hoàng Vĩnh Lộc ; *Late Summer* Été tardif avec Nguyễn Tất Đạt, Như Loan, Bội Toàn, Nguyễn Khắc Vinh, Nguyễn Năng Tế et réalisé par Dang Tran Thuc ; *Hồn Yến* Thien Ma Film avec Tran Quang, Tam Phan réalisé par Lê Dân ; *Chiếc Bóng Bên Đường* (L'ombre sur le bord de la route) avec Kim Cương, Thành Được, Vũ Thành An dont Nguyễn Văn Tường est le réalisateur, etc...

Elle a joué dans peu de films, par comparaison avec ses contemporains du cinéma vietnamien tels que Lê Quỳnh, Kim Cương, Nguyễn Long, Thẩm Thúy Hằng, La Thoại Tân, Trần Quang... mais c'est une personne d'un grand prestige et d'une grande popularité. dans le monde. En octobre 1971, l'Association vietnamienne des professionnels des talents du cinéma a était créée, elle a été élue présidente, Lê Quỳnh, Bùi Sơn Duân sont Co-vice presidents, Nguyễn Long au poste de secrétaire géné-éral.

En octobre 1974, elle se rend en Thaïlande, en Indonésie et en Inde pour tourner quelques films, retourne dans son pays d'origine au début de 1975, puis repart à l'étranger, afin de ne plus jamais avoir l'occasion de revoir sa patrie.

Je la connais depuis longtemps, mais je n'ai pas eu l'occasion de jouer avec elle dans des films vietnamiens à l'exception de deux films étrangers, *Year of The Tiger* et *Destination Vietnam*.

Digne, douce, gracieuse mais aussi très simple, c'est Kiều Chinh, à la fois sur le plateau et dans la vie réelle..

Je me rappelle un incident au premier jour de tournage de *Year of The Tiger*. La direction de la cantine avait fait deux menus distincts, l'un, à 20 (VND) piastres pour les américains et philippins (d'une façon ou d'une autre, Kiều Chinh et moi, avons été inclus dans ce menu) et l'autre, à 10 VND piastres pour les Vietnamiens et les autres. Immédiatement Kiều Chinh se leva pour protester et s'abstenait de son repas. Le lendemain, la direction de la cantine devait abandoner ce plan et tous les repas qui coûtaient 20 dong chacun.

Pendant le tournage de *Destination Vietnam* dans le camp de l'armée philippine à Tây Ninh, Đoàn Châu Mậu et moi sommes allés au PX de la base après le tournage. pour nous approvisionner, car les prix y sont jusqu'à cinq ou six fois moins cher qu'à l'extérieur. Seule Kieu Chinh pendant les 40 jours de tournage à Tây Ninh, elle n'a jamais mis les pieds au P.X., pas même pour acheter un morcceau de savon ou une serviette. Elle a tout acheté au marché de Tây Ninh.

Dans la vraie vie comme au travail, elle est toujours de bonne humeur et heureuse avec tout le monde. Elle est une consolation sans limite pour nous tous quand il y a quelque chose de triste, la conseillère suprême, la médiatrice supérieure de tous les désaccords entre amis sur le plateau. Avec sa beauté élégante, intelligente et discrète, elle a complètement gagné notre affection, ainsi il fut un temps après quand l'acteur Ronald Reagan devenait président des États-Unis, un certain nombre d'artistes d'entre nous ainsi que d'autres artistes. nous élisons

Mme Kiều Chinh comme Premier ministre des exilés vietnamiens, il y aura sûrement beaucoup de choses étranges.

Actuellement, en plus de son travail régulier à l'USCC, Kiều Chinh consacre son plein temps et son énergie à toutes les activités sociales.

Se sacrifiant au maximum dans un esprit extrêmement noble, elle a glorifié les artistes vietnamiens qui vivent une vie d'exil en terre étrangère.

Écrivant sur elle avec d'innombrables souvenirs dans mon esprit pendant vingt ans, sa douce image est comme un ruisseau rafraîshissant, une flamme rose pour le climat inhabituellement chaud et froid du refuge temporaire.

Kiều Chinh, en plus d'être douce, paisible et courtoise, qui sont les vertus des femmes vietnamiennes, a également une personnalité joviale et vive. Tout apparaît en elle comme la personne la plus complète.

Nguyễn Long

Kieu Chinh – Une Artiste En Exil

Mimi Phan

Étant une Américaine d'origine vietnamienne d'une génération et demie, je grandis aux États-Unis et comprends mieux la culture de ce pays par rapport à celle du Vietnam. Je suis une capitaine de l' Armée américaine (U.S. Army).

En lisant *Une Artiste en Exil* de Kieu Chinh, j'ai appris à apprécier la beauté traditionnelle de mon pays. Chaque page du livre est pour moi une histoire de mon pays que je n'avais pas apprise à l'école. Kieu Chinh écrit d'une manière très vivante. Ce qui me donne l'impression d'être en train de visionner un vrai film au cinéma.

KIEU CHINH - Une Artiste en Exil est un livre qui parle non seulement d'une artiste chevronnée de l'industrie cinématographique au Vietnam et à l'étranger depuis plus de soixante ans, mais aussi des développements historiques survenus au peuple vietnamien de sa génération, où les lecteurs éprouveront l'amour de leur famille, de leurs amis et de leur pays, où ils ressentiront la tristesse et le désespoir, compagnons inséparables des temps de chaos et de guerre. De plus, Kieu Chinh a rendu aux lecteurs l'espoir en l'avenir et la foi en l'humanité. C'est pourquoi à chaque chute, elle se relèvera, plus déterminée encore qu'auparavant, à léguer dans son parcours obstiné, des grandes œuvres d'art aux générations de demain.

J'espère que l'auteur va bientôt publier une version en anglais au profit des étrangers, leur permettant de mieux comprendre la culture vietnamienne et à travers ses yeux d'initiée, de saisir le témoignage poignant des trois guerres qui s'étendent entre 1937 et 1975. Et au profit des enfants aussi, leur permettant de comprendre le chemin épineux traversé par la génération qui les précéde, et par KIEU CHINH - Une Artiste en Exil.

Mimi Phan

LES PHOTOS
DE LA CINQUIÈME PARTIE

1. *Les sculptures et peintures créées par les artistes de renom.*

2. *Les Amis*

Statue de Kieu Chinh par le sculpteur Uu Dam.

"Kieu Chinh"
Sculpture réalisée par Nguyen Tuan

"Kiều Chinh" peint par Chóe Nguyễn Hải Chí qui a offert son oeuvre en cadeau a Kieu Chinh.

Kiều Chinh et Chóe Nguyễn Hải Chí.

Portrait de Kieu Chinh, peint par l'artiste Nguyen Trung.

Portrait de Kieu Chinh, peint par l'artiste

Đinh Cường.

Portrait de Kieu Chinh, peint par l'artiste Nguyen Quynh.

Sur un polrtrai qu'il a fait de Kieu Chinh, Trinh Cong Son a écrit : "Kieu Chinh telle qu'elle est en l'an 2000"

Avec le musicien Trinh Cong Son (quelques mois avant sa mort)

Kiều Chinh
et Thomas Đặng Vũ.

Le professeur d'art
Thomas Dang Vu met
les touches finales sur
son portrait de
Kieu Chinh

Portrait de Kieu Chinh en grandeur nature
par le professeur Thomas Dang Vu

Sir Daniel Winn et Kiều Chinh au vernissage de son portrait de Kieu Chinh

Sir Daniel Winn et Kiều Chinh

Portrait de Kiều Chinh par Sir Daniel Winn

ÉPILOGUE

Je ne pense pas que j'aurais besoin ou que je devrais écrire des mémoires sur ma vie, s'il n'y avait pas une obligation spirituelle envers le dernier souhait de mon père, Nguyễn Cửu, avant sa mort, et le même souhait formulé par l'écrivain Nguyễn Ngọc Giao, mon parrain. Ils m'ont dit: "Tu dois écrire des mémoires".

De même, j'étais aussi spirituellement engagée par les rappels fréquents de l'écrivain Mai Thảo quand il était encore en vie: "Écoute les instructions de ton père, tu dois écrire".

Je lui ai répondu: "Je ne suis pas écrivain, je sais quoi écrire."

Pourtant, l'écrivain Mai Thảo, que je respecte comme un frère aîń m'a dit: « La littérature...c'est quoi ! Il suffit d'écrire comme d'habitude on raconte une histoire, une sorte de récit oral. Écris-le, si nécessaire, je l'éditerai quand tu auras terminé."

Bien que cherche toujours des excuses pour m'esquiver à ce sujet, il m'arrive parfois d'écrire des courts passages sur des événements qui se passent autour de moi par peur de les oublier. La vie bien remplie m'a amenée à rouler avec la roue géante de l'horloge du temps. En partie aussi, à cause du fait que je considère comme acquise la constante présence de M. Mai Thao, Il n'y avait rien d'urgent.

De temps en temps, il me rappelait: "Où en est-on avec l'écriture ?" J'ai répondu: "Elle est là, seulement brève et très peu fréquente". D'un air sérieux, Il me disait: "Il faut écrire régulièrement, ne le laisses pas tomber trop longtemps !"

Oui, je l'ai laissé tomber trop longtemps. Trop longtemps. Mai Thao est maintenant parti ! Il est décédé il y a plus de 20 ans!

"Désolée, Mai Thao, j'étais en retard. Si seulement tu pouvais l'éditer, ce livre, gagnerait davantage en brilliance et érudition !

Même si n'es plus là, je me sens toujours redevable d'un engagement spirituel envers toi. C'est pourquoi aujourd'hui, ces Mémoires à moi sont nés dans le même esprit que tu as toujours preconisé: 'Écris comme si tu racontais une histoire.'

Oui, c'est juste l'histoire d'une famille divisée, déchirée par la guerre, comme des millions d'autres familles, comme celles de mes compatriotes.

Et la voici: L'histoire de la vie d'une artiste en exil.

Écrite pour remercier l' Être Suprême.

Merci de m'avoir mise au monde.

Merci, famille.

Merci, carrière.

Merci, camarades.

Merci aux bienfaiteurs qui m'ont supporté dans les moments difficiles.

Merci à ceux qui sont venus et repartis que j'ai rencontrés en cours de route.

La route est longue... sur laquelle j'ai trébuché plusieurs fois. Combien de fois je m'étais levée. redressée et avais continué . Oui, combien de milliers de kilomètres j'ai parcourus, à travers de nombreux continents.

J'ai rencontré tant de gens, aussi bons que mauvais, vu tant de bonheurs, tant de souffrances... de voir comme mes souffrances sont minimes, d'être reconnaissante à l' Être Suprême. de m'avoir donné tant de chance. , deux mains, deux pieds intacts, toujours capables d'entendre, de parler, d'avoir encore des sentiments pour partager le bonheur et la douleur avec les autres, pour me rendre compte que la vie signifie parfois le malheur.

Le malheur autour de nous et dans le monde est si grand.

Prions, prions pour la réunification de toutes les familles séparées par les guerres de ce monde.

Prions pour que l'humanité réduise la souffrance.

Et paix à tous les peuples, à tous les peuples du monde.

Aujourd'hui, en repensant à près de 50 ans d'exil sur cette terre libre, quand je suis arrivée ici les mains vides, en repartant de zéro... j'ai travaillé dur pour aller au devant. Aller au devant.

Parfois je me sens trop fatiguée sur les routes difficiles.

Mais je me suis rendue compte qu'il n'y a pas que moi qui voyage toute seule.

Les pages de ces Mémoires ont été écrites dans de nombreux lieux à des moments différents, seuivant les circonstances et les lieux où ils ont pris place. Il peut s'agir d'aéroports, de chambres d'hôtel dans un endroit éloigné, et peut-être dans le jardin derrière de chez moi au lever du soleil ou encore au lit par les nuits blanches... Ensuite, ces pages s'accumulentet, s'empilent d'année en année. La vie trépidante tourbillonne sans arrêt et de longs voyages ont été entrepris tout le long de l'année, de sorte que la pile de papiers reste toujours là.

En 2020, quand le monde était bouleveré et les vies menacées par la pandémie de COVID-19, quand les aéroports sont fermés, les magasins et les maisons aussi quand les rues se vidaient, j'ai sorti la pile de vieux papiers pour lire afin de tuer le temps et d'apaiser mon chagrin causè par le départ sans retour de mes amis, et aussi dans l'espoir de tenir ma promesse envers moi-même. Je me demandais si c'est bien le moment pour moi de réaliser ce souhait.

Seulement, quand je les ai relues, ces pages s'avèrent tellement brouillonnes. Peut-être parce que je suis une personne introvertie, touchée par une certaine situation, au milieu d'un moment soudain, que j'ai écrit tous mes sentiments comme si je déversais mes confidences sur la page de papier.

J'ai tout de même fini les Mémoires, grâce à l'aide de nombreux amis proches et lointains. Si je devais les mentioner tous ici, peut-être qu'une seule page ne suffirait pas, mais je ne peux m'empêcher de mentionner les deux amis les plus chers Nhã Ca -Trần Dạ Từ, et leurs filles Hòa Bình, Sông Văn, qui ont toujours été à mes côtés dans maintes circonstances aussi heureuses que tristes. Je n'oublie pas non plus de remercier le poète Trịnh Ý Thư, qui a édité ce livre et contribué à sa publication.

Je ne suis pas écrivain, je n'écris pas d'histoires. Ce ne sont que des pages qui racontent le long voyage que j'ai parcouru, tant de continents, tant de rencontres, tant de pertes.

Exilés vietnamiens dispersés sur les cinq continents, à chacun de nous revient une situation particulière et à chaque situation, une histoire. Je ne représente qu'une de ces millions d'histoires que je voudrais partager ici avec vous.

Je tiens à remercier le lecteur qui tient ce livre dans sa main avec une sympathie totale.

Enfin, je souhaite la paix à tous et à leurs familles.

Veuillez accepter ici l'affection d'une Artiste en Exil.

– KIỀU CHINH
Huntington Beach, California, 5/2021.

Kiều Chinh, aux États-Unis, après 1975

Kiều Chinh, aux États-Unis, après 1975

A la plage de la Côte d'Azur (Photo prise par Jean-Claude).

Bain de soleil sur la Côte d'azur (Photo prise par Jean Claude)

Kiều Chinh, aux États-Unis, après 1975

Au musée du Louvre, Paris. (Photo de Tu Thuc)

Arc de Triomphe, Paris.
(photo par Nicolas Pham)

Présentation d'un "ao dài" moderne à col bateau au premier défilé de mode organisé à Saigon, à l'occasion de l'inauguration du Centre d'Artisanat au début des années soixante. Mme. Ngô Đình Nhu a coupé le ruban pour inaugurer le Centre. À cette occasion, elle avait choisi de porter ce Áo Dài sans col. Depuis lors, il est connu sous le nom de "Áo Dài de Mme Nhu". (photo par A.P.)

Sur le tapis rouge du Festival du film de San Francisco
En route pour recevoir The Lifetime Acievement Prix
(Ao Dai conçu par Sy Hoang)

Kieu Chinh, robe de tambour en bronze conçue par Thuy Cuc

*Merci à HOA BINH, au groupe NTM et à l'architecte HUNG LE d'avoir réalisé
l'appellation du KIEU CHINH, sur la colline derrière la maison de Linh & Roman Kochan,
le jour du lancement du premier livre en Californie*

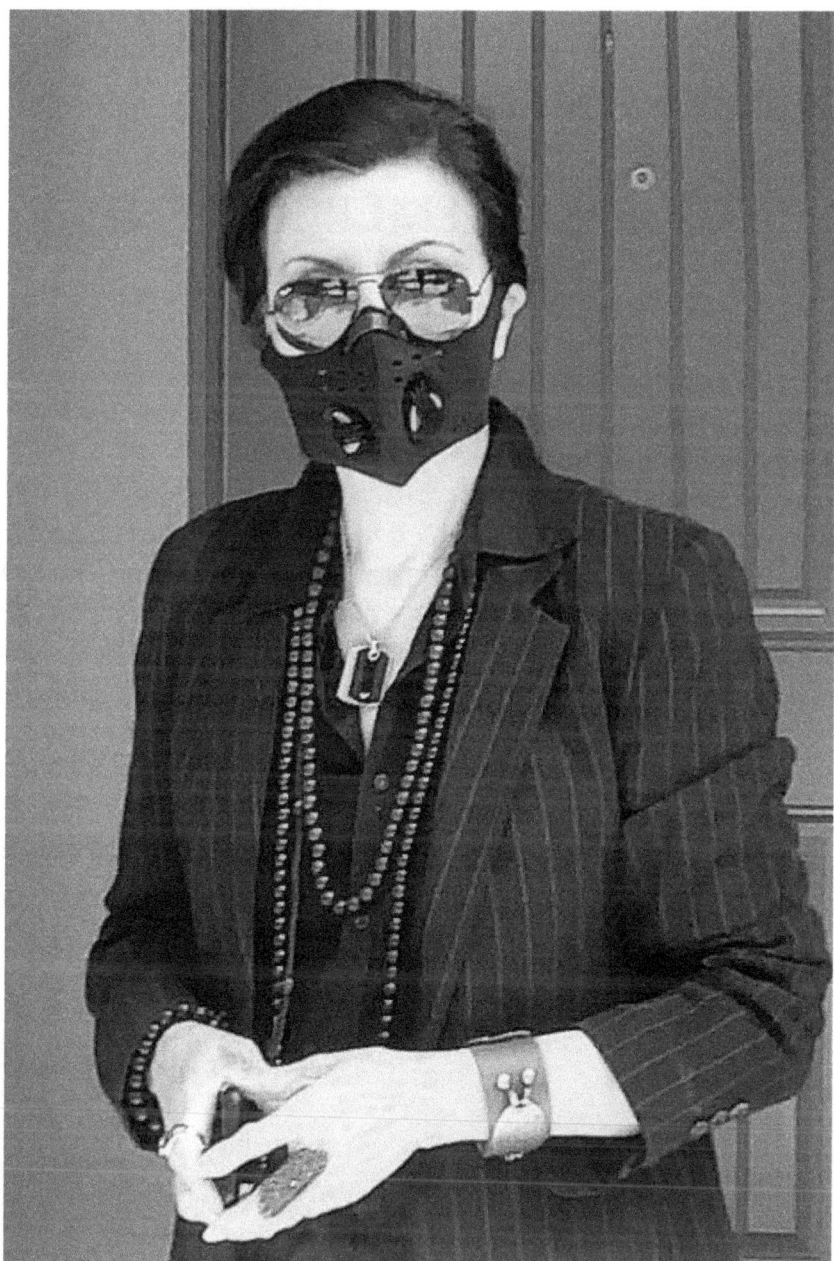

Photo prise pendant le Covid-19

EXCUSES & REMERCIEMENTS

Le bonheur d'un artiste c'est de savoir que leurs contributions sont appréciées par le public. Dans ce livre, je vais partager quelques photos qui, à chaque fois, me font revivre en compagnie des personnages et des lieux vécus du passé.

Au cours de ma carrière cinématographique, j'ai également reçu de nombreux prix à travers la presse, la télévision, ainsi que des œuvres d'art, des statues et des peintures qui me sont remis par des artistes connus. J'apprécie énormément ces objets et j'aimerais les partager dans ce journal intime, avec le public. Il est impardonnable, mais difficile de ne pas oublier les noms ou les auteurs de ces innombrables objets, photos et articles. Je m'en excuse de ne pas leur demander l'autorisation avant de les inclure dans ce livre.

Veuillez accepter ici mes sincères excuses et remerciements.

Kiều Chinh

(Photo par Bruce Strong)